親切的、活潑的、趣味的、致用的

實用歷史叢書

遠流出版公司

坐天下很累

中國式權力的八種滋味

作　者——張宏杰
總監暨總編輯——林馨琴
編　輯——楊伊琳
特約編輯——馮郁容
企　畫——張愛華
美術設計——黃昶憲

發行人——王榮文
出版發行——遠流出版事業股份有限公司
地址：臺北市10084南昌路二段81號6樓
電話：（02）36926899 傳真：（02）23926658
郵撥：0189456-1
著作權顧問——蕭雄淋律師
2017年4月1日　初版一刷

新台幣定價360元　（缺頁或破損的書，請寄回更換）

ISBN 978-957-32-7965-5

YLib 遠流博識網
http://www.ylib.com　E-mail:ylib@ylib.com

坐天下很累

中國式權力的八種滋味

作者——張宏杰

《實用歷史叢書》

出版緣起

王榮文

・歷史就是大個案

《實用歷史叢書》的基本概念，就是想把人類歷史當做一個（或無數個）大個案來看待。

本來，「個案研究方法」的精神，正是因爲相信「智慧不可歸納條陳」，所以要學習者親自接近事實，自行尋找「經驗的教訓」。

經驗到底是教訓還是限制？歷史究竟是啓蒙還是成見？——或者說，歷史經驗有什麼用？可不可用？——一直也就是聚訟紛紜的大疑問，但在我們的「個案」概念下，叢書名稱中的「歷史」，與蘭克（Ranke）名言「歷史學家除了描寫事實『一如其發生之情況』外，再無其他目標」中所指的史學研究活動，大抵是不相涉的。在這裡，我們更接近於把歷史當做人間社會情境體悟的材料，或者說，我們把歷史（或某一組歷史陳述）當做「媒介」。

・從過去了解現在

爲什麼要這樣做？因爲我們對一切歷史情境（milieu）感到好奇，我們想浸淫在某個時代的思考環境來體會另一個人的限制與突破，因而對現時世界有一種新的想像。

通過了解歷史人物的處境與方案，我們找到了另一種智力上的樂趣，也許化做通俗的例子我們可以問：「如果拿破崙擔任遠東百貨公司總經理，他會怎麼做？」或「如果諸葛亮主持自立報系，他會和兩大報紙持哪一種和與戰的關係？」

從過去了解現在，我們並不眞正尋找「重複的歷史」，我們也不尋找絕對的或相對的情境近似性。「歷史個案」的概念，比較接近情境的演練，因爲一個成熟的思考者預先暴露在衆多的「經驗」裡，自行發展出一組對應的策略，因而就有了「教育」的功能。

・從現在了解過去

就像費夫爾（L. Febvre）說的，歷史其實是根據活人的需要向死人索求答案，在歷史理解中，現在與過去一向是糾纏不清的。

在這一個圍城之日，史家陳寅恪在倉皇逃死之際，取一巾箱坊本《建炎以來繫年要錄》，抱持誦讀，讀到汴京圍困屈降諸卷，淪城之日，謠言與烽火同時流竄；陳氏取當日身歷目睹之事與史實印證，不覺汗流浹背，覺得生平讀史從無如此親切有味之快感。

觀察並分析我們「現在的景觀」，正是提供我們一種了解過去的視野。歷史做為一種智性活動，也在這裡得到新的可能和活力。

如果我們在新的現時經驗中，取得新的了解過去的基礎，像一位作家寫《商用廿五史》，用企業組織的經驗，重新理解每一個朝代「經營組織」（即朝廷）的任務、使命、環境與對策，竟然就呈現一個新的景觀，證明這條路另有強大的生命力。

我們刻意選擇了《實用歷史叢書》的路，正是因爲我們感覺到它的潛力。我們知道，標新並不見得有力量，然而立異卻不見得沒收穫；刻意塑造一個「求異」之路，就是想移動認知的軸心，給我們自己一些異端的空間，因而使歷史閱讀活動增添了親切的、活潑的、趣味的、致用的「新歷史之旅」。

你是一個歷史的嗜讀者或思索者嗎？你是一位專業的或業餘的歷史家嗎？你願意給自己一個偏離正軌的樂趣嗎？請走入這個叢書開放的大門。

【推薦序】

張宏杰筆下的人性與歷史

當年明月

我最早讀張宏杰，是他二〇〇三年出的那本《另一面》，那是我第一次為他的作品所震驚。而這次，不同於那些傳統的歷史書籍，最吸引我讀得欲罷不能的，是除了史實之外的那些人物，以及貫穿其中的人性。

在張宏杰的筆下，所有的人物都是活生生、有血有肉的，而不是政治符號。這是很重要的，因為歷史終究是由人所構成，每一個神祕的政治人物，都有著和普通人一樣的喜怒哀樂，也有著自己的業餘生活。但一直以來，我們所看到的歷史，泰半都是歷史事件、時間、地點，這些東西固然是歷史的主軸，卻絕對不能看作歷史的全部。

我始終堅信，歷史是有人性的，也是可以為人所理解的，這一切，我在張宏杰的筆下看到了。在他的妙筆下，我看到了吳三桂的猶豫、朱厚照的苦惱，那些歷史上所謂的完人、壞人都展現出了他們的另一面。這是一項了不起的工作，如果沒有深厚的歷史修養功底，以及對歷史的深刻領悟力，是絕對無法完成的。

其實歷史本來就應該是張宏杰筆下的樣子。歷史上的人們和我們一樣，他們也是在各種誘惑中掙扎、猶豫、輾轉反側，與我們有什麼不同呢？能夠領悟這些道理，能夠把他們當作人來看待、來理解，就是我眼中的歷史。

更讓我覺得意外的，是張宏杰這位學經濟出身的人竟然能有如此好的文筆。他的文章文字優雅、精練、富有激情。我曾經好奇地問過他，是否曾經受過系統的文學培訓，他很坦然地告訴我沒有。

於是我只有感嘆，因為他的書除了是歷史著作外，也是非常成功的文學作品。他憑藉優美的文字，將那些歷史完整地表述出來，並揭示我們所沒有注意到的規律，這是一般人做不到的。

歷史就像一個多稜鏡，很多人看，卻看不明白，因為歷史本就不容易看清楚，它實在太複雜，必須得穿過重重的迷霧，去探尋歷史的根本內容，掌握層層遮蓋背後的真相。在我看來，張宏杰做到了。

所以我對張宏杰的評價是，他是一個讀懂了歷史的人。

當年明月

本名石悅。創作歷史小說《明朝那些事兒》發表於天涯論壇，後轉戰新浪博客，點擊率均月超百萬。自二〇〇七年開始，連續七屆榮登中國作家富豪榜。現為中國社科院明史學會副研究員。

目錄

如果在大業五年（六九年）「及時」去世，隋煬帝就會成為中國歷史上功業最顯赫的帝王之一。但導致他身敗名裂的主要原因，是成為「子孫萬代莫能窺」千古一帝的雄心。

第三章　正德　不願做皇帝的人　153

自從登上皇位的那一天起，他唯一的渴望就是逃離。他願意做將軍，願意做武士，願意做一個馴獸師，就是不願意做皇帝。上天賦予他活潑好動、反應敏捷的性格。然而，對於皇帝這項工作來說，這種性格無疑是最不適合的。

第四章　崇禎後人　皇族末代的悲慘命運　195

在明末的戰亂中，農民軍誅戮皇室子孫，最大的特點是堅決、徹底，不論主動投降，還是被動俘獲，結局都是一律誅滅。二百多年來，統治集團的為所欲為，使得後代不得不用自己的鮮血為祖先的「幸福生活」付賬。

第五章　永曆　生為獵物　221

回首一生，永曆像是上天窮極無聊的一場惡作劇。即使他傾盡一生之力去搏濤擊浪，還是不能逆流半步，最終只能被帶向不情願的終點。

序章

皇帝

最不幸的人

在傳統中國，不是皇帝為國家而存在，相反的，是國家為皇帝而存在。「皇帝」對於傳統中國的重要性，從一個事實可以看得清清楚楚——浩如煙海的中國史，歸納起來可說只記載了兩件事：奪取皇位和保護皇位。

一

古往今來，沒有比中國皇帝更巨大、更崇高、更顯赫的存在了。雖然這種「動物」不過一人來高、百十來斤，但是他卻比其他千百萬人的總和還要有份量。他稍稍動一動手指頭，就能讓半個地球都地動山搖：在中華帝國的中央，人們窮盡物力，建築了由九千九百九十九間房子組成的宮殿供他居住。

最迷人的數千名處女，被精心挑選出來，囚禁在帝王之城中，供他一個人享用。數萬名健康男人被割去生殖器，成為不男不女的怪物，以服侍他的吃喝拉撒睡。他吞噬的財富，抵得上半個帝國的產出。從日本到帕米爾高原，從東南亞到東北亞，數十個國家的國王每年恭恭敬敬地向他進貢本國最珍貴的物產。在帝國之內，設有數十百處工廠、幾十萬人專門為他一家生產瓷器、馬桶和唾壺。想像一下《紅樓夢》中那個奢華到極致的大觀園主人，身分也不過是他的一個家奴，是皇帝派駐一間皇家衣料工廠的監工，我們就可以想像皇帝本尊的日常享受了。

中國皇帝制度中，設計的每一個細節都貫穿著這樣的一個核心理念：把每一種享受都推向極端，竭盡一切想像去繁複、誇張和浪費，直至無以復加、毫無必要、令人厭倦。

以吃飯為例，皇帝的味蕾牽動著天下各省封疆大吏的神經。皇帝飯碗中的主食來自各省的以下貢品：東北的黏高粱米粉、散高粱米粉、稗子米、鈴鐺麥，陝西的苡仁米、紫麥，蘭州、西安的掛麵，還有山東的博粉、山西的飛羅白麵、河南的玉麥麵、寶雞的玉麥、廣西的葛仙米……這些糧食都是中國水土最佳之處的出產，只北京一地，就僅選用玉泉山、豐澤園、湯泉三處之交的黃、白、紫三色老米。

凡是天下最好的美味，都要由皇帝壟斷。鰣魚春季溯江而上，每年的第一網只有皇帝有權力品嘗。魚打撈上來後，用冰船和快馬由水、旱兩路運往北京。鎮江到北京約三千里路，內務府限定二十二個時辰（四十四小時）送到。為爭取時間，送魚專使在途中不許休息，馬死人亡之事時有發生。

這種食不厭精的做法尚基於普通的人性。然而除此之外，更多的是刻意的浪費。眾所周知，皇帝身上只有一個胃，而且通常並不比普通人大。但是，皇帝一個人每餐的飯菜要數十、上百樣，擺滿六張桌子。即使清代是中國歷史上最簡樸的朝代，清宮規定，皇帝一人每天消耗食品原料的定額是六百斤、盤肉二十二斤、湯肉五斤、豬肉十斤、羊兩隻、雞五隻（其中當年雞三隻）、鴨三隻、白菜、菠菜、芹菜、韭菜等蔬菜十九斤、蘿蔔（各種）六十個、蔥六斤、玉泉酒四兩、青醬三斤、醋二斤以及米、麵、香油、奶酒、酥油、蜂蜜、白糖、芝麻、核桃仁、黑棗等數量不等。此外，還要每天提供給皇帝牛奶一百二十斤、茶葉十五斤……

為了給皇家生產衣料，清代專門在三座城市設立了規模巨大的工廠，專門建有數間殿宇做為御用衣服庫，儲存皇帝的衣服，成立了擁有數十名辦事人員的尚衣監管理這些服裝。末代皇帝溥儀回憶他那實際上已經是大大沒落了的帝王生活時說，「衣服則是大量的做而不穿」、「一年到頭都在做衣服，做了些什麼，我也不知道，反正總是穿新的」據他後來翻檢檔案，發現僅僅一個月內，內務府就為他做了四十九件衣服，這些衣服，當然絕大部分都永遠白白儲存庫內，從來沒有機會上皇帝的身。

說到「行」，一旦皇帝要巡視他的國土，那麼整個國家都要為之翻天覆地。隋煬帝江南之旅的奢華不是帝王的常例，那麼我們就還是以素稱簡樸的清代帝王為例吧。雖然傳統時代交通極為落後，臣民出行極為困難，但是皇帝們的手指每一次在地圖上指出一個新的目的地，在最短的時間之內，帝國版圖上就會出現一條數百或者數千公里的嶄新大道。這條大道寬達十米，盡量筆直，輾壓得「如同打穀場一般光滑」。這條道路僅為皇帝一個人通行，「不准任何人經過。」皇帝出行時，這條道上灑上淨水，一塵不染。

乾隆皇帝的一次出巡中，內務府官員記載道，為了供應皇帝路上的飲食，他們提前把一千隻選好的羊、三百頭特選的牛，以及七十五頭專用的奶牛帶上車，沿途供皇帝御用。在數千里的出巡路上，皇帝只喝四口泉裡汲出來的水：北京的玉泉山泉、濟南的珍珠泉、鎮江的金山泉和杭州的虎跑泉。清代為了替皇帝運送泉水，還專門成立了一隊龐大的車隊。在炎熱的夏季，幾十萬斤冰塊就這樣被從北京提前運送到路上，以讓皇帝口渴時能吃上冰鎮的西瓜……

為了防止皇帝回程的路上因為重複的風景而感到厭煩，「歸途還必須另修一條道路」……

二

此外，以下事實能將這種鋪張和浪費的毫無必要，體現得更為明顯：因為排場浩大，規矩太多，這些享受對皇帝本人來講也已經演變成一種無法忍受的折磨，因而被棄而不用，相當程度上成為擺設。大部分清代皇帝都無法忍受九千九百九十九間半房屋組成的浩大紫禁城，那過於壓抑、沉重的氣氛，以致一年中大部分時間，都選擇住在更自然的圓明園和更樸素的避暑山莊，只有到了冬天才無可奈何地回到紫禁城。

至於每餐擺在皇帝面前的數十道菜，它們的口味和形式更是讓皇帝厭煩。溥儀說：「御膳房做的都遠遠擺在一邊，不過做個樣子而已」。多數皇帝都在御膳房外設有小食堂，外請名廚做更適合自己口味的飯菜，那六張桌子四十八品飯菜，只不過像是神前的供品一樣，擺過了就扔掉。這種形式主義時間既久，擺在皇帝面前的飯菜就真的變成了供品，因為它們端上來時，多數已經涼得不能食用了。

然而，如此勞民傷財、浪費巨大的形式主義，卻絕對不能省略。因為這是關係到「社會穩定」、「天下之本」的大事。

傳統中國，本身就是一個形式主義的社會，「形式主義」正是中國精神的精髓。因為中國的體積實在是太過龐大，又出現得如此之早，人類還來不及發明有效統治它的「建立在數目字基礎上的」複雜的近代管理手段，因此，中國歷代帝王統治這個國家的辦法是刪繁就簡，舉重若輕。中國皇帝對社會實行一元化管理，所有事情一刀下去，就是要讓社會整齊劃一、簡單明瞭，使高高在上的自己一目了然，神清氣爽。正像黃仁宇先生所說，「如《周禮》所謂『惟王建國，辨方正位，體國經野，設官分職，以為民極。』先形塑一個完善、理想的幾何圖案或數學公式，向真人實際覆蓋過去，盡量使原始的與自然的參差不齊，勉強符合此完美的理想。如現實裡不能貫徹，再通融將就，縱容從下端打折扣，總之不放棄原有的理想方案。」從這個意義上說，整個傳統中國，就是一個行為藝術的大型展示場。

傳統中國處理千頭萬緒的社會關係，只用十二個字，即所謂的三綱：「君為臣綱，父為子綱，夫為妻綱」。所謂的「三綱」，其實是「一綱」，即「人生而不平等，每個人都要安分守已」。在傳統中國，每一個人生下來，身上都繫著一個無形的標籤，叫做「名分」。遵守「名分」是人生守則中的第一款。用李斯的那個著名寓言來比方，生在倉裡的老鼠注定會一生吃白米，而生在廁所裡的老鼠則注定一生吃衛生紙。教育並強制老鼠們各安其位，使廁所裡的老鼠不敢動搬到倉裡住的念頭，就是「三綱」的功用。

在「三綱」精神的指導下，傳統社會建立有嚴格的等級制度，每一個社會成員都處於不平等的狀態，每一層人的權力都是單向的：對上絕對順從，對下絕對權威，或者說向上是奴才主義，向下是專制主義。正如戴震所說：「尊者以理責卑，長者以理責幼，貴者以理責賤，雖失，謂之順。卑者、幼者、賤者以理爭之，雖得，謂之逆。」意即上級、長者責備下級和後輩，即使責備得不對，也是對的。下級後輩如果反駁，即使有理，也是錯的。通過這種單向的環環相扣，每個人都被等級秩序牢牢鎖定，動彈不得。正像魯迅所說：「『天有十日，人有十等。下所以事上，上所以共（供）神也。故王臣公，公臣大夫，大夫臣士……僚臣僕，僕臣台。』但是『台』沒有臣，不是太苦了嗎？無須擔心，有比他更卑的妻、更弱的子在。而且他的兒子也生活在希望中，寄望日後長大能升為『台』，便有更卑更弱的妻子供他驅使。」就這樣，中國傳統社會把人牢牢捆縛在天生的血緣秩序上，限制人們的自由發展欲望，以確保天下的穩定。

為了強化等級原則，皇帝們制定了一整套異常嚴格繁瑣的「禮制」。各個級別的人，他們穿衣服的料子、出行工具的規格、住房的面積以及裝修風格都有嚴格的規定，絲毫不得僭越。比如明太祖朱元璋時就明文規定，公侯級別的人，宅第主宅可以七間、九架。一品、二品，即部長級，可以五間、九架。司長級，五間、七架。六品至九品，即處長和科長級，三間、七架。普通百姓的房子，不過三間、五架，不許用鬥栱，飾彩色。這種禮制的規定無所不包，甚至生活細節也必須遵守皇帝的明確規定。洪武二十六年皇帝規定，公侯級、一品、二品級的官員，喝酒時可以用金子做的酒壺。三品至五品，只能用銀子做的。沒有級別的普通百姓，只能用錫酒壺。

與此相配套的，是關於各階層的人相互交往以及舉行各種儀式的禮儀。《大明禮制》中，對於不同品級之間官員見面時的禮儀做了具體詳盡的規定：穿戴什麼樣的服裝，在哪裡下轎，雙方行什麼禮，幾跪幾叩，答不答禮，坐在哪裡，坐位朝向什麼方位，何時上茶，何時飲茶，都規定得清清楚楚。那些關於祭祀、朝儀的典禮，規定得更是瑣碎周密得無以復加。比如皇帝出門打個獵，在什麼時辰出發，身邊帶多少護衛，身穿什麼服裝，乘坐什麼樣的車子，打什麼樣的旗子……都有一整套歷代相沿的規矩。因此，皇帝平時住多大房子，吃多少道菜，娶多少老婆，當然也都是有「規定」或者說有「格」的，不能說自己想怎麼辦就怎麼辦。即使討厭這些規矩，表面上你也得認認真真地走過場。

在今天看來這些規定似乎迂腐瑣碎得可笑，在當時卻是關係國家存亡的大事。治身容易治心難，中國帝王絕不滿足於刀劍威脅下身體的屈服，他更要對全體臣民進行精神控制。這些禮儀規定，就是為了「治心」。朱元璋說：「禮儀明確了，上下之分才定。這樣天下才能安定。」禮儀具有強烈的象徵意義。中國傳統社會的等級野蠻、專橫且專制，但是通過這些據說是根據自然原則制定的溫文爾雅的禮儀，等級變得更有欺騙性，更容易被人們接受。

趨勢上，歷代帝王不斷增加台階的高度，拉大等級間的距離，越是向上，各種享受越誇張奢侈，最終結果是皇帝的禮儀鋪張到了難以想像的程度。人們最後只能用數量來填補想像力的空白，結果是使得這些禮儀變得繁瑣、誇張到完全脫離實用的可笑程度。比如那座金碧輝煌，美侖美奐的宮殿之城，由於無限地誇張和鋪陳，已經變成了一座不近人情、了無生趣、內容匱乏的權力紀念碑：九千九百九十九間半的宮殿不過是一間間殿宇的一再重複。區別所有宮殿的不過是龍墀的高度、屋頂的重數、殿宇的體量，以及屋頂的走獸和斗拱出挑的數目而已。每座宮殿的布置也大同小異：三明兩暗、千篇一律的雕花格子、一几二椅或者二几四椅。最誇張的是，皇帝的寢宮乾清宮西暖閣，屋內九間，上下共置二十七張寢床！

三

當然，這些奢華的形式主義，不過是用來裝飾權力的花邊。皇帝的實際權力比這些形式展示出來的更為巨大。

中國式的皇權到底大到什麼程度呢？簡而言之，大於人的想像力。

據說，唯一可以令中國皇帝俯首的是上天，然而上天是虛幻的，所以中國皇帝的權力實際上沒有任何限制和禁忌。整個天下是皇帝一個人的私產，萬眾都是他的奴僕。正如黑格爾所說，這是一種「普遍奴隸制。只有皇帝一個人是自由的，其他的人，包括宰相，都是他的奴隸。」

這種統治制度的根本特徵是，皇帝不是為國家而存在，相反的，是國家為皇帝而存在。皇帝一個人的意志大於所有臣民意志的總和。整個國家，就是替皇帝提供服務的莊園，全體臣民生存的意義都在於為皇帝奔走。一切制度安排，都是以皇帝一人的利益為核心。所以，我們看到在皇帝制度下，皇帝支配一切、主宰一切，所有的權力，都為皇帝一個人所壟斷，社會的各方各面，都為皇帝一個人所牢牢控制。在中國，皇帝與他的臣民，不是人與人的關係，而是神與人的關係，是人與他餵養的家禽的關係。皇帝就像一個高高在上的神靈，天下臣民以何種手段謀生，如何穿衣戴帽，按何種樣式建造自己的房屋，甚至如何思考，都得由他來決定。

在這樣的制度下，只要是能想到的事情，皇帝就可以做到。一位美國學者這樣形容：「在皇帝的命令之下，一個國可以突然在意想不到的地方出現。邊疆和海港可以今日開放與外人互市，明日全部封閉。在皇帝可否之間，有些經濟部門或者被全力支持，或者被通盤禁斷。龐大的軍隊進出於蒙古及越南、艨艟（古艦隊）遊弋到非洲東岸，這些事情就好像以手掀動自來水龍頭，在這水管上一掀則開，向反方向一扭則閉。」就這樣，全天下人民的命運完全懸於皇帝一個人的「明」或者「昏」：皇帝性格平和安定，天下按部就班；皇帝好大喜功，天下則動盪不安；皇帝萬一是一個精神病或者變態狂，天下就會變成屍山血海……

四

毫無疑問，中國皇帝的權勢達到了人類所能達到的最高峰。不論是東方小國、非洲酋邦或者西方王國，其君主的聲威都遠遠不能望中國皇帝之項背。

與中國皇帝比起來，世界上其他君主都顯得小氣寒酸。要知道，歐洲最有權勢的皇帝，法國的路易十四，令他的臣民羨慕的不過是可以「毫無節制地吃青豌豆」。路易十四出行時，身邊帶著「瑞士百人警衛隊」就以為排場大到了極點，殊不知隋煬帝楊廣每次出門，身邊盛裝的武士最少三萬人。與中國大內的禁嚴相比，法蘭西宮廷秩序簡直是玩笑。在過往的法國，「可以說，什麼人都可以進凡爾賽宮，可以任意在各大套房之間遊玩，乞丐和僧侶除外；平民百姓想觀看國王用膳，只要佩帶一把寶劍，臂彎裡放一頂帽子就可以進宮，並且，這些道具在王宮看守那裡都能夠租到。」所以才鬧出了一個廚師化妝成貴族與法國公主在宮廷舞會上跳舞的故事。

世界上其他統治者的權力都沒有中國皇帝這樣絕對、徹底、無所不及。與中國皇帝比起來，西方君主們的榮耀其實十分虛幻。中國的皇帝頭上只有一個虛幻的「天」，其他的一切都在他的腳底下，而西方君主頭上卻頂著三座大山。第一座是教皇。教皇格列高利七世曾在十一世紀命令道：「所有的君主都必須親吻教皇的腳。」歐洲君主登基之時，要向教皇行效忠之禮，然後由後者為他戴上王冠。歐洲的國王和皇帝們只能掌握有限的世俗權力，而且無權沾染臣民的精神世界：意識形態和教育是教士們的領地。但在中國，皇帝既是「萬民之君」，又是「偉大導師」，既是凡人，又是「天子」，既管理政務，又壟斷意識形態、擁有「教化」百姓的天然權力。第二座大山是法律。在中國，皇帝的話就是法律，但歐洲人明確宣布：「國王在萬人之上，在上帝和法律之下。」，「國家本身並不能創造或制定法律，當然也不能夠廢除法律或違反法律。」因為法律的保護，一個窮人可以得意洋洋地宣布，他不歡迎國王進入他的房屋：「風能進，雨能進，國王不能進。」第三座大山是貴族的約束。在中國，「君」與「臣」

一個是天，一個是地；而英語裡的「KING」除了「國王」之意，還表示「大的」、「主要的」。事實上，英國的貴族一直認為國王是自己隊伍中的一員、「貴族中的第一人」。國王本身不過是最大的貴族而已，某種程度上來講，他與其他貴族主要是朋友關係。他的那些哥兒們一不高興，就可以聯合起來把他拉下王位，所以他不得不處處討好他們，盡量考慮他們的利益。

總之，歐洲國王們權力的深度和廣度都遠不如中國皇帝，因此他們自然也遠不如中國皇帝那樣威風。西元一一九九年，英國國王理查一世聽說他的一個貴族的城堡裡挖出一批古代金器，財政緊張的他向貴族要求獲得這份寶藏，卻遭到毫不留情的拒絕。理查一世惱羞成怒，和這個貴族兵戎相見，不料卻命喪敵手。

英國貴族們就是這樣經常拒絕國王的命令。所以即使「無地王」約翰對歐洲大陸垂涎三尺，打算出征法國，然而只要英格蘭騎士們對大陸戰爭不感興趣、拒絕從命，約翰也無計可施。

五

不過，「福兮禍所倚，禍兮福所伏」。表面上，中國的皇帝權力巨大，榮耀無比，實際上，他們卻是中國歷史上最不幸的一群人。有以下事實為證：

首先，在中國社會中，皇帝的平均壽命最短，健康狀態最差。有人做過一項統計，歷代皇帝有確切生卒年月可考者共有二〇九人。這二〇九人，平均壽命僅為三十九．二歲。

據指出，中國古代人口的平均壽命不過三十五歲，由此看來，皇帝的平均壽命並不低。可是，三十五歲的平均壽命中包括大量的夭折人口，事實上，古人均壽之低主要是高新生兒死亡率所造成。如果除掉這個因素，人口學家推算，中國古代人口的平均壽命可達五十七歲。眾所周知，生下來就死掉的人不可能成為皇帝。因此，五十七減去三十九，中國皇帝的平均壽命比普通人要低十八歲。

除去非正常死亡因素，皇帝的健康水準低是造成皇帝整體壽命低於平均值的重要原因。宋明兩代政治秩序較好，皇帝大都是善終而死，然而平均壽命仍低於社會平均水準。兩宋十八位皇帝，平均壽命四十四．六歲。明代十六位皇帝，平均年齡四十二．一歲。在明代十六帝中，只有五個皇帝壽命高過均齡，其餘十一帝皆低於均齡：從宣德帝到正德帝這祖孫五代竟然都在而立之年左右撒手人間，其中的成化帝也僅僅是剛過了四十歲。更甚者如明光宗只登上皇位一個月，多臨幸了幾個女人，就撒手人寰，其身體的虛弱可知。

當然，中國皇帝群體非正常死亡的比率也非常高。中國歷代王朝，不管是江山一統的大王朝還是偏安一隅的小王朝，一共有帝王六一一人，其中，正常死亡的，也就是死於疾病或者衰老的有三三九人；不得善終的，也就是非正常死亡的有二七二人。也就是說，中國皇帝的非正常死亡率為百分之四十四，遠高於其他社會群體。

最重要的是，中國皇帝這個群體生存壓力巨大，整體生命品質也比常人差，出現人格異常、心理變態甚至精神分裂的機率也較常人高許多。翻開二十四史本紀的部分，那些一開始使我們驚愕、噁心，後來使我們麻木、厭煩的發瘋變態行為實在是書不勝書。有近四分之一的帝王傳記中，記錄有人格異常、心理變態甚至精神分裂的表現：

南北朝時期宋朝的第六位皇帝，前廢帝劉子業，就極為荒淫殘暴。他討厭功臣劉義恭，就「砍掉劉義恭肢體，剖開他的肚子，挑取他的眼睛，用蜜醃漬，謂之『鬼目粽』。」他創辦了獨家的皇宮妓院，招集眾多王妃、公主，令左右幸臣與她們當場開性愛派對。這些女子都是他的長輩或姐妹，稍有不從者，立即殺掉，毫不手軟。這個遊戲玩膩了，他又叫宮女們與猴、羊、馬交配，自己在一旁觀賞。他還把叔父湘東王劉彧裸體養於坑中，要他從木槽取食，並稱呼他為「豬王」：「嘗以木槽盛飯，並雜食攪之，掘地為坑，實以泥水，裸彧內坑中，使以口就槽食之，用以歡矣。」

前廢帝如此，後廢帝有過之而無不及。後廢帝劉昱兇暴異常，外出遊玩，遇到擋路者，無論是人是畜，都命侍從格殺勿論，這使得都城建康，白天戶戶大門緊閉，道路絕跡。他還命令身邊侍衛隨時手執針、錘、鑿、鋸等刑具，臣下稍有忤逆，就施以擊腦袋、錘陰囊、剖腹心等酷刑，每天受刑者常有數十人。他以此為樂，一天不見有人流血，就悶悶不樂。

這些行為無疑不能用「紈絝」定義，這兩個人所患的是精神分裂症。

北魏道武帝拓跋珪患的則是躁鬱症：「或數日不食，或達旦不寐，追計平生成敗得失，獨語不止。疑群臣左右皆不可信，每百官奏事至前，追記其舊惡，輒殺之；其餘或顏色變動，或鼻息不調，或步趨失節，或言辭差謬，皆以為懷惡在心，發形於外，往往手擊殺之，死者皆陳天安殿前。」或者數日不食，或者數夜不睡，精神憂悶不安，有時一整個晚上自言自語，好像對身旁別人看不見的鬼魂說話。他上朝時喜怒無常，每次想到與朝臣的舊惡前怨，就大加殺害。見到大臣臉色有異，或呼吸不調，或言辭失措，就大叫而起，親自把人毆打擊死在大殿之上，屍體還一字排開擺放在天安殿前。

此外，還有人食欲異常。前面提到的「豬王」劉彧，後來僥倖活了下來並當上了皇帝，史稱宋明帝。此人習慣用暴飲暴食來緩解精神緊張，每次吃用蜂蜜醃漬的鰠鮧，可以吃到幾升；吃烤豬肉，一次能吃二百塊。

北齊文宣帝高洋的病狀則是病態的激情。他懷疑自己的寵妃薛氏與大臣私通，竟親自砍下薛氏的頭，將之藏在懷中赴宴。酒席中，他拿出薛氏的頭放在盤子裡，令在座眾人大驚失色。他還叫人取來薛氏的遺體，當眾肢解，取出薛氏的髀骨，製成一把琵琶，邊彈奏，邊飲酒，邊哭泣，嘆息道「佳人難再得」，傷痛不已。最後，他披頭散髮，哭著將薛氏下葬，用的還是隆重的嬪妃之禮。

……

與這些變態的行為相比，北齊後主高緯愛當乞丐，齊廢帝東昏侯蕭寶卷捕老鼠、睡懶覺、驅百姓，明代萬曆皇帝的二十年不上朝，洪武皇帝的濫殺功臣，嘉靖皇帝的偏執，天啟皇帝的沉溺於木匠活兒，都算不上駭人聽聞了。

統計歷代皇帝中事業成功者，或者說較正常地履行了皇帝職責者，只占了一小部分，基本符合儒家道德規範的「聖君」，更是鳳毛麟角。為後世所紀念和景仰的歷代成功帝王加起來不過十幾名，庸主、昏君、暴君卻比比皆是，超過總數的九成。究其所以，是皇帝這個職業的挑戰性過大，這個階層中的人，在工作中要體會到成就感很難，面臨的挫折感卻最多。大部分皇帝在這個職位上是「混」過一生的，因為他們的才能、精力、學識不足以統治如此複雜而遼闊的帝國。

六

權力過於巨大，是造成中國皇帝們不幸的根本原因。皇帝是天下最自由的人，因為他的權力沒有任何限制。皇帝又是天下最不自由的人，同樣因為他的權力沒有邊界。

皇帝十分清楚他的一切都是來源於自己的權力。為了保持自己的至高尊榮，皇帝必須牢牢把握住權力，一絲一毫也不能放手。利益的焦點必然是力量的焦點。普天之下有多少精英人物日夜在垂涎、掂量、窺測、謀劃著大位。為了讓天下人成為自己的奴隸，皇帝自己成了權力的奴隸。他必須像愛護眼睛一樣地愛護自己的權力，一分一秒也不能鬆懈。被剝奪權力的恐懼使皇帝們的神經常年高度緊繃，甚至到達草木皆兵的程度，呈現某種精神病態。朱元璋在寫給自己繼承人的《皇明祖訓》中，就鮮明地表現了這種過度戒備的心理。他說：「凡帝王居安之時，應該常懷警備之心，日夜時刻不可鬆懈，這樣帝位才不至於被人所窺測，才能使國必不失……每天都要當成在戰場上一樣，白天注意觀察周圍人的言語舉動，晚上嚴密巡查，弄好宮內的安全防衛。即使是朝夕相見的心腹之人，也要提高警惕，所謂有備無患也。如果有機密之事要與親信商量，需要摒退旁人，也不能令護衛們退得過遠，最多十丈，不可再遠！……不但兵器、甲冑不離左右，更要選擇數匹良馬，置於宮門及各處城門，鞍轡俱全，以防萬一……」

為了保證自己的意志絕對暢通，為了保證自己對權力的獨占，皇帝們一再地粉碎天底下對皇權的任何威脅和挑戰，同時也不得不把自己變成牛馬，擔負起沉重的工作負荷。在皇帝體制下，「天下之事無小大皆決於上」，那些雄才大略的皇帝，每一個都不得不成為工作狂。秦始皇每天規定自己必須看完一百二十斤的竹簡檔才能休息。朱元璋說自己「每旦星存而出，日入而休，慮患防危，如履淵冰，苟非有疾，不敢怠惰，以此自持，猶恐不及。」據史書記載，洪武十八年九月的八天之內，朱元璋共閱讀奏摺一六六〇件，處理國事三三九一件，平均每天閱讀奏摺二百多件，處理國事四百多件！雍正皇帝在位期間，自詡「以勤先天下」，不巡幸，不遊獵，日理政事，終年不息。在位十三年，寫出了一千多萬字的朱批。

除了上述的過勞事實，皇帝的生活還有一個突出的特點：刻板。

我們以清代為列，觀察一下皇帝是生活在一個什麼樣的模子當中。清代祖制，每天早上五點左右，皇帝就必須起床。起床之後，第一件事是著衣。皇帝穿衣戴帽是不能由著自己喜好來的，在不同的季節，不同的月份，不同的日子，甚至同一天的不同時辰，皮、棉、夾、單、紗的各種質地以及式樣、顏色規格、文飾都有嚴格的規定。

梳洗已畢，首先要做的事是「讀《實錄》一卷」，也就是說要學習祖先的光輝事蹟，背誦祖先的教導。

早上七點到九點半是皇帝吃早飯的時間。御膳的食譜每天由內務府大臣劃定，每月集成一冊。在做御膳時，內務府大臣還要負責監督，每道菜的配料都有規定，不許任意增減更換。皇帝就坐後，傳膳太監一聲呼喊，飯菜魚貫而入。試膳太監先查看每道飯菜中的試毒牌變色不變色，再親口嘗嘗，然後皇帝才開始吃。每種菜最多只能吃三口。

然後是處理政務。即御門聽政，皇帝端坐於乾清宮。整個聽政過程有著嚴格的禮儀規範要求：文武百官從景運門入，在門下廣場排班。奏事開始，大臣從東階上門，列跪，尚書居前，侍郎位其後，陪奏的官屬又在其後。尚書一人手捧折匣折旋而進，至本案前墊上北面跪，將疏折匣恭放於本案上，然後起立，趨至東楹，入班首跪，口奏某事幾件。每奏一事，皇帝即降旨，宣布處理意見，大學士、學士承旨。事畢，大學士、學士起立，從東階下，記注官從西階下，皇帝起駕還宮。

每天上午十一點到下午二點三十分，是皇帝休息吃午飯的時間，根據《國朝宮室》記載，皇帝一般在每天下午一兩點吃午飯，然後批閱各部和地方大員的奏章，接著就開始學習。

在下午二點三十分到五點這段時間裡面，皇帝除了辦公以外，還要看書學習。

晚上七點到九點皇帝要祀拜神靈，到各殿神佛前拈香，然後上床睡覺。按照規矩皇帝平時不能到妃嬪宮裡過夜，皇帝如果想要哪位妃嬪來陪他睡覺，只能把她們召到自己的寢宮裡來，叫做「召幸」。由太監把被傳的妃子用一條大被裹好，送到皇帝寢宮。妃子必須從皇帝的被腳爬入，開始被幸，幸到規定時間，窗外太監就一聲呼喊：「皇上節勞。」皇帝聞聲翻身下來，太監便會再把妃子包好送走。

一年三百六十五天，幾乎天天如此。

因此，中國的皇帝，說容易，任何昏庸白癡都可以憑血統登上帝位；要說難，傳統文化中對帝王的要求實在至難至險。智者千慮，必有一失，對於秦皇漢武唐宗宋祖之類精力過人意志超群的超級皇帝來說，權力都令他們不堪重負，更何況他們那些遠不如他們堅強的後代。那些精明巧詐的定制之君沒有想到，他們制定的帝王標準，給自己那些平庸的後代帶來多少痛苦和折磨。

中國王朝存在著一條鐵律：那些艱難創業的開國帝王往往性格堅毅，精力旺盛。而繼他之後登上皇位的人往往是一代不如一代。這是由於中國皇族特殊的成長環境造成的。

在傳統中國，人們往往把物質享受做為衡量幸福的唯一標準，把無條件地順從、寵愛、諂媚做為對待皇子的不變態度。一生下來，皇子們就處於太監奴僕的包圍之下，眾星捧月之中，每有所需就立即要求滿足，缺乏等待延後滿足的能力。這極容易導致皇子人格的不成熟。而「捧在手裡怕掉了、含在嘴裡怕化了」的過度關照，又往往使皇子們身體過於孱弱。與此同時，由於特殊的身分和地位，國家對皇子們的期望又很高，對他們的教育看得很重，歷代宮廷都制定了嚴格的學習制度。因此，一方面是後宮的為所欲為，驕縱無度，另一方面是書房的嚴厲規矩，沉重任務，這就很容易造成皇子們厭學翹課和人格分裂，形成種種心理隱患。明代中後期諸帝，不學無術者極多，有的皇帝，乾脆當半文盲。

清代的同治皇帝就是厭學的典型。由於咸豐和慈禧只有這一個兒子，寵愛過度，導致上了十多年學，都已經十七、八歲了，他還「折奏未能讀」，連「在內背《大學》皆不能熟」。人格分裂的典型則是那位因為「日表英奇、天姿粹美」而二歲時就被康熙立為太子的胤礽，他本來是一個聰明、伶俐的孩子，智力超群，儀表不凡。可是，由於長期處於一人之下，萬人之上的地位，使得他的性格嚴重畸形。在皇帝面前，他表現得舉止大方，處事有法。皇帝一轉身，他就露出完全不同的另一副面孔：賦性奢侈、索求無度，驕橫暴虐、為所欲為，甚至任意毆打郡王、貝勒、公爵。他膽大包天又缺乏自制力，竟然派人攔截外藩進貢的使臣，奪取進貢給皇帝的馬匹，終於使康熙忍無可忍，不得不將其廢掉。

總之，在這種特殊環境下成長起來的皇位繼承人，很容易出現種種心理和性格問題，最常見的是意志軟弱、自制力差。另外，深宮之中，婦人之手，皇子們難有接觸社會，了解民生的機會，自然培養不起實際的執政經驗。因此，大部分繼位的君主，缺乏治國所需的能力。

在閱讀中國歷史的時候，一個令人不解的現象是為什麼沉溺於酒色的皇帝那麼多。人生的樂趣那麼多，特別是皇帝富有四海，可以做的事那麼多，可以經歷的人生那麼豐富，為什麼那麼多皇帝都像乍富的暴發戶一樣不開眼，一門心思賴在酒桌和床上？這兩樣事物確實很好玩，但也不至於好玩到讓人喪命的程度。其中的道理其實很簡單，這是一種逃避。權力的沉重和規矩的森嚴使他們無力承受，而祖先的期望、臣民的指責、自己體內的超我使他們荒嬉政務、盡求享樂的同時，又不能不產生一種深深的罪惡感、無力感、自卑感，而不能不採取自暴自棄。酒和色不過是他們的逃身之所罷了。準確地說，那麼沉溺於酒色的昏君實際上都是「酒精」或者「性」的依賴症患者。

相比之下，西方國王們的政務則相當輕鬆。因為面積小，事務少，更重要的是，權力的範圍和深度遠不能和中國相比。像英王國的政府機構就十分簡單，一直到十三世紀，才形成三個部門：一個是財務署，負責收稅；一個是最高法院；另一個是內務部，負責處理日常行政事務。由於國家主要是在法律的約束之下運轉，國王對國事用不著事必躬親。英格蘭國王亨利二世在位期間三十四年，有二十一年生活在法國，但英國的社會秩序卻相當良好。在西方，國王們每天只需用很少的時間就可以處理完自己份內的工作，剩下大把時間，可以用來舉辦宴會和舞會，理直氣壯地玩。法蘭西國王路易十四每週至少打獵兩次，「寢宮之夜」娛樂晚會則每週舉行三次。「寢宮之夜」自晚上七點到十點進行，「娛樂項目多種多樣：賭博、檯球、跳舞，有時還有演出。各種酒菜檯子都擺了起來，各種糕點、霜淇淋等隨時可用，各種飲料隨時可取。」，「路易十四顯得和藹可親。走到牌桌時他不讓別人起身相迎，而是彬彬有禮地向每個人打招呼。」

七

雖然皇帝生涯如此險惡，可是幾乎每個中國人都做過皇帝夢。孫中山曾言「四萬萬人都想當皇帝」，「中國向來沒有為平等自由起過戰爭，幾千年來歷史上的戰爭，都是為了爭皇帝」。

確實，中國的皇位對沒當過皇帝的人來講實在是太誘人了。它有兩種神奇的特性，一是法力無邊，一瞬間就可以使人成為上帝，可以滿足人這種生物的一切生理欲望和塵世夢想。二是流動性強，可以用槍桿子去奪，世界上最慘烈、代價巨大的皇位爭奪戰，由此頻頻在中國發生。幾千年來，中國社會精英的全部焦慮都集中在兩點：如何保住皇位與如何奪取皇位。大家為此付出的努力，使得全中國社會付出了巨大的代價，並造成皇帝的非正常死亡率居高不下。

改朝換代這一歷史現象鮮明地表現出中國人源遠流長的「自由、平等、競爭」意識。中國式的皇位競爭不分貴賤，不論種族，完全是開放式的、公平競爭的。「王侯將相，寧有種乎」，「皇帝輪流做，明年到我家」的民諺深入人心，皇位面前人人平等，無論是乞丐、流民、士兵、權臣、異族，都有機會成為「太祖高皇帝」。由於這個「家業」實在太有誘惑力，而且競爭門檻很低，所以幾千年來無數中國男人投入到這種競爭中，使得競爭中國皇位具有某種購買彩券的性質。這張彩券，價值與國民生產總值相當，中獎率為一比全國總人數的一半（因為除了武則天，尚沒有第二個女人對開國之君的稱號感過興趣）。這是一場多麼驚險刺激誘人的博弈活動啊！自從秦始皇發明這個活動以來，無數中國人如癡如狂地投入到這場巨大的賭博中來，自秦始皇到溥儀，二千年間，如果粗略的按直線數下來，中國歷史上經歷了二十六次改朝換代，平均每個朝代的統治不足百年。為了這個皇位，中國大地上無數次烽煙四起，血流成河，白骨成堆。無數頂級男人們，提著頭顱，以全族人的身家性命為賭注，進行著一次又一次聲勢浩大的政治豪賭。

中國的皇位雖然對所有人開放，但是競技場卻是封閉的。所謂天無二日，國無二主，臥榻之側不容他人鼾睡。在東亞這塊相對封閉的大陸上，失敗者無路可逃，每一個走進競技場的人只有兩條路可走：不是魚死，就是網破，不是成功，就是成仁。因此，中國政治家在鬥爭中顯得分外殘酷、徹底，他們的信條是政治鬥爭必須心狠手辣，趕盡殺絕，對對手不抱任何幻想，絕不給對手一點翻盤的機會。因此，與每個王朝輝煌開始相對照的，都是腥風血雨的結束。每一代新的統治者上台，第一件事就是把前代王朝的後代斬草除根。中國歷朝末代皇帝的命運都無比悲慘。有的逃到天涯海角甚至海外仍不免一死，如南宋末帝和南明永曆帝。有的老老實實交出權力仍不免被以各種藉口暗殺，如晉代末帝司馬德文，劉宋末帝劉准，蕭齊遜帝蕭寶融，蕭梁末帝蕭方智，南唐後主李煜……死到臨頭，這些不幸的人一再悲嘆：「願生生世世，再不生帝王家！」

環顧全球，像中國人這樣熱衷於皇位賭博的似乎不多。以我們的近鄰韓國和日本為例，日本是所謂萬年一系，自從有天皇以來，就沒有他人染指帝位。可自唐亡之後，當鄰國朝鮮只經歷了高麗和李朝兩個王朝，中國卻歷經了後梁、後唐、後晉、後漢、後周、北宋、南宋、金、元、明、清十多個王朝。

大陸另一端的人們觀念則要更保守落後得多。歐洲人認為，王位必須由有國王血統的人繼承。因此，歐洲的幾十頂王冠，一直是在天潢貴胄間傳來傳去，還從沒有出現過哪個農民揭竿而起、開朝立基的壯舉。在英國歷史上，雖然為了王位也曾多次展開過戰爭，但是戰爭的雙方都是法律意義上的有權繼承者。另外，西方王位的產生，除了戰爭和繼承以外，還有一種非常重要的途徑，那就是選舉。在議會出現以前，英國存在著由貴族、教士和高官組成的「賢人會議」（WITAN），這個會議的明確職責之一就是選舉或者罷黜國王。當國王的繼承出現爭議時，這個會議便會從候選人中選出他們認為最合適的一個。英國從八九九年到一〇一六年間的十位國王中，僅有三位是僅憑血緣關係即位的，其他七位雖然都是與國王血緣關係較近的貴族，但都經過賢人會議推薦，才由絕嗣的在任國王賜予王位繼承權。因此，一位大主教曾經說過，正如人們普遍認為的那樣，英國的君主實際上不是世襲的，而是推選出來的。

西羅馬立國近千年，拜占庭帝國享國近千年。而前面提到的英國，自一〇二八年被征服者威廉征服後至今，一共出現的四十一位國王，都是威廉一世的後人。從不嚴格的意義上說，英國王位，也可以說是千年一系了。只不過英國的王位繼承不是中國式的嚴格父死子繼，而是摻雜了父女、兄弟、外孫、外孫女關係，以及堂兄弟關係。英國共經歷了九個王朝，然而，王朝更替多是由於上一個王朝的末代國王絕嗣，由親戚入繼大統，所以更換朝代名稱。歐洲其他國家的王朝更替，也都屬於這種情況。

回到中國，即使在同一個王朝內部，也沒有哪一天停止過圍繞皇位的陰謀、叛變和殺戮。這世上沒有哪一國的皇位像中國的龍椅這樣沾染了這麼多的鮮血。中國人圍繞權力所表現出來的非人性程度，可說已達到人類史上的極限。父子、母子、兄弟、夫妻相殘，凡是人類所能想像到最殘酷的、最違反人性的場景在中國皇宮之中都發生過了。秦始皇的兒子胡亥篡奪了皇位之後，為了消除其他繼承人對自己的威脅，不但將自己的十八名兄弟和堂兄弟斬首，把十名心懷不滿的姊妹統統車裂而死，另外還迫令十五人自殺。雄才大略的漢武帝去世前為了防止母后干預朝政，殺掉了自己心愛的妃子。這一舉動被後世政治家認為是高瞻遠矚的大手筆，以至於北魏時期，後宮明文規定：「子為儲君，母當賜死。」後宮嬪妃紛紛祈禱上蒼，萬萬別生兒子。

上述制度性的規定，比起那些純粹基於獸性而製造的骨肉相殘，尚屬仁慈。西元三五八年，後趙皇帝石虎將試圖篡位的兒子石宣捉住後，用鐵環貫穿他的下巴拴在柱子上，然後命人抬來餵豬的槽子，倒入殘渣剩飯，要他像牲口一樣舔著吃。這樣折磨一段時間之後，又一根根拔光他的頭髮，割斷他的舌頭，砍斷他的手腳，挖出他的眼睛，剖開他的肚子，最後把他吊到柴堆上，燒成灰燼。此外，縱然石宣五歲的幼子平日頗得石虎疼愛，祖孫朝夕不離，此時也被石虎命令拉出去砍了。劊子手前來行刑時，小孫子還拉住石虎的衣服不肯放手，最後把衣帶子都拉斷了。另一個著名的例子，是李世民在玄武門之變後，雖然一邊到李淵面前承認錯誤，「跪而吮上乳，號慟久之」，另一邊還是命人立刻去殺掉他的十個侄子：「建成子安陸王承道、河東王承德、武安王承訓、汝南王承明、鉅鹿王承義，元吉子梁郡王承業、漁陽王承鸞、普安王承獎、江夏王承裕、義陽王承度，皆坐誅。」這樣的自相殘殺，無朝無代無之。

相比之下，西方的統治者在王位之爭中卻表現出讓中國政治家瞧不起的軟弱、糊塗和不徹底。他們根本不懂「量小非君子，無毒不丈夫」的真理，在他們的政治鬥爭中充滿了毛主席瞧不起的宋襄公式「蠢豬式仁義」。在中國人看來，他們的王位之爭有時候簡直像小孩子玩辦家家酒。

西元一一三五年亨利一世去世，他的外孫亨利二世和外甥史蒂芬都認為自己有權繼承英國王位，史蒂芬搶先一步登上了王位，亨利二世不服，幾番領兵前來爭奪王位。在第一次王位爭奪戰中，年僅十四歲的亨利二世因為經驗不足，準備不充分，還沒開戰就讓軍隊沒了糧餉、陷入饑餓。困窘之下，他居然向敵人史蒂芬請求支援。而史蒂芬呢，居然也就慷慨解囊，借錢讓亨利二世把饑餓的僱傭軍隊打發回家；第一次戰爭就這樣可笑地不了了之。

數年之後，亨利羽翼已豐，捲土重來，雙方再次展開大戰，這次亨利很快的即取得勝利，讓史蒂芬俯首投降。然而，雙方的談判結果卻讓人跌破眼鏡：雙方約定，史蒂芬繼續做英國國王，但宣布亨利二世為他的繼承人，待他百年之後，再由亨利二世登基。

另一場王位爭奪戰的結局更富戲劇性。英國愛德華三世的兩個兒子蘭開斯特公爵和約克公爵的後代都對英國王位有興趣，兩個家族因此各拉了一批貴族發動內戰。因為蘭開斯特家族的族徽是紅玫瑰，約克家族的族徽是白玫瑰，所以這場戰爭被稱為玫瑰戰爭。結果戰爭的結局是不打不相識，兩大家族在戰爭中打出了感情，蘭開斯特家族的亨利七世，娶了約克家族的伊麗莎白，宣布約克和蘭開斯特兩大家族合併，結束了玫瑰戰爭，也結束了蘭開斯特和約克王朝，開創了都鐸王朝。

總之，雖然西方的權力爭奪中也不乏殘忍和血腥，但較之中國式的殘酷，究竟不可同日而語。畢竟，在西方，得到了王位並不意味得到了一切，丟掉了王位也並不一定就意味著失去一切，因此西方人不會像東方人一樣不顧一切、偏執而瘋狂。歐洲政治中有一個傳統，那就是做過國王的人即使被從王位上拉下來，也要受到必要的禮遇，這是騎士精神的表現之一：同情弱者，對失敗者寬宏大量。因此，歐洲權力鬥爭中的失敗者鮮有被處死的例子。在那個時代，人們無法容忍一個國王殺掉另一個國王。他們不是不知道養虎為患的道理，可卻寧可承受失敗者捲土重來的後果，也不願破壞自己的騎士風度。一六八八年，威廉三世征討英國，從自己岳父詹姆斯二世手中奪取了王位。之後他網開一面，故意在囚禁岳父的城堡前的大海上不設防備，讓詹姆斯順利乘船逃到法國。第二年，詹姆斯果然組織了一隻精良的傭傭軍隊在愛爾蘭登陸。威廉三世不得不從英法戰爭中騰出手來對付捲土重來的岳父，雖然最後將詹姆斯趕回了法國，卻因此在英法戰爭中失利。不過，似乎沒有人因此批評威廉不智。

腥風血雨的政治鬥爭，不但造成了中國皇帝的大量非正常死亡，也是造成許多皇帝瘋狂變態的重要原因。中國南北朝時期及五代時期帝王患精神病和心理異常的比率分外高，其原因離不開這個時期異常激烈和殘酷的皇位競爭。這個時代的皇帝多處於勢力交集之地，各方勢力把他如五馬分屍一般拉往各個方向，使他的生命中有著太多的矛盾、取捨、焦慮和不如意。

八

中國皇帝制度和西方君主制度的最後一點不同，是中國皇帝制度確立之後，皇帝們的權力在歷史上呈逐漸擴張之勢，而英國國王的權勢卻是隨著時間的流逝而日漸衰退。換句話說，在中國，統治者把民眾日益關進越來越嚴密的籠子；而在英國，民眾逐步把國王裝進了籠子。

自秦始皇建立皇帝制度，中國的專制統治方式便開始從粗放簡單往精密深刻發展，統治層面則是從控制人的身體逐步發展到控制人的精神，皇帝與臣民的關係越拉越遠，民眾奴化的程度越來越深。

自秦朝到西漢，丞相入朝之時，皇帝會起立歡迎；從東漢至宋初，宰相可以在皇帝面前坐而論道；宋朝初年之後，宰臣在皇帝面前不再有座位，但還可以站在皇帝面前說話；但到了明清兩朝，不論哪個大臣，在皇帝面前都必須跪著說話了。宮廷禮儀的這種演變，簡單明瞭地反應出皇權日盛，臣權日衰的演變過程。

宋代以前，中國還沒有文字獄的說法；明代以前，中國專制統治雖然嚴密，但是畢竟還有一些權力管不到的地方。士人們不滿朝政，可以掛冠而去，隱居山林。但到了明代，不願當官居然成為被皇帝殺頭的理由。及至清代，人們的私人日記和通信都成了被判罪的理由，文字獄使得所有大清臣民都噤口不言。

反觀英國，即使國王與貴族間的鬥爭反覆多次出現，但整體趨勢至少是專制王權日益削弱，貴族和民眾的權利日益伸張，最終導致了君主立憲制的形成。英國人很早就意識到，不受約束的專制權力必然給國家帶來動盪和禍亂，所以貴族們總是不失時機地趁國王處於弱勢時，把一道道繩索套到他的頭上。從《大憲章》到《默頓法規》再到《牛津條例》，英國人根據形勢需要，一步步縮小國王的權力範圍，直至內閣制度成熟，王權對國家已經沒有任何意義時，便通過君主立憲制，把國王架空。英國國王權力範圍的變化史，也就是英國保守主義自由民主的發展史。

然而，隨著中國皇帝制度對社會的控制越來越嚴密，它給中國的社會發展帶來的災難性後果，也越來越嚴重。它通過空前嚴密而有效的專制體制抑制了社會活力，束縛了人民的創造力。在皇帝制度出現後的兩千年間，中國社會萬馬齊暗，死氣沉沉，再也沒有出現一個可以與先秦諸子比肩的大思想家，社會制度也沒有再一次出現大創新和變革。中國人一直在「做穩了奴隸」和「求做奴隸而不得」了無新意的一治一亂中掙扎，「奴隸性格」和「專制性格」日益發展成民族性格中相輔相成的兩個突出特徵。正如同獅子和綿羊分別代表「勇氣」和「懦弱」，近代以來，「中國」和「西方」通常被用來指代專制和民主。

在西方思想家看來，古代中國無疑是世界上最專制的國家。每一個近距離接觸到中國文化的西方人，首先聞到的都是刺鼻的、浸透了中國社會每一個細胞的專制主義氣息。那些最早對文化中國進行觀察的西方思想家，無不為他們所看到的情景切齒扼腕，將之視為人類精神史上獨一無二的慘狀。黑格爾認為，中國的民族精神，本質上是一種東方特有的專制與奴役精神，

「只有服從與奴役，沒有精神的獨立與主體意識的自由」。孟德斯鳩則說，統治中國的「原則是恐怖。」他用語極端而刻薄，然而令人絕望的是，今天回頭看來，這種極端的判斷基本上仍然正確：「在那個地方的一切歷史裡，是連一段表現自由精神的紀錄都不可能找到。在那裡，除了極端的奴役外，我們將永遠看不見任何其他東西。」

當文化中國在與西方的迎頭撞擊中頭破血流、遍體鱗傷之後，中國思想者開始痛切反思傳統文化。一百六十年來，思想家們達成共識，專制主義是中國一切文化病相的罪魁禍首，也是最難醫治的文化病根。是它，束縛和壓制著中國人不能發展成「完全的人」，是它，導致了中國人國民性中的「守舊症」、「非我症」、「不合作症」、「麻痹症」。李慎之先生的總結非常透徹：「（一百多年來）中國人變的東西雖然不少，甚至數不勝數，但是在最基本的精神上卻變得微乎其微，甚至可以說是原封不動，那就是專制主義。……我們搞現代化，大體上算搞了一個世紀了吧！到現在還不能說已經成功，最大的障礙就是專制主義的傳統沒有根本改變。不僅如此，這百年中甚至還變本加厲，比如文化大革命中所謂的『全面專政』，是中國自古以來都沒有達到的。」

第一章

王莽

從先進模範到亂臣賊子

剛剛上台的時候，王莽絕沒想到要做皇帝。他確實想效法周公，樹立一個完美的道德典範。然而，當民意大潮漸漸湧起，他的心理卻有微妙的變化：如果需要自己挺身而出，拯救這些可愛的人民，自己為什麼不能獻身呢？

一

那個孩子瑟縮在北風中，穿得顯然單薄了些。他不得不站在街角，因為王鳳府門口已經被拜年的人和車馬包圍了。

大約過了半個時辰，他提籃子的小手已經快握不住了。那籃子裡，是一份貴重的賀禮——一罈宛城名酒。為了準備這份禮品，這孩子的母親費了很多腦筋：他們一年到頭的所有收入，有一大半是花在這個禮節上了。

終於出現了一個空隙，孩子立刻鑽了進去。大門兩側的石台上已經站滿了等候的人。孩子直接來到守門人面前，要求進去。

「我是大司馬的侄兒，我叫王莽。」孩子低聲解釋，為自己不得不做這樣的解釋而感到羞愧。

門人的目光像刀子一樣毫不留情地戳在孩子臉上：「我怎麼沒聽說過？從哪來的？」

「大司馬是我四叔，我是他親侄子。去年過年我也來過，那時看門的不是你。」孩子囁嚅著，臉越來越紅，門口的人都用奇怪的眼光看著這對談話者。

「親侄子？」門人打量著這孩子普普通通的裝束，越發不相信他的話了。「撒謊都不打草稿的。有事找大司馬以後再來吧，這兩天他肯定沒時間。」

孩子的眼淚終於忍不住流了出來。他「啪」地把手裡的籃子摔在地上，酒灑了一地。他一轉身撥開人群，跑了。

二

這並不是王莽第一次受到傷害，卻是他記憶中最深的一次。

作為當今皇帝的親表哥，誰都會以為王莽是在錦衣玉食中長大的，事實上遠非如此。

父親去世時，王莽剛剛四歲。那時候，姑姑王政君雖然已經被立為皇后，但因為不受寵，所以王家沒有得到多少好處。直到王莽十四歲時，王政君成了皇太后，王家才突然顯赫起來，五個叔叔同日封侯。（《漢書・王莽傳》）

在漢朝，權力必然導致腐敗。王莽的叔叔都進入決策層，連帶著眾多的表兄表弟也都迅速入仕，整個朝廷成了王家的天下。《漢書・元后傳》描寫王氏一家的熏天氣焰時說：「自此時起，朝廷要官都出自王家門下。王氏一族，窮極奢侈，各路官員賄送的奇珍異寶，四面而至。後庭姬妾，各數十人，奴僕以千數。羅鐘磬，舞鄭女，作倡優，狗馬馳逐；大興土木，樓閣連屬彌望，假山高台，淩駕於長安城除皇宮外的所有建築之上。」

這些雄偉的建築中，卻找不到王莽的家。由於父親早死，王莽家並沒有享受到封侯的待遇，只有得到太后一筆定期的補助。姑姑和叔叔們忙於扶植私黨，攬權納賄，大興土木，幾乎把這對孤兒寡母給忘了。沒有權力自然就缺少收入來源，和叔叔們相比起來，王莽母子的日子相當清苦。

貧困因為對比而放大，傷害因為敏感而加深。對早熟的王莽來說，由地位及貧富差距而引起的屈辱感，無疑是他早年經歷中重大的心理事件。

因為乘不起車馬，王莽上學時須步行穿過長安街上的乞丐群，小乞丐們的眼神經常讓他一整天都心情鬱卒。冬天的早晨，他經常能在街頭看到凍餓斃死的屍體，當達官貴人驅著高頭大馬從屍體邊走過，不屑一顧，王莽卻不能視而不見。

走在路上，他常常要躲避各式各樣的車隊。這些車隊通常綿延半里，在長街上疾馳而過，使得半個城市如地震般顫抖。如果誰躲避不及，被車馬刮踏，只能算你自己倒楣。所以車馬過去後，人們會紛紛撣著身上的塵土，對車隊發出惡毒的咒罵。

王莽不會開口罵人，但他內心的反感肯定比別人更甚。因為車隊的主人，往往是他的表兄弟們。對於這些整天駕著名車寶馬招搖過市的表兄表弟，他既厭惡又鄙視。雖然同處一個城市，王莽卻與他們相隔非常遙遠。華麗的外表掩藏不了他們內心的淺薄、愚蠢和無能，如果沒有叔叔們的權勢，他們不堪一擊。

貧困和苦難會賦予人正義感的說法，至少在王莽身上得到了驗證。因為他們，王莽終生厭惡鋪張和招搖。

好強的寡母縮衣節食，把他送到名儒陳參門下，學習《禮經》。像所有的寡婦一樣，王母在王莽身上寄託了太多的希望，特別是當她的長子早夭，王莽成了獨子之後。雖然不太識字，她卻每天陪王莽溫書到半夜。她剝奪了王莽的童年，不允許王莽和街上的孩子玩，她要王莽出人頭地，光耀門楣，為她被人忽視的寡婦生活爭取加倍報償。（《漢書．王莽傳》）

孤兒往往天生嚴肅，眼神裡帶有一絲憂鬱的底色，生活早就教會他們如何應付挫折。王莽非常努力學習，他深知成績對自己的重要性，這是他個人奮鬥的重要資本。對王莽來說，與權力中心的遙遠距離形成了他強大的生命張力，深刻的屈辱體驗則化作了他向上攀登的不竭動力。地處孤寒、冷眼旁觀使他觀察到社會的黑暗，聖賢的教誨則灌注給他巨大的道德激情，而不幸的生活又鑄造了他堅強的意志。「不患寡而患不均」、「大道之行，天下為公」，「賞信修睦，選賢與能」，這些話在他口中讀出來異常地慷慨激昂。他希望自己的智商將最終幫助自己走入權力中心，把那些寄生蟲一樣的表兄弟們踩在腳底下，使這個世界變得更公平、更合理，而自己最終也將留名千古，光耀萬世。

三

中國文化早熟，但是這種早熟往往是一種有問題的成熟。

中國傳統思維的簡單化、一元化、以偏概全曾經、並且仍在給中國不斷製造問題。在過去的中國人看來，孝是一個人最重要的品質，一個人孝順，就意味著他會遵守秩序，忠於國君。從這個邏輯出發，中國人創立了幼稚的社會賞罰機制，那就是把官位作為「德行」的報酬。

《孝經外傳》記載的第一個典型人物是大舜。據說舜的父母兄弟都對他不好，合謀要殺死他，可他還是一如既往地孝順父母。堯帝聽說了，就把兩個女兒嫁給他，後來又把帝位讓給了他。中國歷史上第一個孝子就這樣得到了最豐厚的獎賞——帝位。

所以歷朝歷代，千奇百怪的「孝悌」行為層出不窮。古制父母死後守孝三年，可是東漢人趙宣一連二十多年都住在墓道裡，因此成了著名孝子，名氣很大，被舉為孝廉（《華陽國志》）。同樣是東漢人的許武，自己做了官，為了使兩個弟弟也取得做官資格，在分家的時候故意欺負兩個弟弟，把家產都據為己有。而弟弟們尊重兄長，毫無怨言，成了「悌」的典型，名聲遠揚，也被舉為孝廉。之後，許武才公布了自己私藏的分家文書，說明是為了使弟弟們成名才這樣做的。結果許武也受到了讚揚。原因是他為了弟弟們的前途，自己甘願被人誤解，承擔罵名，於是他也被舉為孝廉，「一門三孝廉，美名遍天下。」（《後漢書．許荊傳》）

這個故事充分說明舉孝廉機制的尷尬。許武給中國人的邏輯思維出了一道難題，而答案是這樣令人啼笑皆非。往往是，一個人的行為越突出、越超乎尋常、越不近人情，他的社會聲望就越高，所得到的官位就越顯赫。

四

不管怎麼說，王莽早年的恭儉孝順出自天性，並非偽裝。

系統的儒家教育，無疑引導王莽強化自己性格中的這些品質，並且形而上之。在他的時代，道德在正統觀念中是超越一切的最高價值，道德完善被認為是人生的最終目標。就像他為自己的學業感到自豪一樣，他也希望通過良好的道德品質獲得人們的肯定。

而在意識深處，他完善自己道德的熱情，則奠基於要在道德上壓倒其他王氏子弟的隱祕願望。他要用自己出眾的德行，來反襯自己諸多表兄表弟的放縱；他要憑自己的道德資本，戰勝這些平日視他如無物的人——這是他唯一的優勢，他不能不充分發揮。

然而聖人的教導在一定程度上是不現實的。聖人錯誤地認為人的本性是完美無缺的，要求人嚴格克制自我的欲望，把自己裝到「理」的牢獄，修煉到一舉一動都符合「天理」。

按照儒教理想色彩濃郁的禮儀規範去為人行事，在現實生活中必然會遇到種種障礙和尷尬。青春期的王莽和所有的憤怒青年一樣單純倔強，他把這些障礙當成了對自己定力的考驗，當成了「為賢作聖」路上必然的磨難。他認為這個人人放縱苟且的社會是不合理的，和庸人的信念不同，聖人之徒必須讓社會適應自己，為此他就要帶頭克己復禮。被聖賢之道折服的他立下宏誓大願，要以古人為榜樣，特立獨行，做一個錯誤世界裡正確的人。

他事母至孝，對長兄的遺腹子視如己出。他為人慷慨，經常周濟別人。他恪守古禮，路上遇到年紀比自己大的人，一定要退避三舍，躬身等長者走過，才直起身子。他每次去見師長，都鄭重其事地沐浴，然後穿戴整齊，帶上禮品。這些禮節只見於古書的記載，在上古有無實行雖然無法考證，但在王莽所處的西漢末年早已失傳是可以確定的。所以當王莽必恭必敬地躬著身子躲在路邊給人讓路時，別人投向他的目光，更多的是驚詫。然而王莽不以為意，經典的力量使他的腳步充滿自信。(《漢書．王莽傳》)

所以他的行為自然就很「出位」，很引人注目。然而，王莽的真誠和單純也一目了然。西漢末年，人心還古樸，讚揚者畢竟多於指指點點者。以當今皇帝親表兄之尊，王莽「勤身博學，被服如儒生」，謙恭孝友，確實與他那眾多不知天高地厚的表兄形成了鮮明對比。在那個十分關注人的道德品質的時代，王莽年紀輕輕，就確立了優良的社會形象。而這一形象被他的那些驕奢淫逸、飛揚跋扈的至親反襯，顯得更加光彩耀人。

五

雖然受到忽視，王莽畢竟是皇帝的至親，這一社會關係使他擁有普通人無法企及的潛在優勢，一旦機緣巧合，優勢就會轉化成巨大的現實利益。

西元前二十二年（成帝陽朔三年），大司馬王鳳病重。王莽遵從孝道，趕到王鳳府上去照顧病人。王鳳所患的大概是我們今天所說的腦血栓後遺症，偏癱在床。王莽代替僕人，親自給王鳳端屎端尿，「親嘗藥，亂首垢面，不解衣帶連月」，盡心竭力。（《漢書．王莽傳》）

疾病使王鳳感覺到異常的虛弱和無助，他沒有想到是這個平時沒怎麼關照過的侄子，竟給了自己最需要的親情。而自己平日裡提攜備至的子侄，從小嬌生慣養，誰能吃得了這樣的苦。不要說收拾穢物，就是探望一次，都待不到一會兒就匆匆離去。相比之下，王鳳不禁為自己以前對王莽的忽視深感愧疚。彌留之際，王鳳鄭重地把王莽託付給太后，要求多加關照。

根據王鳳的遺願，朝廷任命王莽為黃門郎。以前，每次王氏子弟入仕後，經常能聽到各種風言風語，然而任命王莽後，王政君聽到的卻是由衷的歡迎之聲。大家都覺得這樣出眾的人才早就應該進入仕途了。太后對王莽不禁刮目相看，她沒想到這個幾乎被自己遺忘了的侄子居然擁有這樣的影響力。老謀深算的她立刻看到了王莽的價值：他將有助於挽回王氏家族長久不佳的名聲。不久，又升王莽為射聲校尉，進入中級官員的行列。

王莽給官場帶來了一股新鮮空氣，可貴的是王莽一點也不因身為外戚而有任何驕氣。他對任何人都是和和氣氣，謙恭有禮。王氏子弟大都不學無術，而王莽卻精通典籍，學問出眾；王氏子弟爭相攬權納賄，王莽卻清廉自守，一塵不染；別人處理政務難免摻雜私心，王莽卻不偏不倚，處事至公。對王莽不遺餘力的讚譽，實際上就是對其他權貴行為的批判。

這一年王莽二十四歲，達到了心智完全成熟的成年。但他謙恭和氣的外表下隱藏著說出來會讓任何人嚇一跳的雄心：他要徹底改變這個不合理的社會，為天下立萬世太平之基，使自己躋身孔孟之列，被後世永遠景仰。

這是一個真誠的儒家式雄心壯志。

要達到這個目標，他首先要一步步攀登到權力的頂峰，成為王鳳那樣的人物。從自己的晉升之路中，他已經切身體會到聲譽的重要性。在以後的攀登過程中，他下意識重複自己的成功經驗，他的道德熱情被進一步激發，行動也更加有力。

他的俸祿不多，卻經常傾囊資助別人，特別是自己以前的同學。他傾其所有，把長兄的遺腹子的婚事辦得隆重盛大。侄子的婚禮那天，王莽的母親正好身體不適，在婚宴上，王莽屢次離席，進入後堂。客人們不解其故，詢問僕人，才知道是王莽不放心母親的病體，去服侍母親用藥了。他買了一個漂亮的女子，放在家中。此舉引起了人們的紛紛議論：王莽也這樣好色？在眾說紛紜之際，王莽對朋友公布了答案，原來，這個女子是他為朋友朱博買的。這位朱博，政績卓異，可惜一直沒有兒子，王莽此舉是為了幫助朋友延續後代。（《漢書．王莽傳》）

王莽的行為收到了良好的效果。像所有亂世一樣，西漢末年也是個道德淪喪的年代。當空氣越是汙濁，人們越渴望清新。

不知不覺，王莽入仕已經六年，可是由於潔身自好，不結交權貴，不請託送禮，官位升遷得很慢。

終於有人出來發言了。西元前十六年（成帝永始元年），王莽的叔叔成都侯王商向漢成帝上書，要求把自己的封地分給王莽，為王莽討封。有人帶頭，眾多儒學名士便趁機上書，頌揚王莽的品行。於是，在三十歲這年，王莽被封為新都侯，封邑一千五百戶，晉升為騎都尉光祿大夫侍中。由此，王莽經常隨侍在皇帝和太后左右，成為一個頗具影響力和權勢的大臣。雖然如此，他的作風依然不改，居官恭謹有加，地位越高，為人越謙和。他把封地上的貢賦全部用來資助儒生和名士，自己依然簡樸度日。他是個工作狂，工作起來通宵達旦，把自己任內的事處理得井井有條，非常符合儒家標準。太后和皇帝都慶幸選對了人，不斷委以重任。又過了八年，深受輿論支持的他接替退休的叔叔王根，成為大司馬，社會輿論終於把他推上了權力的高峰。

六

漢朝時，流行天人感應論。董仲舒說，國君受命於天，如果稱職，上天會讓他江山永固；如果荒淫無道，就會更換代理人。當然，上天是講道理也講策略的，會給犯錯誤的人出路，因此會在改朝換代之前，降下種種異常的自然現象來警告皇帝，直到確認這個人不可救藥了，才會從他手裡收回權力。反之，如果皇帝任務完成得出色，上天就會降下種種祥瑞，鼓勵他再接再厲。皇帝輪流做，然而，這種輪流是有順序的，這個順序就是「五行」，即金木水火土。比如秦朝是水德，那麼，繼承秦代的漢朝就是火德。

西漢末年，社會上經常流傳著改朝換代的傳說。每年都會出現一些小道消息，說是某地某地出了什麼怪事，預示著將要改朝換代，漢朝的火運已經到頭，土德皇帝將要出現。

大漢王朝的氣數看起來也確實快要盡了。

西漢末期，貧富分化已達到社會不能承受的程度。貴族擁有的土地動輒幾十萬畝，數百萬流民卻常年無家可歸。上層社會風氣奢侈，浪費，卻有越來越多的農民失去土地，賣身為奴。此外，災異頻發，餓死者的白骨相望於道，這些都使得人民的不滿情緒越來越濃，整個社會充斥著緊張不安的氣息，起義的烈火在四野蔓延。

皇室也惶惶不安，漢成帝自己在詔書中也不得不痛心疾首地言道：「變異數見，歲比不登，倉廩空虛，百姓饑饉，流離道路，疾疫死者以萬數，人至相食，盜賊並興。」（《漢書・薛宣朱博傳第五十三》）

皇帝一次又一次下罪己詔，到天壇去跪拜上天，承認錯誤，可是形勢絲毫不見好轉。

元鳳三年（西元前七十八年）正月，泰山腳下突然降下一塊巨石。一位儒生上書昭帝，說泰山乃神山，泰山墜石，預示將有匹夫而為天子。他勸皇帝順天應人，擇天下賢者，讓出帝位。理所當然，這位天真的儒生被砍了頭。（《漢書・眭弘傳》）

可是，後繼者居然絡繹不絕。宣帝之時，一個小官蓋寬饒又上書，建議皇帝傳位於賢者。這次皇帝沒敢動手殺他，而是迫令他自殺了。（《漢書・蓋寬饒傳》）

漢成帝時，一個叫甘忠可的普通儒生寫了一本《包元太平經》，宣稱漢朝天命已終，應該重新受命，這樣就能延續漢朝的命運。他還組織了許多學生，到全國各地去宣傳自己的理論。甘忠可被關進了監獄，但他的弟子鍥而不捨地繼續宣傳，到了哀帝時期，居然得到了皇帝的認可。建平二年（西元前五年），漢哀帝真的舉行典禮，宣布重新「受天命」，改號為「陳聖劉太平皇帝」。（《漢書．哀帝紀》）

可是改號之後，天下甚至比以前更亂了。建平四年（西元前三年），有傳言說大禍將要降臨，關東各地的人民「無故驚走」，數十萬人手持麻稈在全國各地奔走祈禱，據說這樣可以避免天崩地裂的大禍。幾萬人聚集到長安城裡，半夜三更祭祀「西王母」，點火遊行，「擊鼓號呼相驚恐」，弄得整個長安城徹夜無眠。（《漢書．哀帝紀》）

看來，文字遊戲騙不了上天，上天改朝換代的決心已經下定了。

七

登上了權力頂峰的王莽俯視天下，看到的是一片末世衰敗的景象。

混亂他不怕，他甚至希望再亂一些，這樣，才能更好地展現他的能力。他要讓奄奄一息的大漢王朝在他的手裡重新壯大起來，他要讓那些流離失所的百姓因為他重新過上安居樂業的生活。他相信自己的雄才大略，相信自己已經掌握了聖人之學，他以《周禮》和《論語》為指導，以為澄清天下，應該指日可待。

他興致勃勃地開始了改造帝國的計畫。

他首先希望以自己為表率，扭轉社會奢侈的風氣。他要求政府工作人員剎住浪費之風，自己上下班坐的馬車、穿的衣服，也都儉樸得不能再儉樸。

做了大司馬之後不久，王莽的母親病了，達官貴人紛紛到王莽家探望。沒想到出來待客的婦人穿著粗布衣裙，臉上也不施脂粉，讓貴夫人們都以為是王家的女僕，及至介紹才知道竟然是王莽的夫人，轟動效應可想而知。一時間，王莽家的儉樸作風傳遍長安，奢侈之風果然大減。

第二步，王莽通過艱難的政治鬥爭，動員政府通過了著名的「限田令」，禁止豪強大戶占有太多的土地。

上任第二年，王莽又以王太后的名義，宣布把王家的所有土地，除了墳園之外，全部捐給貧民，以此帶頭推行「限田令」的實施。（《漢書．王莽傳》）

這幾把火燒得非常漂亮，一時間，王莽為首的政府獲得了極高的支持率，整個下層社會歡欣鼓舞，以為天下大治的時候終於要到了。

然而，天有不測風雲，極權政治中，每個人的政治生命都是脆弱的。漢成帝的死打亂了王莽的整個計畫。

西元前七年（成帝綏和二年），王莽上任不到六個月，漢成帝去世。由於無子，立定陶恭王子繼承帝位，是為漢哀帝。

哀帝上台的第一件事，竟然是大搞自己的裙帶。他違背禮儀規定，擅自尊自己的祖母傅氏為恭皇太后，與王政君並尊。並且在宴會的時候，把傅太后的座位與王太后平等安放。

這是完全不符合禮法的事情。傅太后的名稱本來已經可疑，即使真的做了太后，與王太后也有正庶之分，怎能並尊！王莽見此情形，嚴厲斥責太監：「定陶太后藩妾，何以得與至尊並！」立刻命令把傅氏的座位搬到一邊。

傅太后一怒之下，索性不出席宴會。就這樣，王莽不識時務地得罪了新帝。西元前七年（成帝綏和二年）七月，王莽被免職，回到南陽封地閒居。（《漢書．王莽傳》）

奮鬥了幾十年的成果就這樣因為一次大義凜然的出手而失去了。做模範有時必須付出代價。

這一年王莽三十九歲。

八

這次挫折，對以政治為生命的王莽來說，無疑是嚴重的。但是，王莽有著鋼鐵般的鬥志，挫折對於上升期的他，就好比給好鋼淬一次火，只會讓他更加堅韌。

在血親社會，血緣是最有力的理由。新帝登基，王氏的血統立刻貶值。王莽和王政君都是明智之人，他們順從地接受了命運的安排，離開政治中心，過起了隱居生活。他們有足夠的耐心，就看上天是否能再次給他們機會了。

然而，王莽並沒有真正閒下來。二十年的政治生涯已經使他由一個單純的儒生變成了政治動物。他已經深深領略了權力的滋味，這滋味讓人嚐了一口，就再也不能放棄。他渴望著再次過上日理萬機廢寢忘食的生活，渴望著再次見到人們在他面前必恭必敬誠惶誠恐，渴望再次體驗掌握千萬人命運的強大感和改造山河建功立業的成就感。如果能夠再次掌握權力，他甘願付出任何代價。

多年周旋在政治漩渦之中，王莽已經深諳政治的玄機。他的理想主義絲毫沒有動搖，但是他實現理想的方式卻已經悄悄發生了變化。剛入仕途，他只知一味剛強，做事恪守原則，說話直言不諱，這種性格使他在宦海沉浮的前幾年吃盡了苦頭。而現在，他的剛強中已經糅入了一絲陰柔，做事更講究方式方法，他知道了進退，知道了等待，知道了利用他人的弱點。

他一如既往地維護著自己的道德形象，他知道，這是他政治生命的基礎。人們對道德楷模的要求是苛刻的，他們把慷慨的讚美送給你的同時，也等同要求你在道德枷鎖下不能有一絲鬆懈。因此，他必須傾盡全力，戰戰兢兢，把自己打扮得毫無瑕疵。為了這一點，他有時也不得不矯飾自己。道德於他，此時已由單純的目的變成了手段。他理解到為了達到光明的目的，有時要用不光明的手段。

在閒居的日子裡，王莽做了幾件事情：一是傾心結交官員，特別是知識分子，建立自己的人際資源網；二是密切關注朝廷政局的變化，同時又絕口不談政治，不惹是非；三是繼續建設自己的形象，豐厚自己的人格資源。

真是天將亡漢，剛剛登上帝位的漢哀帝恰好是歷代皇帝中最不爭氣的一個。上任之後，他所做的第一件事就是大封外戚，把祖母傅太后和母親丁后兩家的親戚一股腦兒送入朝廷，當仁不讓地占據了各路要津。這個時候，人們才又想起王氏外戚的好處，王家雖然驕奢，但畢竟大都是有能力的人，在他們的控制下，朝廷的運轉基本正常。然而傅、丁兩家大都是草包，因為意外的機緣成了皇親，便如同鄉下人進城，恨不得一天之內把所有的東西都抱回家去。他們剛剛進入長安就忙著起宅第，買僕人，講排場，比闊氣，一上任就迫不及待地鉤心鬥角，賣官鬻爵，大開貪賄之門。一時間，整個政府上下雞飛狗跳，烏煙瘴氣，長安城的奢侈之風再一次興起。

哀帝做的第二件事是搞起了同性戀。他喜歡上了一個叫董賢的漂亮侍從，兩人很快就朝夕相處，形影不離。哀帝停止了王莽的「限田令」，一次賞賜給董賢二十萬畝土地，不久又任命二十二歲的董賢為大司馬。為了表達自己的愛意，哀帝甚至想把皇位讓給董賢。（《漢書·哀帝紀》）

漢朝的衰敗在哀帝手中達到了頂點，混亂的朝政加劇了人民的痛苦。他使漢王朝喪失了最後一點人心，各地農民起義風起雲湧。為了挽救岌岌可危的局勢，哀帝如上文所述，搞了一次荒唐的「再受命」儀式。這個儀式反而再明確不過地說明，大漢王朝已經喪失人心。

王莽不動聲色地觀察著長安城內一幕幕光怪陸離的鬧劇，平平靜靜地讀書養性。這時，他家裡出了一件意外之事。他的二兒子王獲因事一怒之下，失手打死了一個奴役。

當時的豪貴之家，每家都有幾百名奴隸。奴隸是可以像牛馬那樣在市場上公開買賣的，沒有人把他們當人看，失手打死了，官府罰幾個錢就了事了。

王莽卻不這樣看。「天地之性人為貴」，在儒家看來，每個人的生命都是平等的，奴隸制本來就是不合理的。奴隸也有自己的生命尊嚴，也有自己的基本權利。

經過痛苦的權衡，王莽命令王獲自殺以贖罪。只有這樣，才能維護他世界觀的統一。而且，下意識中，王莽明白這樣處理，會帶來巨大的轟動效應。

全家上下一下子亂了套，王莽的妻子急得要和王莽拚命，終日以淚洗面，兒子女兒都在王莽面前連日長跪，為王獲求情。

作為一個政治家，王莽的兒女之情是比較淡薄的，但並不是沒有感情。做了這個決定之後，他也經歷過痛苦的煎熬，那畢竟是自己從小看著長大的親生骨肉。更何況，這次所有的親人都站到了對立的一邊。

然而，王莽已經習慣於在情感和禮法發生衝突時無條件地倒向禮法。四十年來的修身磨煉似乎就是為了面對今天的考驗。要做改天換地的聖人，要做出經天緯地的大事，他就不能按常人的標準來要求自己。他得把自己變成刀槍不入的超人，變成超越世俗情感的神，這樣才能承擔起挽救天下的重任。天理和人欲的交戰中，後退一步，就前功盡棄。

上天也許是用這件事來考驗自己能否承擔大事。王莽把拳頭握得緊緊的，關節都要碎了。他以為自己已經煉就了鐵石心腸，但是，現在他發現，自己的心還保持著幾分彈性。每一個夜晚，他幾乎要向感情投降，然而隨著天明的到來，理智又一次占了上風。

王莽的意志最終不可違背，經過幾天的爭執，王獲終於自殺。（《漢書・王莽傳》）

這件事震動了整個社會。人們沒法不震撼，人們沒法不感動，人們沒法不敬仰。這是一個什麼樣的人啊，他確實已經接近了聖人的高度，讓人只能仰視，心懷慚愧。在這個裙帶成風的黑暗時代，王莽的行為像一盞明燈，給人們的心靈帶來了希望。

王莽像一個高明的演員，給人們留下了最動人的印象。是啊，在這個綱紀崩壞的時代，人們最痛恨的是上流社會的窮奢極欲、裙帶成風。而王莽恰恰恭儉勤政、大義滅親。他準確地擊中人們感情中最脆弱的部分，讓所有人的心都成為他的俘虜。

西元前二年（哀帝元壽元年）正月初一，發生日蝕。在漢朝人看來，這是上天明確無誤的警告。哀帝驚恐不已，下詔讓大臣們獻策。鬱鬱已久的大臣們紛紛上書說這是上天對王莽遇到不公正待遇的反應。鑒於輿論的壓力，哀帝只好以侍候王政君的名義讓王莽重返京師。（《漢書・哀帝紀》）

九

還沒等王莽為重新獲得權力進行更多的努力，西元前一年（哀帝元壽二年），二十五歲的漢哀帝突然去世。而在此之前，他的祖母與母親傅、丁兩后都已去世。上天又一次向王莽露出笑臉。

在漢哀帝胡作非為的時候，王政君默默地獨居深宮，不動聲色，而現在，這個資深女政治家以迅雷之勢採取行動。在哀帝去世當天，她就駕臨未央宮，收取了皇帝的璽綬。接著召見大司馬暨皇帝的情人董賢，問他打算怎麼處理皇帝的喪事。乳臭未乾的董賢在王政君面前居然嚇得連句完整的話都說不出來。王政君馬上掂出了這個人的輕重，命使者火速召王莽進宮。（《資治通鑑．哀帝元壽二年》）

王莽又成了大司馬。

王莽做的第一件事是罷免董賢，此人早已成為哀帝的代罪羔羊，成為人人痛恨的目標。董賢畏罪自殺後，朝廷沒收其財產四十三億，充實國庫。（《漢書．董賢傳》）

王莽做的第二件事是選立中山孝王之子，九歲的劉衎即位，是為漢平帝，此人與無子的哀帝血緣最近，立他為帝順理成章。同時，王莽命令，平帝的親屬不得進京，以絕外戚之患。

接著，他把傅、丁兩氏的外戚全部趕出長安，任命自己那些名聲良好的朋友親信占據要津。並且挖傅、丁兩后的墳墓，以平民憤。（《漢書．外戚．孝哀傅皇后傳》）

三件撥亂反正的大事做罷，整個大漢天下歡聲雷動。久久壓抑的人心得到了充分的舒展，人人都以為，災難終於過去，光明就要來臨。王莽贏得了全國人民的信任。大漢王朝在王莽的領導下，眼看就要邁入一個全新的時代。

十

有人說王莽處心積慮地篡位，而實際上，他更像是被民眾一步步推到皇帝的寶座上去的。

漢朝時的上天和民心看來是心有靈犀，有高度默契。王莽執政前的百十年間，災異屢見，什麼夏天降霜，冬天打雷，山崩泉湧，地震石隕，日蝕月食，星辰逆行，老天爺搞神弄鬼，忙得不可開交。《春秋》所記載的災異種類在西漢末年幾乎都降全了。並且，只要有了一點什麼事，老百姓們就捕風捉影，添油加醋，三人成虎，口耳相傳，鬧得天下人心惶惶。

可是，王莽上台後，這類災異竟然逐漸消失了。相反的，「祥瑞」卻漸漸出現了。

祥瑞這個東西，是上天心情愉快的表示。如果天下大治，人心舒暢，上天就會降下些稀奇好玩的東西，以資精神鼓勵。漢武帝打獵的時候，就捕獲了一頭獨角怪獸，被認為是白麟，一種傳說中的瑞獸。於是舉國同慶（《漢書．武帝紀》）。漢宣帝的時候，有成千上萬的五色鳥飛到長安附近的宮苑，許多人都一口咬定是親眼所見。於是皇帝上尊號，百官加官晉爵，大家急忙進行自我獎勵。（《漢書．宣帝紀》）

元始元年（西元一年）正月，王莽就任六個月之後，南越人向朝廷進獻了一隻白雉、兩隻黑雉。儒生們一查古書，《尚書》記載周朝之時，越裳氏曾向周成王進獻白雉。這件事在此時重現，顯然是「周成白雉之瑞」。於是有人上書，應該像封周公那樣封王莽為「安漢公」，增加二萬八千戶封戶。此議一出，群臣紛紛響應。（《漢書．王莽傳》）

王莽再三辭讓，最後接受了這一稱號，但拒絕接受封戶。

《漢書．王莽傳》說此事是王莽暗示地方官搞的陰謀，這一說法像諸多其他不利於王莽的記載一樣，是缺乏根據的臆測。更大的可能是，西南地區的地方官主動策劃了此事。這件事，側面反應了王莽執政所得到地方官員的擁護。

王莽的政策方針完全遵循了儒家理論，他不搞裙帶關係，不封王氏子孫，而是尊崇皇族。他依《周禮》的精神，封宣帝子孫三十六人為列侯，平反了一批冤假錯案，解放了一批皇族後裔。此舉一下子贏得了皇族的擁護。

他號召官員們節儉度日，與百姓共患難，帶頭捐款一百萬，捐地三十頃，用來救助貧民。每遇水旱災害，他就吃素，與民同甘苦。在他的帶領下，共有二百三十名貴族捐獻田地，分給貧民。

王莽還按照《周禮》的記載，在全國建立倉儲制度，儲備穀物，做賑災之用。他按照上古傳說，改革官制，設置「四輔」，加封周公、孔子等聖賢的子孫。

王莽並且大興教育，擴大太學生的招生量，使得太學生的數量很快翻了幾番，突破一萬

人。然後在各地廣建學校，徵召「異能之士」，拓展了普通知識分子入仕的管道。（《漢書．王莽傳》）

和此前的一派亂象相比，大漢朝在王莽的治理下，真的是撥亂反正，蒸蒸日上。由於王莽不遺餘力地大抓意識形態建設，恢復綱紀，使得社會正統價值觀念得以弘揚，社會風氣明顯好轉。從王公貴族到知識分子再到普通百姓，都覺得「道德楷模」王莽是他們利益最好的代言人，覺得王莽具有超人的品格和能力，是人民信得過的領袖。

一個隱祕的想法在全國人民心中蠢蠢欲動：為什麼不讓王莽做皇帝呢？

人們對劉姓子孫已經失去了信心，漢平帝長大了，也不會好到哪兒去。由於董仲舒的天人感應論深入人心，漢朝老百姓人人都知道「皇天無親，惟德是輔」，王莽符合皇帝的條件。讓王莽做皇帝，天下人的利益就有了永遠的依靠，就可以避免在平帝親政後再度受罪。

不過，這個想法想想可以，說出來的風險太大了。惡莫大於叛逆。所以，人們所能做的，就是千方百計表達對王莽的支持，呼籲提高王莽的地位，至於最後高到什麼程度，大家盡量不去想，以免受到心中罪惡感的壓迫。

西元三年（平帝元始三年），漢平帝十二歲，按《周禮》到了結婚的年齡。王莽發布詔書，在天下博采名門之後，選拔皇后。為了避嫌，特意提出自己的女兒不參與競爭。王政君同意了這個提議。

消息傳出，社會上反應強烈。大家都覺得這樣對王莽不公平，每天都有上千人上書朝廷，和朝廷論理，這其中大部分是普通老百姓和學生。上書的人擠得政府門前水泄不通，幾乎形成騷亂，王莽還特意派遣長史到各處去勸阻人們。結果上書的人更多了，一天數千起，人們紛紛呼籲：「願得公女為天下母。」形勢迫人，王政君只好收回成命，把王莽的女兒列為候選對象。結果不言而喻，王莽之女獲得了最廣泛的支持，順利地成為大漢皇后。

朝臣查閱古書，上古天子封后父的土地多達百里，所以加封王莽二五六〇〇頃土地。王莽反覆力爭，終於退回了土地。又按照過去的先例，聘皇后的禮金達數萬萬，王莽只接受四千萬，還把其中的三千三百萬用來周濟別人。（《漢書．王莽傳》）

第二年，漢成帝成婚，有大臣提議應該加封王莽為宰衡，位在所有公爵之上。幾天之內，就有八千百姓和官吏上書朝廷，支持這一建議。宰衡一職，是把上古伊尹和周公兩大名臣的封號合起來起的新名，前所未有。王莽求見王政君，痛哭流涕地拒絕這一封號，並且以稱病辭職要脅。但是朝廷堅決不許，最後王莽只好接受了這一封號，同時從封賞中拿出千萬，交給侍候王政君起居的官員，表示其孝敬之心。（《漢書．王莽傳》）

大漢在王莽的領導下繼續欣欣向榮。元始三年（西元三年），王莽主持重訂了「車服」制度，全國人民的著裝、住房、器用均按等級有了整齊劃一的標準。元始四年（西元四年），王莽根據德政精神，下令對老人、兒童不加刑罰，婦女非重罪不得逮捕，並且按《禮記》的記載，修建據說上古時曾有過的明堂。一時之間，漢代文治達到極盛。大學者揚雄也被王莽的煌煌治績所傾倒，孤傲的他滿懷熱情地作了《劇秦美新》一文，讚頌王莽的偉大。他說，王莽的治理完全符合先聖精神，在他的領導下，大漢王朝「帝典闕者已補，王綱馳者已張，炳炳麟麟，豈不懿哉」，他激動地讚美王莽之治「郁郁乎煥哉」！

元始五年（西元五年），王莽當政五年之後，朝臣又總結王莽的治績，說他的德行為天下紀，他的功業為萬世基，提議加封「九錫」。

九錫是九種極尊貴的物品，加九錫，意味著取得了接近皇帝的地位。消息傳出，不長的時間內，朝廷竟然收到四八七五七二人的上書，支持給王莽加九錫。數字之所以如此精確，是因為《漢書》作者班固核對了當時的政府檔案。

四十八萬多件上書在漢朝意味著什麼呢？西漢末年，全國人口不過數千萬。其中絕大部分是文盲，識字者不過數百萬。而在長安附近，能夠上書的知識分子加起來也不會比四十八萬多多少，這就是說，幾乎所有有能力上書的普通百姓，都參與了這次運動。如果在當時進行民意調查，王莽的支持率肯定達百分之九十五以上；在高層官員中，支持給王莽加九錫的王公列侯及卿大夫達九〇二人，幾乎占了全部。

幾乎所有的手都想把王莽推向「至尊」的寶座。

元始五年（西元五年）五月，漢王朝在未央宮舉行盛大儀式，為王莽加封九錫。冊文說：「輔朕五年，人倫之本正，天地之位定。……復千載之廢，矯百世之失。……動而有成，事得厥中，至德要道，通於神明。」（《漢書．王莽傳》）

這道眾臣精心撰寫的冊文，把王莽神化到了半人半神的地步。而九錫之制從形制上更是把王莽從眾人中分別出來。漢廷專門為王莽設了宗官、卜官、史官、祝官。王莽出行，坐特殊形制的車，樹九條龍旗，執金斧玉勺。這種充滿神祕氣息的儀式，無疑使王莽的形象大為神化。

終於，在王莽加九錫之後七個月，長安附近有人在挖井時挖到了一塊上圓下方的白色石頭，上面赫然刻道：

告安漢公莽為皇帝。

這齣歷史大戲，馬上就要接近高潮。所有的人都屏氣凝神，整個劇場呈現了暫時的可怕寂靜。

十一

剛剛上台的時候，王莽絕沒有想到要做皇帝，他確實想效法周公，做一個完美的道德楷模。周公之偉大，正在於他可做皇帝而沒有做。

「篡逆」是整個漢語系統裡最醜惡的一個詞，王莽怎麼會想讓這個詞加諸在自己的名字之上呢？在漢語裡，「克己」，才意味著偉大。

然而，當民意大潮漸漸湧起，他的心理也發生了微妙的變化。「民心」就是「天心」，難道上天真的要自己做皇帝嗎？一想到這裡，王莽的思緒不由自主地迅速遊走，開創新王朝、九五至尊、萬歲、萬世、龍、明黃色、朕……這些輝煌崇高的字眼在眼前不連貫地跳動起伏；群臣在自己腳下匍匐，億萬人山高呼萬歲，自己站在人世的最高點，與天相通……這些情景讓他的心劇烈地跳動起來，激情在心底抑制不住地澎湃，稍不努力，就要氾濫出來……

這個時候，他才發現自己內心對皇帝的渴望，是那樣的強烈。

如果上天真的屬意我，又有什麼不對呢？周公不能做皇帝，是因為他輔佐的周成王乃是自己的親侄，天命在周，沒有必要取代同姓。而現在，劉姓似乎真的失去了天心，上天似乎真的在尋找一個新的代理人。如果上天真的要改朝換代，誰會比我更適合呢？只有獲得皇位，才能使自己的事業獲得永久的保障。

王莽畢竟是凡人，一波又一波洶湧的民意漸漸使得他暈頭轉向，特別是在加九錫之時那四十八萬件上書，件件情真意切，字字出於百姓內心啊！這樣感人的事情，前無古人，想必也後無來者。讀著一封封稱頌自己的奏摺，聽著那一句句悅耳動聽的詞句，王莽也不得不覺得自己真的是偉大、正確的經天緯地之才。

聽聽他們都說了些什麼吧：

普天之下，惟公是賴……

欽承神祇，經緯四時，復千載之廢，矯百世之失，天下和會，大眾方輯……

四海雍雍，萬國慕義，蠻夷殊俗，不召自至……

揆公德行，為天下紀；觀公功勳，為萬世基……

如果這些可愛的人民需要自己挺身拯救，自己為什麼不能獻身呢？

其實，在執政不久，王莽就敏銳地嗅到了百官頌詞中的特殊味道，在民眾的一次次推戴中，他心領神會，並且恰到好處地導演自己的表現。他越謙虛，百姓就越急迫，他越無私，百姓就越狂熱。就這樣，他在這洶湧的大潮中半真半假半推半就地向前走著，終於，「告安漢公莽為皇帝」的符命出現了。

最關鍵的時刻到了。

直到這個時候，王政君才恍然大悟，原來，這些人的目的是想顛覆大漢江山！老太太勃然大怒，說：「此誣罔天下，不可施行！」（《漢書．王莽傳》）

王莽卻認為這一符命是真的。本來，符命這種東西，並非不能偽造，但他不願往那方面想。在下意識裡，王莽其實是在盼望著這道符命的出現，也相信這道符命必然會出現。但，他不能即皇帝位。因為在堅硬真實的倫理道德面前，虛幻的天意畢竟有些虛弱。退一步講，即使天意昭昭，他也不能立刻接受。因為按禮的精神，遇到這種事也必須極力推辭。

大臣們卻迫不及待。他們再三建言，並且做好疏通太后的工作。王政君發過火之後，明白大勢已去，明智地選擇了沉默。然後，大臣們又來說服王莽。

說服王莽的工作並不好做，不論人們如何勸解，他就是不肯邁過這最後一道門檻。當然，王莽也絕不否認符命的真實。經過反覆爭取，王莽達成妥協：他不做皇帝，但又不能違背上天旨意，因此，他且攝行皇帝之事，稱「攝皇帝」，將來皇子長大，仍要還政。

王莽的舉動堵住了所有準備指責他篡逆的嘴。

十二

上天好像不滿意王莽的謙虛，催促他即位的符命一道又一道：

齊郡臨淄縣昌興亭長辛當夢見天公派人告訴他：「攝皇帝當為真」，並且說，為了表示神異，亭中當有新井。辛當早上起來跑到亭上一看，亭中果然出現了一口很深的新井。

從全國各地都送來帶有天命資訊的奇石。王莽去未央宮前觀看這些奇石時，突然天風大作，塵土瀰漫，風過之後，奇石前出現了銅符帛圖，上面寫道：「天告帝符，獻者封侯。承天命，用神令。」

面對上天的催促，王莽說：「臣莽敢不承用！」但是還是不即位，只是讓大臣們上書時不稱「攝皇帝」，而直稱「皇帝」，唯攝政性質不變。（《漢書．王莽傳》）

王莽就這樣，走一步，停一停，逐步消解掉可能出現的不滿因素，讓天下慢慢適應改朝換代的現實。應該說，他做得相當高明。

十三

西元八年（初始元年），十一月的一個黃昏，一個學生模樣的人來到劉邦廟門前，求見守廟官員，說有要事相告。

這個學生一臉神祕，從懷裡掏出兩個銅盒，交到守廟官手裡，說昨天晚上他做了一個奇怪的夢，醒來後就看見身邊有了這兩個盒子。守廟官打開一看，一個盒子裡裝著一幅圖，寫著「天帝行璽金匱圖」，另一個裡，是一封信，「赤帝行璽某傳予黃帝金策書」，原來是上天和劉邦的神靈寫給王莽的信，說他是真命天子，要他即位，改朝換代，新朝的名字，就叫做「新」。

劉邦還特意在信上寫了十一個人的名字，說這些人是新朝的輔佐大臣，要王莽重用他們。

符命被火速送入宮中。

王莽被這個突如其來的事打亂了陣腳。他沒有理由置這道符命於不顧。因為這道符命以不容分說的口氣，規定了他即位的時間，甚至規定了新王朝的稱號。這迫使他必須在最短時間內做出決定，或是宣布此符命為假造，逮捕獻符人；或是接受符命，打亂自己的計畫，提前即位。

這道符命還真值得懷疑，最可疑的一點，是「劉邦推薦」的十一人名單。這十一人中，有八位是王莽的親信，而另外三位中，兩個分別叫王興、王盛，不知是何許人也，最後一個，居然就是獻符人哀章！這也太容易引人遐想了。

然而，靜下心來一想，王莽卻發現他居然不能懷疑，只能接受。首先，他真誠地信奉古書經典，相信符命的存在，雖然符命中有可能存在假託，但那是個別現象。第二，這道符命如果被宣布為假，那麼以往的種種祥瑞符命也都值得懷疑，天命在他的說法也就值得懷疑，這無論如何是不能接受的。而且，已經有人在對符命竊竊私語了，在目前形勢下，任何符命他都不能懷疑，即使錯了，也只能錯到底，否則就是給人口實，會引起骨牌效應，威信一落千丈。第三，這道符命製作精美，格式完全符合禮儀，不像以往有的符命語焉不詳，粗俗鄙俚，不能登大雅之堂。第四，也就是最關鍵的一點，符命明確規定了即位時間，使他沒有任何理由再推讓拒絕，這也意味著替他解決了禮儀上最大的難題。因此，這是個絕好的機會！

王莽徹夜不眠，在房間裡一趟趟來回走著，不時拿起這道符命端詳。已經過了子夜時分，他下令，立刻召親信大臣入宮！

大臣們看過符命，立刻向他叩首祝賀，一致認為王莽應該順天應命，立刻即位。他們等這一天已經等得太久了。天已經快亮了，他們火速起草了一道詔書：

予以不德，托於皇初祖考黃帝之後，皇始祖考虞帝之苗裔，而太皇太后之末屬。皇天上帝隆顯大佑，成命統序，符契圖文，金匱策書，神明詔告，屬予以天下兆民。赤帝漢氏高皇帝之靈，承天命，傳國金策之書，予甚祇畏，敢不欽受！以戊辰直定，御王冠，即真天子位，定有天下之號曰「新」。其改正朔，易服色，變犧牲，殊徽幟，異器制。以十二月朔癸酉為建國元年正月之朔，以雞鳴為時。服色配德上黃，犧牲應正用白，使節之旄幡皆純黃，其署曰「新使五威節」，以承皇天上帝威命也。（《漢書．王莽傳》）

十四

話說長安東城仁義巷有個賣燒餅的漢子，為人老實懦弱，每天天不亮就起身，烤上百來個燒餅，沿街叫賣，賺幾個小錢，養家餬口。這一天早上，也是運氣不好，好好地走在路上，竟然被石頭絆了一跤，提籃裡的燒餅撒得滿街都是，待拾起來時，已被無賴小兒搶去好幾個，因此悶悶不樂，叫賣也無精打采。正在這時，突然有人在身後叫自己的名字：「王盛！王盛！快點回家，有一群官人在那等你呢！」

王盛回頭一看，是自己的鄰居錢大痲子。王盛也不知道怎麼回事，糊里糊塗跟他回到家裡，只見家門口圍了一大群人，還有不少當官的，見了他，人們便喊：「來了！來了！」

王盛也不知道怎麼回事，只嚇得兩腿發軟，上前就要給當官的叩頭，不想那些當官的倒紛紛跪倒在他面前，嚇得王盛手一抖，半籃燒餅又打翻在地。當官的說什麼，王盛全沒聽清，糊裡糊塗地被推上一輛馬車，就往皇宮駛去。

過了好半天，在人家再三解釋下，他才知道，上天把他的名字寫進符命裡，讓他輔佐新皇帝王莽，他現在已經是「崇新公」了。

轉眼到了皇宮，洗澡更衣，修鬍子梳頭髮，打扮停當，王盛立刻被送到未央宮前，參加新帝登基典禮。

巍峨的未央宮裝飾一新，在朝陽下金碧輝煌，殿前廣場上旗幟在微風中獵獵飛揚，夾陛而立的一列列武士手持長槍，挺胸收腹，默默對視，數千名文武官員穿著最盛大的禮服，排列整齊，神情莊嚴，垂手肅立。隨著司禮官的一聲長叫，悅耳的鼓樂立刻響徹雲霄。

一個頭戴純金平天冠，身穿明黃色龍袍，腳穿厚底皮靴，個頭稍矮的中年人在宦官引導下緩步走向寶座。王盛注意到，這個人的靴子底能有三寸厚，他長方臉，眉宇間滿是莊嚴，方方的下巴顯示著異乎尋常的堅定。

王莽轉過身，默默地注視著腳下黑壓壓的文武百官，不知道在想些什麼。良久，他才從宦官手中拿過詔書，聲音宏亮地讀了起來。

讀詔畢，王莽停了一下，又高聲對群臣說：「昔周公代成王攝政，最終使成王歸位。如今我為天命所迫，不能按自己的心意行事，此時心中的滋味，一言難盡！」（《漢書．王莽傳》）說著，語調已轉悲涼，無數往事湧上心頭，一時悲情難抑，熱淚突然奪眶而出。

群臣立刻匍匐在地，「萬歲」的呼聲如山呼海嘯，瞬間席捲了整個皇宮，又瀰漫到整個京城。長安城內外，一派喜氣洋洋，百姓自發地穿上新衣，燃起煙花爆竹，大肆慶祝。他們感到特別的高興，因為王莽的登基，每個人都有一份功勞。

歷史上空前絕後的「民選皇帝」誕生了。

十五

所有的中國人心中都有一個夢，那就是上古時代。

據說那個時候，天特別的藍，水特別的清。人民在堯舜等人的領導下，過著牧歌式的生活。

那個時候，天下沒有黑暗，沒有不公，沒有人剝削人、壓迫人的事情。天下為公，實行井田制，有福大家享，有難大家當。人們的道德水準都很高，人人遵守秩序，「市無二賈，官無獄訟，邑無盜賊，野無饑民，道不拾遺，男女異路」。人人都拾金不昧，而且男人和女人走路都不走同一條路，專門有「男路」和「女路」。

中國的政治家特別強調秩序。在他們眼裡，這個世界本來就是靜態的，條理分明的。所謂太極生兩儀，兩儀生四象，四象生八卦，三皇治世，五帝定倫，長幼尊卑，君君臣臣父父子子，都是上天早就規定好了的，並且在《周禮》等上古傳下來的經典中闡明，天子的使命就是使一切回到原來的規定上去，克己復禮。

使這個混亂的世界回復到有秩序的上古時代，是過去每一位政治家的最高夢想，也是所有老百姓的最高夢想。

十六

之所以含辛茹苦，殫精竭慮，拚命奮鬥，犧牲了自己的兒子，犧牲了自己的健康，犧牲了做人的快樂，王莽就是為了這一天，能夠踐履至尊，手握權柄，來改變萬惡的現狀，來實現「復古」這一輝煌的夢想，實現把《周禮》變成現實這一人間奇蹟。

王莽沒有必要去考慮古代經典的正確性。這就像日月之明，是不需要證明的先天真理。因此，他也沒有一秒鐘懷疑過自己徹底按照古代經典去用人行政，會不會取得成功。

皇帝和「攝皇帝」是完全不同的兩種滋味。現在，他分明感覺到自己已經站在了天地之間，身上充滿了神性，肩上沉甸甸地承擔了上天親手壓上的擔子。這擔子，點燃了他體內的巨大能量。俯視天下，他心中湧起一股慈愛。他要對得起這些赤子一般可愛的子民。

一萬年太久，只爭朝夕。

這個原來的工作狂現在變成了工作機器，每天工作時數長達二十個小時，經常連續幾天不休息。激情就像熊熊燃燒的大火，吞沒了王莽。他召來博學的大臣儒生，日夜探討上古的制度，他們像一群考據學家，在語焉不詳的經書中艱苦地跋涉。再難，他們也要走下去。因為，這是天下人福祉的關鍵所在。

經過周密的思考，一項項措施出爐了。

首先，恢復上古的井田制，均分天下土地。由於貧富不均已經發展到了極致，嚴重地威脅著社會的穩定。只有改革土地所有制，才能使天下長治久安。上古時代之所以人人富足，是因為土地均等。因此，王莽規定，人均土地一百畝，多占土地的人家，不管是富豪巨室還是普通百姓，立刻要無條件交出土地分給貧民，土地不許買賣抵押。

第二項，是禁止奴隸買賣。「天地之性人為貴」，人的生命是天地間最尊貴的。買賣人口是「悖天心，逆人倫」的罪惡行徑，必須立刻停止。原有的奴隸，一律恢復自由民的身份。一道令下，三百六十萬奴隸獲得了解放。

第三項，是由政府壟斷經營鹽、酒、冶鐵和鑄錢，防止富商操縱市場，勒索百姓。王莽下令建立國家銀行，貧苦百姓可以像國家申請貸款，年息為十分之一，由此杜絕高利貸對百姓的剝削。

第四項，從皇帝到百官，都實行浮動工資制。如果天下豐收，皇帝就享用全額生活費，如果出現天災，或者治理不當，就按比例扣減生活費。百官的工資也根據百姓的生活水準浮動。百姓豐衣足食，工資就高；百姓餓肚子，官員也要跟著挨餓。

王莽還厲行懲貪。他下詔清查所有官吏的家產，發現貪汙者，便沒收所有財產的五分之四，用來補充國家財政經費。他建立舉報制度，舉報查實，立予重獎。

名不正則言不順，王莽又改革了全國的官名。他按照《周禮》的規定，設了三公、九卿、二十七大夫和八十一元士。按照《禹貢》的規定，把天下分為九州，恢復上古地名。按古書的記載，把太守改名叫大尹，都尉改名叫太尉，縣令改名叫縣宰，御史改名叫執法，長安改名叫常安，未央宮改名叫壽成室。

王莽在長安城中心建了一個王路門，在門下坐了四個叫諫大夫，面向四個方向，聽取四方百姓對政府的意見。這是按照《周禮》而設。

蠻夷之國，名字也必須低賤，這樣才符合上古禮制。他把匈奴單于改名為降奴服於，把高句麗改為下句麗。（《漢書．王莽傳》）

王莽興致勃勃地和儒士們討論著官員、地名和人名，引經據典，頭頭是道。這種討論，使他的思緒回到了學生時代，給他帶來了純粹的快樂，他就像一個兒童，興致勃勃地建著沙上之塔。

十七

然而，均分土地、解放奴隸和改個名字、建座宮殿，有著太大的不同。當根本利益受到侵害的時候，所有的道德教化都失去了意義。要求有地者交出土地，無異於癡人說夢。人們寧可交出性命，也不會交出幾代人血汗換來的土地和財產。

人們無法與王莽的思想高度比肩。他們期望王莽做皇帝，原是為了自己的私利。沒想到王莽卻要大家向自己看齊，消滅私心，一心為公。轉眼間，王莽那仁愛、威嚴的形象立刻變得恐怖起來。

擁護王莽的主要力量立刻都站到了他的對面。

王莽雖然是大家推舉的，推舉上去後就成了大家的上帝，性命掌握在他的手裡。王莽可能缺乏其他特質，可是從不缺乏決心。他認准了的事，任何力量都無法阻止。此時，他揮起了鞭子，誰不執行，就把誰抓起來，不管來者是皇親國戚還是名公巨卿。

於是農商失業，食貨俱廢，民人至涕泣於市道。及坐賣買田宅奴婢、鑄錢，自諸侯卿大夫至於庶民，抵罪者不可勝數。(《漢書．王莽傳》)

犯罪的人越來越多。「吏民抵罪者浸眾。」罪不致死者被罰為官奴。不長的時間內，二十多萬人從上層社會成員淪為官府奴隸。全國各條道路上，絡繹不絕地走著一隊隊的罪犯，監獄幾乎滿員。其情形，竟和秦朝末年有些相似了。

可是剩下的人，還是拒絕交出土地，奴隸買賣，還是屢禁不絕。

十八

此時的王莽卻已經沉醉在自己的幻想中不能自拔了。他從形式主義中獲得了巨大的快感，他用名稱和制度，建設著一個並不存在的宇宙。他體驗著創世的光榮。

無限的權力足以把任何明智的人變成瘋子。現在，王莽已經沒有任何顧慮，沒有任何限制，多年來積蓄在他胸中的種種夢想，洶湧而出。他把帝國變成一個巨大的實驗場，來實驗他的種種天才構想。

他認為自己有經濟學家的天才，並設計了一套幣制改革方案。在他的貨幣體系中，有大錢，有壯錢，還有幼錢、么錢、小錢。他給錢幣組織了一個家庭，排了輩分。除了錢，還有布，布的家族關係更複雜，有么布、幼布、厚布、差布、中布、壯布、弟布、次布、大布。按照上古的制度，烏龜殼、貝殼也都成了貨幣。此外，王莽還設有貨布、貨泉、契刀、錯刀、寶貨。

一個大布值十個小布，一個小布值兩個大錢，一個大錢值五十個小錢。一個烏龜殼值十個貝殼，一個貝殼值半個大布。一個錯刀值十個契刀，一個契刀值十個大錢。一個貨布值兩個半貨泉……（葛承雍《王莽新傳》）

如果我們請現在的任何一位經濟學家，來算算一個貨泉值多少幼布，保管他算上一個上午也算不出來。當時的老百姓沒有上古時那麼聰明，自然更算不出來。所以，大家私下還是用漢朝的五銖錢交易。可是這種行為一旦被抓住了，就要被流放，罪名是「擾亂幣值罪」。

十九

天下人的忍耐是有限度的。如果是漢朝皇帝在台上胡作非為他們還可以原諒，畢竟漢朝的天下是人家劉邦提著腦袋打下來的。而王莽憑什麼這麼胡鬧，他忘了他是大夥推選上去的嗎？

於是，在各地豪強大戶的鼓動下，人民揭竿而起。大新王朝一下子岌岌可危了。

天鳳四年（西元十七年），山東呂母起義，很快發展成數萬人。

同年，河南南陽王匡、王鳳發動綠林軍起義。王莽數次派兵圍剿，效果不大。

漢宗室貴族劉玄、劉縯、劉秀等，也紛紛投身於起義軍中。

天鳳五年（西元十八年），山東人樊崇發動了赤眉軍起義。

豪強大戶在漢朝社會的地位可謂舉足輕重，從漢初到王莽時代，劉漢宗室人口已經繁衍到十萬之眾。他們累代豪族，在地方上的勢力根深蒂固，占有的土地和控制的人口占全國總量的四分之一以上。許多豪族都廣蓄賓客，擁有龐大的私家武裝。得罪他們，實在是不明智的事，即使你擁有再多道義上的優勢。有人統計過，新漢之際起兵反對王莽的義軍首領中，普通百姓占百分之二十九，豪強大姓卻占了百分之七十一。可見，新漢之爭，主要是社會上層因利益調整而導致的內部鬥爭。

王莽並不在意。他順利即位，充分說明了上天對他的信任。上天既然選擇了他，他又這樣兢兢業業，克己復禮，上天沒有理由對他不滿。不過，各地的起義軍畢竟干擾了他的思路，讓他不得不分散精力，來應付一下。

王莽自有王莽的做法。很長時間以來，他和各地的「奇人異士」保持著密切的聯繫，他熱衷於和他們探討上天的心思。他請來一個據說能通神的儒學大師，大師望天禱告半天，說如果造一個「威鬥」就可以克住反叛勢力。

王莽聞訊立刻命人以五色藥石與銅合金，鑄造了一個長二尺五寸，狀如北斗一樣的威鬥，從此，這個威鬥與王莽形影不離。每次出行，都有一個司命背負威鬥在他車駕的前面行走。在宮中，也必須時刻有一個司命秉威鬥站立在王莽身邊。這個威鬥隨著時辰變化不斷旋轉方向，王莽的座位也就時時隨著轉動。

很顯然，過度的腦力勞動，過分的自我克制，毫無限制的權力，以及老年人格改變，讓王莽的大腦有點不清醒了。威鬥並沒有發揮作用，起義的烈火越燒越旺。於是經師們又想出了一個新辦法：頒布新曆法。王莽命令太史令推算出三萬六千年的曆法，決定每六年改元一次，據說這樣就可以使「群盜銷解」。（《漢書．王莽傳》）

二十

當然，王莽更多的精力是放在指揮軍隊上面。可是這好像不是他的長項，他所信任的那些熟讀兵書戰策、據說精通六十三家兵法的大將們，似乎也不比那些草莽之徒高明。到西元二十三年（新莽地皇四年），經過幾年的東征西討，王莽的領土日漸萎縮，全國五分之四的土地都已落入叛軍手中。這個時候，王莽才真正著急起來，他吃不下飯，睡不著覺，成天地看各地報上來的軍報。

地皇四年（西元二十三年），王莽派大司空王邑征討昆陽。王邑集結四十萬重兵從洛陽出發，旌旗蔽天，輜重蓋地，據說還帶了一大群虎豹、大象、犀牛等猛獸，以期獲奇兵之效。然而這支大軍在昆陽城下受到劉秀的三千敢死隊襲擊後，居然兵敗如山倒，各不相顧，人馬互踏，死者枕藉。四十萬最精銳的新朝官隊就此被一舉消滅，王莽失去了基本的軍事力量。

恐懼像蛇一樣悄悄爬上了王莽的心頭。他不明白自己到底做錯了什麼，上天為什麼要這樣懲罰他？難道他的所作所為，還不夠模範嗎？雖然做了皇帝，可是他不好女色，不圖享受，每天克勤克儉，兢兢業業，把所有的精力都獻給了這個帝國。從古至今，做皇帝做到他這個程度，應該是無可挑剔了吧，可上天為什麼要這樣對待他？

王莽感到十分委屈。八月二十日，他率領群臣來到長安南郊，舉行祭天大典。在典禮上，王莽悲從中來，痛哭流涕。他邊哭邊敘述他做皇帝的始末，質問上天他到底做錯了什麼？在高高的祭壇上，王莽仰首蒼天，悲涼地哭喊：「皇天既命授臣莽，何不殄滅眾賊？既令臣莽非是，願下雷霆誅臣莽！」喊罷，六十八歲的老翁王莽捶胸頓足，嚎啕大哭。（《漢書．王莽傳》）

灰濛濛的天空看上去仍然那樣高遠寧靜，不動聲色。一絲絲微風不斷地從祭壇上掠過。

王莽派出的軍隊越來越多地倒戈，到後來乾脆一出京城，就舉起了白旗。

被天意弄得摸不著頭緒的王莽終於開始向現實妥協。他匆匆下令，暫緩均分土地，開禁奴隸買賣。對於私鑄錢幣和「擾亂幣值」的，也不再處死流放，改為沒入官府為奴和罰做苦工一年。

然而這一切已經太晚了。

十月一日，起義軍進城，二日，攻陷長安。十月三日早晨，長安城內到處燃起大火，烈焰熏天，長煙遍地。王莽的衛隊在宮門毫無希望地做著最後的搏鬥。

王莽戴上了純金的平天冠，穿上了即位時那件華麗的龍袍，站在未央宮前的廣場上，腳上的鞋卻不知道到哪兒去了。司命手捧威鬥，不斷地報著時刻，王莽隨著威鬥的轉動，按時改變自己站立的方向。

皇宮內突然起火了，後宮許多宮殿燃起了熊熊大火，火勢迅速向未央宮撲來。還有一百多名忠誠的官員死死守護在王莽的身邊。離他最近的，是從前那位賣餅漢子，現崇新公王盛。這些年來，王盛的模樣發生了很大變化，他胖了，白了，一舉一動，有了貴族氣派。只是，此時此刻，面對劈啪作響的火蛇，他的眼裡又流露出那天早上在自己家門口遇見官員時的惶恐。在烈焰和喊殺聲中，群臣勸王莽立刻離開這裡，王莽目光迷離，厭惡地望著這些慌亂的大臣，歇斯底里地大喊道：「天生德於予，漢兵其如予何！」

喊聲剛落，未央宮院門轟然崩塌，煙塵四起，起義軍如潮水般的湧入。王莽周圍的人一個個死去，一個軍官殺到了王莽身邊，舉劍向王莽的胸膛刺來。這時，已經身負重傷的王盛用盡最後一點力氣，撲到王莽身上。

王盛的一撲使王莽的生命延長了半分鐘。半分鐘之後，王莽的頭已經被切下來，花白的鬚髯染滿了鮮血。如狼似虎的起義軍歡呼著撲上來，一會兒工夫，王莽的屍體被砍成了碎塊。

二十一

王莽的頭顱被懸掛在城樓上，幾個時辰之後，就被人們取了下來。人們把這個頭顱當成了球，每個人都爭著上前踢上一腳，不久就踢得稀巴爛。有人把王莽的舌頭從口中剜出來，剁碎分著吃了。似乎只有這樣的舉動，才能解除人們內心的痛恨。他們告訴自己的孩子，這個人是有史以來最壞的人，就是他，試圖剝奪他們的土地，並把他們關進監獄。

他們還告訴孩子，最大的罪惡是篡逆，而這個人就是最醜惡的篡逆者。他們搜腸刮肚，在公開場合，尋找出最惡毒的詞語來咒罵這個人。似乎只有這樣，他們才能讓自己忘記，當初正是自己，把這個人送上了皇位。只有這樣，他們才能從篡逆的罪惡感中解脫出來。

第二章

楊廣

被大業壓垮

他是一個聰明、熱情、熱愛生活的人，更是一個事業心極強的男人。如果在大業五年（六〇九年）「及時」去世，隋煬帝就會成為中國歷史上功業最顯赫的帝王之一。導致他身敗名裂的主要原因，是想成為「子孫萬代莫能窺」千古一帝的雄心。

一

書案左首，架著一面名貴的古銅鏡。每當書讀倦了，楊廣就攬起鏡來和鏡中人對視。一股壓抑不住的英氣破鏡而出，照亮了他的雙眸。從俊朗的眉毛到挺拔的鼻梁，從光滑的皮膚到鮮潤的雙唇，每一根線條都千斟萬酌，每一個細節都禁得住推敲。顯然，這不是隨手捏就，而是張精心設計的面孔，他自己都百看不厭。（《隋書．煬帝紀》：「上美姿儀，少敏慧。」）

而另一方面，在內心深處，楊廣一直覺得自己有兩個父親：一個是人間的楊堅，另一個是天上的上帝。

天上的父親幾乎給了他一切他想要的：

他被安排銜著金湯匙出生，投生在北周重臣隋國公楊堅的府第。還沒出生，府裡已經給他千挑萬選數十名奶媽和僕婦，準備成百上千的玩具、童裝和飾物。從懂事起，他的身邊就跟隨著龐大的僕從隊伍，隨時準備滿足他每一個小小的需要。他的一顰一笑，都是無數人注目的焦點。

除了俊秀的外表，上天還賜予他超乎常人的聰穎。七歲那年，他寫出生平第一首詩歌，歌詠長安灞河兩岸的旖旎風光。當這首詩從老師手中流傳到文人學士圈，他立刻贏得了「神童」的美譽。後來，他成為的歷代皇帝中最博學、最富才華者之一，隋代文學史上留下了許多首他優美的詩篇。

人間的父親當然對他疼愛有加。保姆懷中那個粉紅色小臉上的燦爛笑容，似乎天生有一種魔力，第一瞬間就扯「偏」了父親楊堅的心。越長大，這個孩子就越聰明、懂事、可愛，就越讓他成為父親的驕傲。做為一個很少承認錯誤的人，楊堅卻不能否認他對這個孩子「於諸子中特所鍾愛」(《隋書．煬帝紀》)。做隋國公時，楊堅重金為這個孩子聘請了全國最博學的老師，做了皇帝後，他乾脆把原來打算任命為丞相的王韶做為楊廣的師傅。

開皇元年(五八一年)二月二十六日，楊堅開國稱帝後僅十二天，年僅十三歲的楊廣就被封為晉王，並被任命為并州總管，授武衛大將軍稱號。并州為當年防備帝國最危險敵人突厥的戰略要地，封楊廣於這樣的要衝，當然是為了讓他儘快成長為帝國的屏障。十八歲那年，晉王在并州表現出的才能被認可後，立刻被召回朝中，實習宰相之職。從此之後，帝國內最關鍵的職務幾乎都屬於楊廣。當突厥欲圖南下，楊廣立刻被調回并州，繼續屏擋突厥。由於南方全部反叛，楊廣又被迅速從并州總管調為揚州總管。雖然任命皇子擔當要職是隋文帝的整體政治籌畫，雖然這些職務實習性質居多，然而在五個兒子當中，楊廣的多次任命無疑是最風光的。

從懂事開始，楊廣就認為自己是上帝獨一無二的寵兒。在他眼裡，這個世界幾乎是專為他而創造的，他來到人間，就是為了玩一場叫做「人生」的快樂遊戲——像他父親那樣獲得萬眾的崇拜，盡享人生的每一點滴美好。

然而，天意永遠不可能徹底被凡人了解，命運的安排往往讓人費解，它給了楊廣一切，卻唯獨忘掉了最關鍵的一樣：恰當的出生順位。在他前景輝煌的命運之路上，橫亙著一個巨大的陰影：兄長楊勇。

二

西周以來，中國政治權力的傳遞一直遵循一個明確的原則——立嫡以長。大隋天下未來的主角，應該由楊廣的長兄楊勇扮演。

被聖人稱為「百王不易之制」，「嫡長子繼承制」原為有效地確保皇族內部權力的延續，杜絕皇族間的競爭。然而，這個制度的合理性卻那麼禁不起推敲，出生順位與治國才能沒有什麼邏輯上的聯繫。並且，正是這個制度導致歷史上幼童、白癡、昏庸之徒不斷即位。為什麼要把帝國的前途囚禁在這樣一個弱智的規定裡呢？

相信在一千四百年前，楊廣和他其他幾個兄弟們都是這樣想的。

降生在政治漩渦中的楊廣兄弟，對政治的興趣幾乎是天生的。過去幾千年裡，政治幾乎是中國男人實現自我的唯一途徑。在他們的視野裡，只有政治才能體現一個人的生命價值；只有權力，才能賦予男人非同尋常的力量和尊嚴。混合了鮮卑族和漢族血液的楊氏家族男人，生命力都非常強健，「蓋世英豪、兒郎虎豹」這句唱詞用在楊堅家裡異常貼切。楊堅的其餘四個兒子，都像餓狼渴望鮮肉一樣，對皇位垂涎三尺。雖然文筆出色，楊廣從來沒有想過要當什麼文學家，那樣的前途對一個皇子來說幾乎是一種恥辱。

在楊堅稱帝，五兄弟同日封王之後，楊廣就感覺到兄弟間的關係發生了微妙的變化，這些從小在一起嬉戲打鬧著長大的兄弟，看對方的眼神裡都多了一絲陰冷和提防。南北朝時代的政治，是中國歷史上最富陰謀和血腥色彩的時期之一，為了爭奪皇位，政治上層一直在勾心鬥角、相互殺戮，而皇族間的兄弟相殘是上層政治中最常上演的劇碼之一。從那一刻開始，楊氏兄弟倏然驚覺：生在帝王之家，就是活在狼群之中，也許有一天，不是自己殺掉其他兄弟，就是其他兄弟殺掉自己。

既然生活在狼群之中，強壯、敏捷、狡猾就是競爭的資本。楊廣堅信自己具備這樣的天賦。因為其他兄弟雖然一個個野心勃勃，但都是庸碌之徒，只有他從楊堅身上繼承了一個政治家的基本素質——城府、機敏和悟性。

一般來說，豪門子弟都免不了一些共同毛病：驕縱狂傲、眼高手低以及缺乏自制能力。可楊廣似乎是個異數。

也許是因為師傅們的教育成功，也許是因為他過人的悟性，楊廣從小就表現出非同尋常的自制力，舉止端莊，「深沉嚴重」，不像其他兄弟多是典型的紈絝，為了一時之欲，常違父母之意：長兄楊勇缺乏心機，行事放縱；老三楊俊性格軟弱，奢侈無度；老四楊秀則性情暴烈，甚至「生剖死囚，取膽為樂」（《北史・列傳第六十三》）。只有他對父母之命奉之唯謹。父親提倡節儉，他便衣著樸素，用度有節。母親性奇妒，最看不得男人好色，他就與正妃蕭氏舉案齊眉，恩愛有加。

從很早開始，他就已經學會設計自己，雖然出身天潢貴胄，他卻善於下人，從無驕縱之色。「大臣用事者，皆傾心與交」、「敬接朝士，禮極卑屈，由是聲名籍甚，冠於諸王」。最讓父親楊堅印象深刻的是楊廣對待史萬歲的態度：史萬歲是國之名將，開皇十七年他遠征雲南回朝時，分別路過秦王楊俊所在的成都和晉王楊廣所在的江都。兩個王爺對史萬歲的到來都很重視，親自接見。不過秦王關心的是向史萬歲索要征戰中擄獲的奇珍異寶，而晉王卻「虛衿敬之，待以交友之禮」，與他探討軍國大事。楊堅見二人感情好，乃命史萬歲乾脆留在晉王身邊，督晉王府軍事。（《隋書・煬帝紀》）

開皇九年（五八九年），在隋帝國最重要的一次戰爭——為統一南方進行的平陳戰爭中，年僅二十歲的楊廣被任命為五十萬大軍的最高統帥，引起全國矚目。這次戰爭是他正式登上帝國政治舞台的亮相之作，楊廣深知這是樹立形象千載難逢的機會。腐敗的南朝不堪一擊，平陳戰爭勝得輕鬆愉快。攻滅南朝之後，楊廣首先命令屬下收取陳朝的政治檔案和典章文物，「封存府庫，金銀資材一無所取」、「秋毫無所犯，稱為清白」。由此「天下皆稱廣以為賢」、「昆弟之中，聲譽獨著」。（《隋書・煬帝紀》）

二十出頭的他成了隋帝國風頭最健的政治明星。這個皇子的賢能實為歷代少見，但在楊廣刻意表現的背後，隱藏著誰都讀得懂的動機：雖然嫡長制原則橫亙在面前，不過熟讀歷史的楊廣知道，「換太子」這樣「大不韙」的事，在歷史上並非沒有發生過。

三

從一定程度上來說，中國歷史不是一部人的歷史，而是神或鬼的歷史。構成神系列的是文武周公、孔孟程朱，還有諸葛亮、文天祥這些天縱神聖、料事如神、頂天立地、完美無瑕的楷模；構成鬼系列的則是夏桀商紂、秦始皇、曹孟德、秦檜這些窮凶惡極、無惡不作、頭上長瘡腳底流膿的角色。中國歷史中的人，身上往往充斥著「神性」或者「獸性」，唯獨缺少「人性」。此時的楊廣沒想到的是，自己將是鬼系列當中，面目最醜惡的一個。

在老百姓的傳說中，楊廣原是從終南山轉世的一隻巨鼠，所以淫猥貪婪，無惡不作。這個古今惡人排行榜中的第一名幾乎集合了人類所能有的全部邪惡特質：淫蕩、貪婪、狡詐、陰險、自私、冷血、殘暴、血腥、昏亂……他犯下了幾乎人類所有能犯下的罪行：「謀兄」、「淫母」、「弒父」、「幽弟」、「逆天」、「虐民」……

之所以被潑上這麼多層汙垢，一切都起源於他犯的第一個「錯誤」——奪嫡。

在今人看來，渴望皇位並不能被認為是一個錯誤。做為一個受到器重的皇子，楊廣對皇位的「非分之想」，其實在一個人正常的欲望範圍之內。從能力、才華及素質看來，楊廣確實比他的兄弟們更適合當這個皇帝。況且在所謂「奪嫡」的過程中，楊廣所做的主要是竭力表現自己的能力而已，用今天的話來說，這是一種良性競爭。

然而，在古人看來，對皇位動念本身就是楊廣的大罪。換句話說，問題不在於楊廣進行的競爭是不是良性，而是他根本不應該參與競爭。

在傳統中國，每個人生下來都繫著一個叫做「名分」的標籤，遵守「名分」是人生守則中的第一款。用李斯那篇著名的寓言來打比方，生在倉裡的老鼠注定會一生吃白米，而生在廁所裡的老鼠則注定一生吃衛生紙。不守「名分」，是一個人所犯錯誤中最危險的一個，因為「名分」關乎社會穩定。商子說：「一隻兔子在野地裡奔走而百人逐之，並非兔子足夠分給百人，而是名分未定，誰都可以來爭。反觀賣兔者滿市，卻沒有人敢不給錢就拿，是由於兔子有主，名分已定。所以定名分，才能天下大治，名分不定，必將天下大亂。」

由於以勤儉著稱的隋文帝在傳統史學上被定位為「基本正確」、「主流是好的」好皇帝，人們攻擊的矛頭便集中對準了楊廣。他們以楊廣為主角，編造了一個又一個匪夷所思的故事，以證明楊堅選擇楊廣是多麼的錯誤。

因此，楊廣在《隋書．煬帝紀》中所做的第一件事，就是在平陳戰爭勝利後進入陳宮，尋找陳叔寶那個著名的寵妃張麗華。據說相見之後，楊廣色心大動，「欲納為妃」。幸虧老臣高熲殺了張麗華，避免這個「狐狸精」禍亂大隋。

編造這個故事的動機，當然是為了證明楊廣本性好色，然而這個說法根本就禁不住推敲。傳統史家也承認，楊廣是一個善於蟄伏、苦心積慮的人。平陳戰爭對他來講是樹立形象千載難逢的機會，他必然會注意自己的一舉一動。張麗華並非一般女人，這位妓女出身的寵妃在那時以淫蕩、邪惡、奸詐為全國所知，並被認為是陳朝滅亡的罪魁禍首之一，她的結局自然是戰爭勝利後舉國關注的焦點。在這種背景下，即使二十歲的楊廣真的喜歡上一個孩子已經十五歲（張麗華所生、被立為太子的陳深時年十五）的半老徐娘，也不至於做出如此駭人聽聞的事來——那豈不是自絕政治生命？

與《隋書》的紀錄不同，同樣於唐初修定的《陳書》和《南史》都明確記載殺張麗華的命令發布自楊廣，而不是高熲。《陳書》記載：「晉王廣命斬貴妃，榜於青溪中橋。」而《南史》則說：「晉王廣命斬之於青溪。」

四

雖然取代楊勇在理論上幾乎是不可能的，楊廣卻一直有一種直覺：自己會成為大隋朝的新主角。理由只有一個，因為從小到大，他一直是那麼幸運，所以只要有百分之一機會，他就會做出百分百的努力。他很清楚怎樣才能達到目的：像一隻老狼一樣蟄伏，然後在恰當的時候迅猛出擊。楊廣對自己的毅力、耐心和敏捷相當有信心，就像對長兄楊勇的愚蠢那樣有信心。

做為具有鮮卑血統的楊氏家族長子，「普六茹．見地伐」（楊勇的鮮卑名字）鮮明地繼承了他胡人的天性。史稱這個比楊廣大兩歲的王子「性寬厚」，才智尚可、品質不惡，可惜毫無政治敏感度和政治才華。他「率意任情，無矯飾之行。」父親崇尚節儉，他卻大手大腳，不惜代價四處淘弄國內最好的獵鷹、寶石和馬鞍。父母都是極重門第之人，母親獨孤氏尤其對「生活作風」問題看得很重，他卻正眼也不看父母為他娶的正妻，反而跑出去和那個妖媚的工匠之女雲氏野合生子。父親敏感多疑，他卻公然和社會上的豪俠流氓來往，甚至允許他們身帶刀劍出入宮廷（《隋書．煬帝紀》）……每當又聽到太子有什麼「醜聞」，楊堅都會下意識地想起遠在江都的次子：太子如果能趕上老二一半，他也就放心了。

平心而論，除了這些不謹之處，楊勇並沒什麼顯著的過失。然而，從這些小過，就可以看出此人心智粗疏，以致於他找卜者算父親死日的事都能傳到文帝耳中。如果登基，此人也必是一個昏庸之主。

楊廣早就知道，楊勇很難把這個太子做得一帆風順。事實上，儲君這一職位乃天下至難之位，因為在太子達到可以接班的年齡之後，皇帝的長壽就是對太子利益的損害，皇權與儲權的矛盾不可避免地在皇帝和太子之間形成一種微妙的心理影響，這就是古往今來沒有幾個接班人有好下場的原因。楊廣深知這種心理影響對父親的作用，這頭老獅子是在一系列的陰謀中登上皇位的，他不但具有普通人所不具有的鐵腕、果斷，更具有尋常政治人物所沒有的對陰謀的敏感，「猜忌苛察，乃至子弟，皆如仇敵。」（《資治通鑑．卷第一八〇》）在這樣的人面前當太子，沒有特殊的天分一定會翻船。

果然，在太子二十歲左右，發生了一件影響深遠的事：那一年的冬至，大臣照例要給皇帝行禮。考慮到必須與日漸年長的皇太子搞好關係，許多大臣從皇宮出來後又紛紛趕到太子東宮，於是形成了不約而同百官聚集的場面。

正在休息的楊堅突然聽到東宮中隱隱傳來朝樂之聲，不禁覺得奇怪，立刻命人去問是怎麼回事。

太監回報：太子見百官聚集，就令左右盛張樂舞，接受朝賀。

本來喜氣洋洋的楊堅立刻面如冰霜：這是禮法不允許的。他那顆對權力異常敏感的心立刻緊縮起來，腦海裡馬上浮現出一系列不祥的詞彙：「勾結」、「攀附」、「政變」、「逼宮」。他知道，即使太子沒有不臣之心，難保沒有小人，如同當初勸他奪北周帝位一樣，覬覦他皇帝的寶座。

史書說，由此之後，皇帝對太子「恩寵漸衰。」對太子的不滿屢屢現於辭色，甚至召集身邊的重臣，與他們探討更換太子的可能性。雖然這一想法被大臣們勸阻，但皇帝的內心已經被帝國高層悉知。（《隋書．列傳第十》）

消息很快傳到晉王府，楊廣知道在這種形勢下他要做什麼。一方面是一如既往地用出色的表現來做老大的反襯，另一方面是看準時機，對楊勇這塊搖搖欲墜的石頭輕輕加上一點力。

這兩方面他都做得相當成功。在統一江南之後，楊廣就任江南總管，對工作投入極大的熱情，整整十年都沒有好好休息過。他的統治手腕也非常高明，他放棄了歧視南人的高壓統治，從尊重南方文化、延攬南方菁英入手，穩定江南人心。在他不遺餘力的「廣搜英異」下，幾乎所有南朝的知名人物都成了晉王府的常客。他還主動學習南方方言，盡力資助文化事業，很快就贏得了江南上層的人心。在他治理的十年中間，占帝國半壁江山的南方經濟迅速復甦，社會安定，百姓安居，一次叛亂也沒有發生。南方士人這樣稱讚他：「允文允武，多才多藝。戎衣而籠關塞，朝服而掃江湖。……繼稷下之絕軌，弘泗上之淪風。」（《隋書．煬帝紀》）

晉王的個人生活也十分檢點，他的節儉在諸王之間是出名的。人們來到晉王府，見不到古物珍玩，見不到鮮姬美妾，上上下下衣服都很樸素。因為無暇留心絲竹，王府裡的樂器上都蒙了一層厚厚的灰塵。

據史書記載，「皇上及皇后每次派遣太監宮女們到楊廣府中辦事，無論地位高低，楊廣必與蕭妃在門口迎接，為設美饌，申以厚禮；所以這些婢僕無不稱其仁孝。」（《資治通鑑．卷第一七九》）。這種今天一個科級小官僚都精通的政治技巧，楊廣夫婦當然會滴水不漏。他雖然遠在江南，卻藉著不多的進京機會，用人際能力和金錢，在朝臣中構築了牢固而祕密的人際關係網。通過這個網路，他在南方的稱頌聲傳送到楊堅耳朵裡時，往往被放大了數倍。在帝國政治高層，越來越多的人開始認為，像楊廣這樣條件出色的皇子歷史少見，如果是這個皇子接楊堅的班，大隋天下會更有保障。

在南方不斷傳來對楊廣的讚頌之聲的同時，楊堅與楊勇的父子關係卻陷入了惡性循環。因為感覺到自己的失寵，楊勇情急之下，錯招頻出。他不斷派人去打探父親的消息，窺測父親的行止，然而由於行事不謹，探子居然被隋文帝抓住。文帝氣憤地說：「朕在仁壽宮居住，與東宮相隔甚遠，可我身邊發生什麼纖介小事，東宮必知，疾於驛馬，我怪之甚久，今天才知道是怎麼回事！」由於提防太子篡位，皇帝增加了數倍警衛；晚上睡覺怕不安全，還從後殿移到了前殿。（《隋書．列傳第十》）事情發展到這個程度，許多大臣都預感到，楊勇確實沒有什麼希望了。

得知這個消息，楊廣知道自己的機會來了。他找了個藉口進京面聖，和母親獨孤氏進行一次密談。在密談中，他說，長兄楊勇不知何故，近來頻頻挑他的錯，甚至屢次揚言要除掉他。他指出，晉王府近來潛入一名刺客，剛剛跳入王府就被抓住，百般拷打也不吐實，可以猜測是太子派來的。

楊廣知道他的這番話會起什麼作用。獨孤后當晚就把楊廣的話告訴了楊堅，還提到楊勇與雲氏野合所生的孩子很有可能不是楊家的骨肉，如果楊勇繼了位，楊家的基業最後就要傳給這個不明不白的孩子……（《隋書．列傳第十》）

楊堅是中國歷史上少有的怕老婆的皇帝，皇后的枕邊風對隋朝政治來講，常常是一場颱風。

五

在野史傳說中，還有另一個廣為流傳的故事。它主要是為了表現楊廣的心機深沉還有冷漠無情而被創作出來。《資治通鑑》記載，在被立為太子之後的第三年，「皇后獨孤氏駕崩，太子楊廣在皇帝及宮人面前悲痛欲絕，好像活不下去的樣子，背地裡卻飲食言笑如常。表面上他每天只吃素米，實際上卻偷偷命人取鮮肉肥魚放在竹筒中，以蠟封口，裹在衣服裡送進來。」

確實，為了皇位，楊廣是老謀深算的，畢竟一定程度上的「矯飾」是政治家的必備素質之一。然而，「母死不悲」的傳聞無論如何都不合常理。從現存資料及傳世詩文來看，楊廣是一個非常重感情的人，他在文字中表現出對朋友和對親人的繾綣情深，相當動人。更何況，他又是獨孤后最喜歡的孩子，母子感情非常融洽，從未有失和的記載。楊廣之被立為太子，獨孤后的枕邊風起的作用是相當關鍵的。加上楊堅晚年，猜忌心日益朝變態的方向發展，在如履薄冰的太子位上，母后是比父皇還要堅固的保護傘。綜上所述，以人子之常理推之，楊廣此時不可能不哀痛於心，從小錦衣玉食的他何至於在此時突然饞起大魚大肉來？

其實，查遍《隋書》及《北史》、《陳書》等正式史料，均未見此記載。以嚴謹著稱的《資治通鑑》的這一記載竟然是採自野史小說，可以說，正統史家對楊廣不遺餘力的醜化，已經到了不惜犧牲自己著作學術水準的程度。

六

開皇二十年（六〇〇年）十月九日，大隋長樂宮文華殿裡，群臣聚集，氣氛嚴肅。皇帝楊堅面色沉鬱地端坐在龍椅上，左手跪著長子楊勇，右手跪著次子楊廣。他們身後，是黑壓壓的大臣們的頭。楊堅沉默良久，說了聲：「宣！」於是，站在他身邊的內史侍郎薛道衡高聲朗讀起手中的詔書：

自古太子，常有怙惡不悛的不才之人，皇帝往往不忍心罷免，以至於宗社傾亡，蒼生塗地。由此看，天下安危，繫於儲位之賢否，大業傳事，豈不重哉！皇太子勇，品性庸暗，仁孝無聞，親近小人，任用奸邪，所做的錯事，難以具述。百姓者，天下之百姓也。我雖然愛自己的孩子，也不敢以一己之愛傷害天下百姓的福祉，聽任勇將來變亂天下。是以，勇著即廢為庶人，以次子廣繼之！（《隋書．列傳第十》）

群臣們都把頭低得很低，他們知道，廢掉培養了二十多年的太子，皇帝的心中一定不能平靜。不過，在內心深處，多數的大臣認為這一天對大隋王朝來說也許不是災難性的日子，而是一個幸運的時刻。

頭低得最深的是新太子楊廣。雖然對自己的幸運一直有自信，楊廣在江南的十年間心裡一直是忐忑不安的。畢竟，挑戰嫡長制原則是中國政治傳統中最「大不韙」的事。不管他將來的統治能否成功，他們父子都會因在無「大過」的情況下「易儲」和「奪嫡」而受到歷史永遠的指責，所以楊堅不到萬不得已是不會走這步棋的。事實上，在一段時間裡，特別是在楊勇為父親生了一個健康的長孫之後，楊廣已經幾乎放棄了競爭儲位的希望。他已經開始安排自己的後路，一度做好以一名恭順的親王了此一生的打算。

像其他幾次奇妙的體驗一樣，在這個特殊的時刻裡，楊廣心裡再一次充滿了對命運的感激，這次非同尋常的心想事成再次讓他感覺到自己與上天的神祕聯繫。在向父親叩頭謝恩時，他其實也是在向上天行此大禮。雖然已經做了足夠的心理準備，楊廣還是沒有想到他會如此激動，是啊，三十年的生命，就只為了等待這一刻！他人生之路上那塊最大的擋路石終於被搬開，他的未來看起來是那樣的瑰麗誘人，巨大的幸福感讓他心神蕩漾，簡直把握不住自己。

然而，內心的激蕩從來沒有出現在他的臉上。人們看到的楊廣成為太子後，變得比以往更加謙恭、和氣了。新太子與前太子在東宮中的所作所為，形成了鮮明的對比。

在進入東宮前，博覽經史的楊廣已經總結出做太子的祕訣：儲權是世界上最不穩定的權力，一個明智的太子應當主動把自己當成老皇帝意志的囚徒，不應該沾染任何可能危及皇權的事：結交外臣、干預國政、有任何引人注目、令人竊竊私語的舉動。只有極度的小心、恭謹、謙退乃至一定程度上的違心、虛偽、裝聾作啞，做好儲權與皇權間的潤滑，才能使衝突不至於傷害到自己。

在冊立太子的大典上，為了表示自己的節儉和謙退，楊廣請求免穿與皇帝禮服相近的太子禮服，並且請求以後東宮的官員對太子不自稱臣。楊堅欣然接受。

成為儲君之後，楊廣閒居東宮，以讀書、寫詩、禮佛為務，處處事事看父皇的臉色行事，不越藩籬一步。原來那個熱心政事、精力充沛、一天也閒不得的江南總管如今突然變成了閒雲野鶴，悠哉游哉。楊廣本是非常虔誠的佛教徒，對佛理佛法深有研究，此時既有閒暇無處打發，乾脆淨下心來編撰了二十卷《法華玄宗》。當那個因到晚年變得更加多疑乖戾的父皇正忙著大開殺戒，屠殺、廢黜、關押了一大批不放心的權臣，包括他的四弟蜀王楊秀，懷疑的目光卻從來沒有投向這個息心佛域，參玄悟道的太子身上。

古往今來的太子，沒有幾個做得比楊廣還成功的。事實上，從懂事起，他已習慣了緊張而負荷沉重的生活節奏，所以東宮歲月表面上看起來悠然自得，對楊廣來講卻是最大的折磨。在寫給最好的朋友，正在北部邊疆備戰的將軍史祥的一封信裡，楊廣不經意地流露出自己的一絲落寞：

近者陪隨鑾駕，……備位少陽，戰戰兢兢，如臨冰轂。……監國多暇，養疾閒宮，厭北閣之端居，罷南皮之馳射。……親朋遠矣，琴書寂然，想望吾賢，疹如疾首。（《隋書．列傳第二十八》）

不過，他只把這絲寂寞寄託在文字當中，在老皇帝面前，他的表情從來都是安詳凝重的。楊廣深知，他所有的任務只有一個，就是等待。

七

像以往一樣，對楊廣關愛有加的命運並沒有讓他等待太長時間。

在楊廣成為太子後的第三年，大隋仁壽四年（六〇四年）六月，一個隱密的消息溜出了仁壽宮那厚厚的宮門，迅速在隋帝國蔓延：六十四歲的皇帝楊堅病了。皇帝的病情屬國家最高機密，當這個機密成為普通百姓悄悄談論的話題時，每個人都知道這意味著什麼。

跡象越來越明顯。七月初七，老皇帝的病已經被證明藥石罔效，他召百官入宮「訣別」，與百官「握手歔欷」。《隋書．何稠傳》中記載著隋文帝臨終前的細節：文帝把楊廣叫到床前，用手摩挲著楊廣的脖子囑咐說：「何稠用心，我付以後事，動靜當共平章。」這個細節流露了這對天家父子少見的天倫之情。

楊堅得病、病重直到死亡的過程，史書都有明確記載。從這些史料看來，老皇帝的死是從容、安詳的。一直到死，楊堅都確信他的帝國所託得人。

然而，為了證明楊廣繼位的非法，後世的編史者卻把楊廣前半生傳奇的高潮定位於「篡位」。據說在楊堅病重的時候，這個野獸終於撕開畫皮，露出了猙獰的面目。他迫不及待地幾乎在父親身邊強姦了父親的妃子，也就是自己的後母，然後又揮刀殺死了父親，關押了自己的弟弟，宣布自己即位。至此完美完成了「謀兄」、「淫母」、「弒父」、「幽弟」這一系列經典罪行。這實在匪夷所思。

在那幾天裡，楊廣當然是全帝國心情最緊張、最複雜的人。不管內心是否如野史小說中所說盼著老皇帝早一天咽氣，至少在皇帝訣別了百僚，全帝國都知道皇帝熬不了幾天的時候，他沒有任何必要像傳說中的那樣提前謀殺父親。在這些天裡，他的身心必須全部調動起來，助他完美扮演好孝子的角色，包括盡可能多待在老皇帝身邊，親自端水嚐藥，衣不解帶。另外，需要他做的事還有很多。一方面他要代理老皇帝處理積累起來的日常政務，一方面要籌備、計畫、拍板老皇帝的醫療以至規模巨大、頭緒紛繁的國葬事宜。同時，更重要的，他還要掂量、分析、捉摸各派大臣的內部爭鬥情況及心理，特別是掌握各地武力調配的情況，以防止國家大喪之際出現任何變亂。據內線報，他最小的弟弟已經連日招兵買馬，準備動手。至此，一個人的精力無論如何都應付不了這麼多的事情，連日的睡眠不足，已經使得楊廣面容迅速消瘦，兩眼布滿血絲，說話偶爾前言不搭後語。

在這個時候，楊廣怎麼會打起父親寵妃的主意以致鬧出強姦案來？

香風密密、幃幕重重的後宮，向來是民間歷史寫作愛好者掀開時間之簾後最熱衷探究的地方。這些離奇的情節，主要是野史作家貢獻的。像在《大業略記》中，就記載了這樣一段繪聲繪色的傳奇故事：

高祖在仁壽宮，病重，楊廣侍疾。高祖晚年最喜歡的美人，唯陳、蔡二人而已。楊廣乃召蔡美人於別室。美人既還，面部有傷而頭髮凌亂，高祖問之，蔡曰：『皇太子為非禮。』高祖大怒，咬指出血，召柳述、元嚴等，要換楊勇當太子。楊廣於是命楊素、張衡進毒藥。他選了三十個健壯的太監穿上女人的衣服，衣服下面藏著刀槍，立於宮內道路邊，不許尋常人入內。楊素等既入，高祖暴崩。」

另一部野史《通曆》記載得更為離奇。它說楊廣竟敢在文帝與百官舉行訣別儀式的重大時刻，試圖強姦楊堅的寵妃。隋文帝死亡時的情景有此具體詳細的描述：「張衡進入殿內，拉住皇帝，不知怎麼回事，只見血濺屏風，老皇帝慘叫之聲達於戶外，崩。」

簡直成了一部強姦暴力片。

這些野史，把那個善於蟄伏，長於自制，剛毅隱忍，懷抱雄圖大志的楊廣描寫成了一個急吼吼、多年沒有親近過女人的色情狂。他竟然會於眾臣聚集、舉國矚目的焦點之地，權力授受的關鍵之時，演出這極可能毀自己二十年積累的奪嫡成果於一旦的愚蠢下流故事。楊廣再愚蠢，能有此乎？

也許正是因為考慮到這一點，所以雖然這是醜化楊廣最好的武器，也沒有正史敢直接使用。事實上，就連用力蒐集煬帝反面材料以為批判的唐太宗君臣，也沒有一人指控楊廣弒父。試想，如果真有此說，則李唐起兵之時，何以不為宣傳材料？

關於楊廣的故事就是這樣漏洞百出，存在太多邏輯上的漏洞。然而，這樣的一個明顯不合常理的傳說，卻被人們津津樂道了千餘年。我們不得不說，楊廣是古往今來被歷史學家們侮辱和傷害得最嚴重的一個人。然而，「謀兄」、「淫母」、「弒父」、「幽弟」不過是羅織的開始，往後還有更大的罪名等著他。只不過相對於曲折驚險、色彩豐富的前半生傳奇，楊廣後半生的故事便顯得平鋪直敘，色彩單調。

這個原本被描述成狼一樣堅強狡詐的人在登上皇位後，立刻變得跟豬一樣昏聵糊塗。在位十四年，楊廣最主要的業務就是在深宮中變著花樣淫樂不停。除此之外，他所做的其他事也無一不離奇荒唐：僅僅為了一次旅遊，他動用數百萬人修建大運河；因為算命人的一句話，他就拋棄長安，跑到洛陽另建新都；為了滿足毫無必要的虛榮心，他舉全國之力三次攻打高麗……總而言之，他用盡一切辦法毀滅帝國，並終於成功地把自己送上了斷頭台。

八

與後世讀者想像的不同，老皇帝死去的前後，整個大隋王朝的空氣中充斥的不僅僅是緊張，還有幾分興奮，或者說得更明確點，是期待。人們期望著這個三十六歲、才名遠播的新皇帝把初興的大隋帝國帶向更大的繁榮。果然，新皇帝即位不久所做的兩個小小決定，使人們更加堅信有理由這樣期待：

即位不足四個月，從洛陽傳來消息，楊廣平陳時帶回的俘虜陳叔寶去世。雖然是一介俘虜，然而畢竟曾經做過皇帝，按理應由現任皇帝確定一個謚號，以定一生功過。

楊廣翻遍《逸周書．謚法解》，反覆斟酌，挑出了一個字：煬。

《謚法》雲：「好內遠禮曰煬，去禮遠眾曰煬，逆天虐民曰煬。」

這是所有謚法中最壞的一個字。

楊廣認為，只有這個字，才能充分表達他對前手下敗將的輕蔑和鄙薄，也才能提醒自己不要像這個敗家子一樣荒嬉無能、腐敗亡國。

另一個細節是，在挑選新年號時，新皇帝圈定了古往今來年號中最大氣磅礡的兩個字：大業。

九

可惜，整個大隋天下，沒有幾個人了解這個政治新鮮人心中的夢想。

在普通人眼裡，父親楊堅的功業已經達到了極盛：四海一統，天下太平，國力昌盛，開國之君似乎沒有給繼承人留下多少創業的空間。然而心高氣盛的楊廣卻不這樣認為。在他看來，「素無學術」的父親為人行政目光短淺，器局狹小，因此他的統治表面上成績斐然，實際上存在著許多重大缺陷。

先從小節數起。父親的第一個缺陷是過於嚴苛。因為過人的勤政節儉，老皇帝楊堅在中國史上留下了很高的聲望。然而，讓仁壽年間的大隋臣民深有所感的，卻是老皇帝晚年變本加厲的猜忌多疑。也許是因為老年性格的改變，越到暮年，楊堅越擔心大隋天下的安全。為了震懾天下之人，他用刑越來越嚴酷。一開始是「盜邊糧者，一升以上皆死，家口沒官。」後來甚至發展到「盜一錢以上皆棄市」（《隋書．刑法志》）的程度。百姓想到舉手投足都有可能觸犯刑法，怨聲載道，人心惶惶。

許多成功的兒子都是踏著父親的屍骨建功立業的。楊廣知道，他登基後的第一要務就是要爭取民心，而父親的錯誤正是自己的機會。

所以一上台，楊廣就下令重修《大隋律》，文帝晚年制定的酷刑全部取消。用酷刑來維持統治秩序的作法在楊廣看來，實在太小兒科了。據楊廣稱，聖人之治應該「推心待物」，所以他「每從寬政」。新的《大隋律》是中國歷史上最為寬大的法律之一，比方說歷代王朝均規定，犯謀反等大罪，父子兄弟均斬，家口沒官為奴，楊廣認為這條法律太不人道，他說：「罪不及嗣，既弘於孝之道，恩由義斷，以勸事君之節。」新的《大隋律》斷然取消了連坐之罪，開創了中國法律史獨一無二的先河：廢除了對謀反大罪的連坐。（《隋書．刑法志》）這是中國法制史上極為重要的一步，可惜到了唐代，這一步又退了回去。

除了嚴酷，楊廣更反感的是父親的吝嗇。隋文帝是中國歷史上最善於搜刮的皇帝，他一再巧立名目，提高稅率，壓得老百姓喘不過氣來，甚至饑荒時也捨不得打開倉庫救濟百姓。楊廣認為，這實在不是人君應有的氣度。登基後，即大赦天下，普免天下全年租稅。在位十四年間，他多次寬免百姓租稅，一再降低稅率。

此外，隋文帝「素無學術」，對文化十分輕視，晚年甚至認為學校沒有什麼用處，各地學校，均予廢除。楊廣即位不久即恢復了被隋文帝所廢除的各級學校，並且發布詔書，宣布帝國

的文化方針是「尊師重道」，「講信修睦，敦獎名教」。（《隋書．煬帝紀》）

楊廣初政的這些舉措，輕而易舉地贏得了天下百姓和讀書人的擁護，也迅速在大臣們間建立了威信。看來，當初文帝選這個「天下稱賢」的王子為儲，是何等的明智啊！新皇帝仁慈、慷慨、文雅的形象隨著這些政策傳遍了帝國，誦揚新皇帝仁德聖功的奏摺一再進呈到楊廣面前。

十

對於大臣們所呈上充滿諛詞媚語的奏章，楊廣只是淡淡地掃一掃，嘴角浮現出一絲不容易察覺的嘲笑：怎麼，這麼幾下簡單的初級政治招式，就值得稱頌為什麼「聖王之治」、「堯舜之業」嗎？

真是燕雀焉知鴻鵠之志哉！

古往今來還沒有比楊廣更自負的皇帝。《隋書》載：「皇帝自負其才學，每每傲視天下之士，曾對侍臣說：『天下人說我當皇帝純粹是因為血統嗎？其實假如讓我與士大夫們考試選拔，當為天子的也是我。』」

東宮三年，楊廣等得太苦了。在別人看來，三年的時間並不算長，但在他看來，每一天都是對他這個不同尋常的生命的巨大浪費。而對他生命的浪費，就是對大隋臣民利益無可彌補的損失。

整個大隋天下，沒有幾個人了解這個年輕皇帝心中瑰麗奇譎的夢想。在楊廣看來，父親最大的政治漏洞就是沒有在精神上完成帝國真正的統一。從表面上看，父親治下的大隋天下，四海安寧，人民樂業。其實，帝國的統一像紙一樣，一捅就破。東宮三年，不，早在坐鎮江南的十年裡，楊廣已經無數次對帝國政治進行了全盤推演，所以一登上皇位，他就井噴式地將醞釀已久的政治構想，兌現為令人目不暇給的一道道詔令，並且以六百里加急的速度傳遍遼闊的國土：

仁壽四年（六〇四年）十一月初四，即位僅僅三個月，楊廣下令徵發數十萬民工，在洛陽以北挖掘一道長逾千里的長塹，用於預防突厥騎兵南下，以拱衛規畫中的新都。十七天後，即十一月二十一日，他又發布詔書，公布了營建東都的計畫，命大臣們勘測土地，調集物資，開始籌備。第二年三月十七日，新都興建命令正式下達，數百萬民工被徵調到洛陽，隋帝國開國以來最大的工地一夜間出現在洛河邊上。在這道震動全國的命令剛剛下達四天之後，開鑿大運河的命令也正式發布，百餘萬民工從家鄉出發，奔赴通濟渠。又過了九天，新的命令傳來，六名大臣被派往江南，建造萬艘巨船，以備五個月之後的南巡之用……（《隋書．煬帝紀》）

政治機器運轉的節奏一下子加快起來，整個帝國都明顯感覺到新皇帝的亢奮。帝國的政治旋律旋即從文帝晚年的陰鬱緩慢，變為高亢急切。

一道道詔令叫大臣們有點措手不及。輕閒慣了的他們，從未遭遇過如此多的任務同時劈頭蓋臉地砸下來。誰都沒有想到，那個「深沉嚴重」、以謹慎著稱的晉王，寶座都還沒有坐暖就拋出這麼多巨大的規畫，並且每一項規畫都代價巨大，事關全國——這是不是過於急躁唐突？

楊廣卻一點也不認為自己過於急躁。事實上，他不過將心中的設想公布了十分之一。

不論多麼幸運，一個人待在皇位上的時間畢竟是有限的，而楊廣心中規畫的政治任務也許要一個普通帝王三輩子的工夫才能完成。在他看來，自隋朝向上回溯，歷史上堪稱偉大的皇帝只有三位：秦皇、漢武，加上稍為遜色的光武帝。如今，他楊廣「以天下承平日久，士馬全盛，慨然慕秦皇、漢武之事」，「天才」加上難得的歷史機遇，完全有可能「奄吞周漢」，建立一個「兼三才而建極，一六合而為家」的王朝，實現「日月所照，風雨所霑，孰非我臣」的政治理想，在歷史上寫下自己偉大的名字，成為「子孫萬代莫能窺」的千古一帝。為了在有生之年完成這一理想，他朝夕必爭。

對楊廣來說，大隋臣民遇到像自己這樣的的皇帝，是他們的幸運。雖然庸眾們在短時間內理解不了自己的政治藍圖，也在意料之中，不過這只需詳加解釋。他多次召集大臣們召開御前會議，滔滔不絕地解釋自己的政治構想，他從來沒有想到自己的口才這樣好。

他說，從表面上看，父親治下的大隋天下四海安寧，其實帝國的統一並不牢固。隋朝從開國至今已經發生了四次重大叛亂，多數發生在新統一地區，這標誌著南方與北方在精神上還沒有達成真正的統一，帝國內部並沒有真正融合。

他提醒大家，歷史是有慣性的。從平定江南到現在，大隋王朝的統一僅僅十二年，在此前，從漢末開始是長達近四百年的分裂期。在這四百年間，由於中央權力的削弱，地方貴族的勢力獲得了極大發展，形成了中國歷史上獨一無二的門閥士族政治。只要幾個世家大族聯合起來，就可以更換皇帝，所以他們一旦失和，必然烽火連天。而這些分裂的勢力就如同一輛高速行駛的火車，經隋文帝的初次剎車，雖然勢頭大大減緩，但勢能還是非常強大。隋初之時，貴族勢力仍時時威脅著皇權，他們沒有一天不準備著進行陰謀，伺察統治漏洞，因為有太多的人還在做著劃地自治、黃袍加身的夢。

楊廣指著壁上懸掛的隋王朝地圖說，在這種形勢下，長安這顆釘子已經挑不起新帝國的政治平衡，因為它距江南和山東過遠，剛剛發生的楊諒叛亂就證明了這一點。聽說楊廣登基，這個一直也渴望皇位的弟弟立刻舉起了叛旗。叛亂發生在山東一帶，由於長安「關河懸遠」，等消息傳到首都，兵亂已經發生了近一個月，給山東地區帶來了巨大的破壞。但只要遷都到處於南北結合點上的洛陽，就可以一舉調整帝國的政治重心，有效加強對南方和山東潛在反叛勢力的控制，大幅提升隋帝國的國家安全係數。

而開設大運河的功用將比遷都更加長遠。雖然已經統一，南北方間卻如同剛剛動手術聯結在一起的器官，不斷發生相斥反應。近四百年的分離使得南方和北方形成了明顯的差別。南方經濟富足，北方卻土地貧瘠；南人認為北人都是雜種，粗鄙無文，北人則視南人為被征服者，膽小懦弱，兩地相視，幾如異族。事實上，沒有多少人認為大隋的統一會持續多長時間，習慣了戰亂與紛爭的臣民們在下意識裡，還是在準備應付下一場背叛、政變或者改朝換代。

楊廣用手指在地圖上從南到北用力劃了一下：要使帝國的統一從形式昇華為精神，需要的是建設一條能溝通南北的大動脈。這條動脈不但可以促進南北的物質交流，更可以促成南北的文化融合。只有這樣，整個民族才能神通氣爽，血脈貫通。

這條動脈，就是貫通南北的大運河。

楊廣說，偉大的時代需要偉大的創意。遷都與開河，必將把父皇留下的基業提升一個層次，把隋帝國的萬世之業置於更開闊、深厚、堅固的地基之上。後世萬代都將會記住他們這一代人的功績。

十一

史稱楊廣「發言降詔，辭義可觀」（《隋書．煬帝紀》），只見玉樹臨風的年輕皇帝站在玉階之上，舉止瀟灑，口齒伶俐，顧盼自雄。楊廣以口才和雄辯征服了群臣，大臣們也不能不承認皇帝所想確實是高瞻遠矚。他們對於眼前這個年輕人開闊的政治眼光，不凡的政治想像力和巨大的政治魄力，不禁刮目相看。

一場轟轟烈烈的舉國建設運動就這樣在隋帝國開展起來，整個帝國都為皇帝灼熱的雄心沸騰，沸騰得有一點疼痛。大臣們已經有點跟不上楊廣的工作節奏，所有人都不得不跟隨皇帝日以繼夜地加班，以應付他每天不斷詢問工程進展的情況，不斷親自查看圖紙、督促進度。

在諸項大工程的前期工作安排得差不多了以後，楊廣又開始了馬不停蹄的巡視。他最瞧不起的就是那些久居深宮、缺乏男人氣概的君主。他曾把南朝滅亡的原因歸結為「江東諸帝多傅脂粉，坐深宮，不與百姓相見。」（《資治通鑑．卷第一八一》）於是，他先是安排了規模巨大的南下江都行程，一方面為大運河一期工程剪綵，另一方面也是為了視察他已離開四年的南方的發展情況。從南方回來，他又率領五十萬大軍出塞，巡行北方草原，意在陳兵耀武，以堅突厥內附之心。

在那之後的十四年，這個精力充沛的男人待在宮中的時間只有四年，其餘大部分時間都花在巡遊的路上。他遠赴涿郡（北京）親自考察進軍高麗的路線，他出巡青海了解吐谷渾王國的情況……即使在巡遊路上，他也沒有一天停止處理政務。這個精力充沛得令人驚訝的皇帝，在長時間的登高涉遠後，每天還要看奏摺到深夜（袁剛《隋煬帝傳》）。他不分晝夜地關注工程進展的情況，發布一個接一個重大的命令，推行一項又一項重要的改革。事實上，楊廣應該登上中國皇帝勤政排行榜而不是「好色排行榜」。因為他實在是沒有太多時間用來與更多女人談情說愛、卿卿我我。自十四歲與江南大族之女蕭氏結婚直到他去世，楊廣始終與元配如膠似漆，情投意合。這在歷代帝王中並不多見。

十二

如果以不帶任何偏見的眼光來看隋煬帝的這兩項政治構思，我們不能不承認這確實是雄才大略的構想。然而，在古代史家眼裡，這兩項「建設」正是隋煬帝的罪惡紀念碑。

隋煬帝修建東都的理由在他的詔書中已經說得相當充分了。這篇全文載於《隋書》的詔書論證充分，言辭得體，十分明確地從地理、經濟的角度，說明了遷都的必要性。可是千餘年來，這篇詔書都被視而不見，隋煬帝的高瞻遠矚被後世史家解讀為神智昏亂。比如《資治通鑑》即採用野史的說法，認為隋煬帝修建東都是因為聽信了一個術士的一句胡言亂語：

隋煬帝剛剛即位，術士章仇太翼對他說：「陛下是木命，居住在西方不祥。讖語有云：『修治洛陽還晉家』，所以陛下應該修建洛陽為首都。」隋煬帝深以為然……下詔於洛陽修建東京。

而修建大運河的理由，被曲解得更為可笑。《開河記》稱，由於「睢陽有王氣」，隋煬帝為了防止此地造反，乃鑿穿「王氣」，於此地興此大工。另一種更為流行的說法是，楊廣此舉僅僅是為了方便到南方遊玩。

楊廣地下有知，一定會不解這些歷史學家究竟與他有何深仇大恨，如此不放過任何一個誣衊他的機會。事實上，歷史學家們與隋煬帝沒有私仇，他們有的是公憤。因為在他們看來，繼「不守名分」之後，楊廣又犯了第二個大錯：「多欲好動」。

十三

「欲」在中國人眼裡是一個充滿邪惡氣息的危險詞彙。在它充滿渴望和張力的外表背後，潛伏著不可預知的懲罰和災難。中國文化與西方文化的分歧從某一個角度來說，是貧窮文化與富足文化的區別。

西方文化肯定欲望。希臘人主張人在有限的年華裡應該大膽地追求享樂，所以他們不吝於建築豪華的浴室，聘請最好的廚師，購買許多奴隸來服侍自己；他們可以花費巨資修建可容納幾萬人的劇場，為市民發放看戲津貼。後來居上的羅馬人，則把競技場、鬥獸場、公共浴室與神廟蓋得比希臘人更大，而且大多以大理石建成。羅馬人似乎生來就是為了享受，他們每年的節日加起來長達三個月。西元一〇六年，為慶祝達基亞戰役勝利，羅馬皇帝圖拉真在羅馬城內，舉辦了長達一二三天的慶祝活動。

然而中國文化卻是世界上最恐懼欲望和敵視欲望的文化之一。中國文化的底色是貧困，中國的土地，數千年來一直在貧困和人口壓力中掙扎，確實承載不起太多的欲望。荀子說：「欲而不得，則不能無求；求而無度量分界，則不能不爭。爭則亂，亂則窮。」和羅馬人提倡消費主義相反，為了「牢籠天下、防止競爭、預防混亂」，也為了讓更多的人能夠維持最基本的生存需要，這片土地產生的聖人只能提倡一種節欲的人生觀。朱熹斷然說：「飲食者，天理也；要求美味，人欲也。」也就是說，滿足自己的溫飽是一個人的權利，但是在達到溫飽之後還奢求美味，那就屬於罪惡了。

一言以蔽之，貧困文化是一種沒有進取心的文化。對大部分的中國人來說，政治的精髓是保持穩定，穩定高於一切，省事優於一切，「清靜無為」是最高的政治追求。在這種文化背景下，做皇帝的主要任務之一，就是得熄滅自己體內的欲望，抑制住四肢好動的衝動，「端居垂拱，面南而治。」如孔子所說：「無為而治者，其舜也與？夫何為哉？恭己正南面而已矣。」

然而，楊廣卻不這樣認為。事實上，在楊廣看來，父親最大的功績是給他留下了一個異常富裕的統治基礎。在父親的辛勤聚斂下，楊廣登基之際，大隋王朝的財政實力實居歷代之冠。蘇軾稱：「漢以來，丁口之蕃息與倉廩府庫之盛，莫如隋。」《通典》記載文帝時天下富足的情況時說：「隋氏西京太倉，東京含嘉倉、洛口倉，華州永豐倉，陝州太原倉，儲米粟多者千萬石，少者不減數百萬石。天下義倉，又皆充滿。京都及并州庫布帛各數千萬。而賜賚勛庸，並出豐富，亦魏，晉以降之未有。」到隋文帝末年時，「計天下儲積，得供五、六十年。」

事實上就是，從小在錦衣玉食中長大的楊廣，對財政有著與父親大相逕庭的看法。在父親看來，最重要的是如何把財富聚斂起來；但在楊廣看來，更重要的是如何把這些錢花出去，並且花得漂亮、花得值得。

十四

在即位的前幾年中，楊廣每一天都是在興奮中度過。

他現在可以做一切他喜歡做的事。事實上，他也幾乎做了所有他想做的事：楊廣從小就對自動裝置十分感興趣，登基之後，他命人建了座裝有許多自動裝置的圖書館。這個圖書館一共十四間，所有的房門、窗子及窗簾都安裝有自動裝置，當人進入時，門會自動開關，窗簾也會自動開合。他還差人製造過一個機器人，模仿自己一個寵臣的模樣，「施機關，能坐起拜伏」。楊廣也是中國歷代帝王中最熱愛旅遊，並且唯一一個到過西部的人，他率十幾萬大軍穿越海拔近四千米的祁連山大斗拔谷，飽覽了由雪山、草地、浩瀚無垠的荒漠構成的西部風光。他對外部世界充滿了好奇，「召募行人，分使絕域」，遣使遠至中亞，波斯等地，了解那裡的風土人情。對南方煙波浩渺的大海他也十分神往，曾三次派人前往那時還是未知島嶼的台灣探險。（袁剛《隋煬帝傳》）

此外，楊廣經常冒出奇思異想。他聽說吐谷渾的波斯馬放牧在青海草原，能生龍駒，一日千里，就入雌馬兩千匹於川谷以求「龍種」，後「無效而罷」。就像黃仁宇所說：「如此作為，縱為傳統作史者視為荒誕不經，卻讓今日的我們可以從此揣測他富有想像力，也願意試驗，並且能在各種瑣事間表現個人風趣。」（《赫遜河畔談中國歷史》）

然而，上述的每一件事，都令後世的史臣們搖頭不已。

在中國傳統文化中，「好奇心」、「探索欲」、「創造力」、「新鮮事物」等詞彙都不是正面的。它們與另一些可怕的詞彙緊密相連：「不安分」、「破壞性」、「顛覆」。

十五

史家對楊廣的非議並非全無道理。應該說，顯赫的功業並不能掩蓋楊廣統治中的致命缺點。就像史家一再提示人們的，他身上有著太多貴公子的氣息。

時間已經證明，這名曾經刻意以儉樸示人的王子，其實是史上最講究排場的皇帝。事實上，楊廣最瞧不起父親的，就是他那守財奴般的節儉。豪奢是長於錦衣玉食者的天性，沒有幾十道山珍海味擺在面前，在楊廣看來就不叫吃飯；不修建覆壓數里、隔離天日的宮苑，要他來根本就無法遊玩。沒有幾十萬旗幟鮮明的軍人跟從，那簡直就不能叫出巡。在政忙之餘，楊廣「又創建了由三萬六千人組成的巨大儀仗，及輅輦車輿，皇后鹵簿，百官儀服，務為華盛。」（《資治通鑑．卷第一八〇》）每一次出巡，他都要有這衣飾絢麗的三萬六千人前呼後擁，後面還要攜帶十餘萬甲冑鮮明的龐大軍隊。

也許是文人氣質的體現，他對形式非常迷戀。形式對他來講是能力、威嚴、與眾不同（與眾多帝王不同）的體現。在內心深處，楊廣覺得只有這樣前無古人、近乎完美的巨大、顯赫、雄壯，才能配得上他這個古往今來最有才華、最富雄心、最高瞻遠矚的皇帝。端坐在形制奇特、高大華麗的輦車中，俯視道路兩旁數十百萬官員百姓在帝王的威嚴前匍匐顫慄的樣子，他心安理得。

毫無疑問，大業前期，他是整個大隋帝國，甚至是整個中國歷史上最幸福、自我意志最舒張的人。他絕不委屈自己，絕不守陳規陋習，絕不浪費自己生命中的一分一秒。他活著，就是為了把自己的雄心最大化，把自己的快樂最大化，因為他是真正的「天之驕子」。然而，年輕皇帝很少想到，他「自我實現」、「燃燒生命」，把自己變成一個「大寫的人」的過程，是建立在百姓們的血汗之上的。帝國的百姓越來越感到喘不過氣來，他們不關心國家大事，不了解新政治高層的雄心與藍圖，他們只知道換了皇帝之後，勞役負擔一下子加重了。

在皇帝快節奏的工作帶動下，國內幾項大工程已經如火如荼地展開，「多快好省」。不到十個月，周長近六十里的新都竟然已經出現了輪廓。大運河一期工程通濟渠用時更短，這段千餘里長、四十步寬的河道，僅用了一百七十一天！（劉善齡《細說隋煬帝》）

我們完全可以想像在楊廣的峻急嚴厲下，大臣們會採取什麼樣的手段來完成任務。為了獲得皇帝的嘉獎，東都工程負責人把民工分作三班，晝夜不停。修治運河的督工更急，男人在工地上幹活，女人也被徵發來負責炊製伙食。本來政府規定每人每年最多參加勞役一次，時間最長不超過一個月，然而大臣們早已經開始一年兩次，甚至三次地徵發民工。嚴格的工期要求，以打罵為主要手段的嚴厲監工，長時間、超負荷的勞動，惡劣的伙食，加上醫療、勞保設施的缺乏，已經導致大批民工的生病甚至死亡。史書所載「僵僕而斃者十四五」（《隋書·食貨志》），「死者十五六」當然是誇大其辭，但居高不下的死亡率是不可避免的。

長於錦衣玉食，楊廣觀察世界的角度是有盲點的。在醞釀規畫時，他考慮了財政平衡、物資儲備、技術難題，卻獨獨沒有考慮到那些提供勞役的底層民眾的承受能力。從出生開始，楊廣視力所及，都是奇珍異寶、雕門繡戶；所交遊的對象，都是王公貴族、名爵顯宦；所關心的事情，都是軍國大事，人事升遷。他的生活圈子從來沒有踏出過貴族圈一步。在打獵途中，他曾經遠遠望見過普通民眾居住的低矮草屋，卻從來沒有產生進去看一看的興趣。在眾人呵護中成長的人心中往往裝著過多的自我，給其他人留下的位置太少。那些「骯髒、愚蠢」的底層人，在楊廣和他們這些貴族眼裡根本不是同一類物種，「他們」存在的意義僅僅是給帝國提供糧食、布帛和勞動力。楊廣認為免除這些民工家庭的國家租稅，就已經是浩蕩的皇恩。面對大臣們所呈上民工死亡率過高的奏摺，楊廣只是用眼角淡淡一掃，嘴角露出一絲冷笑；對他來說，每一個雄才大略的帝王的豐功偉績，都是建立在平民百姓的巨大付出上：歷史就是這樣寫成的。

十六

幸運之神並沒有被楊廣那風馳電掣般的進取速度甩下，到現在為止仍忠心耿耿地跟在他身邊。自古至今，沒有哪個帝王的事業進展得如他那樣順風順水。從即位開始，大隋連年豐收，諸項大工程進展神速，隋帝國在楊廣的領導下「凱歌行進」，皇帝的廢寢忘食、百官的辛勤工作與老百姓的巨大付出都立竿見影地見到了成效。大業五年（六〇九年），他迎來了碩果累累的收穫之年，剛剛年屆四十的皇帝喜事連連，春風得意：一座嶄新的都城奇蹟般地聳立於中原，這座新城周長六十里，規畫大氣，氣宇不凡。宮城內殿閣高聳，金碧輝煌；洛陽市裡甍宇齊平，外碼頭上舳艫萬計，整個城市榆柳交蔭，通渠相注。楊廣正式命其名為東京。（劉善齡《細說隋煬帝》）

此外，大運河的巨型工程也已接近尾聲。二千里的運河已經將黃河和長江貫通，這是有人類以來從沒有實現過的奇蹟，它必將成為全國經濟價值最高的黃金水道。

另外，隋王朝設立的國家圖書館藏書已達三十七萬卷，創中國歷代之最。其中，楊廣親自主持編纂的圖書有三十一部，一萬七千卷。科舉制亦正式確立，大隋文治成就斐然。

也就是在這一年，隋朝大軍攻滅西方強國吐谷渾，在其故地設置了郡善、且末、西海、河源四郡，正式將西域東南部地區納入隋朝版圖。自漢武帝以來，還沒有人立過如此輝煌的武功，隋朝疆域至此擴張到極點（袁剛《隋煬帝傳》）。

已經連續四年大赦天下，多次普免錢糧，可是財富仍然滾滾而來，人口不斷高速增長。根據這一年彙報的統計數字，隋朝疆域共有一九〇個郡，一二五五個縣，朝廷控制的民戶達到八九〇萬戶，全國統計的人口有四六〇三萬人。《資治通鑑》說：「隋氏之盛，極於此矣。」

要明白這個數字意味著什麼，只要與號稱中國第一盛世的貞觀之治做一下對比就可以知道了：「貞觀時代的田地開墾量只有隋代的三分之一弱，貞觀十七年（六四三年）的戶口不到三百萬，還不到大業年間的一半。」

面對大臣們所送上連篇累牘的讚美和歌頌，楊廣心安理得。撫摸著自己胳膊上仍然年輕的肌肉，他感覺渾身充滿了力量：秦始皇只留下了長城，他卻將給後世留下功在萬代、遠比長城更有實用價值的大運河。漢武帝遠通西域，卻從來沒能把青海變成帝國的一部分。隋帝國統治的人口數量，卻已經創了歷代之冠，國家財政實力也遠遠超過秦漢……到現在為止，他已經可以算是歷史上最偉大的帝王之一了。在工作之餘翻閱史書時，楊廣止不住地經常想，未來的歷史學家會用什麼樣華麗的詞藻來描繪自己取得的這些成績？

十七

楊廣怎麼知道，後世在書寫他的歷史時，幾乎沒有提及這些治績。有的史書甚至故意把大業五年（六〇九年）的統計數字提前到大業二年（六〇六年），意即說明這些數字乃楊堅所創造，與他無關。

歷代史家幾乎把所有的筆墨都用來描寫他在位期間的一些「花邊新聞」：

他們說，皇帝喜歡排場，愛好新奇，他命人用羽毛給自己三萬六千人的儀仗隊裝飾帽子。為了滿足皇帝的要求，人們拔光了全國幾乎所有鳥類的羽毛，烏程縣有一顆巨樹，高達百尺，頂有鶴巢，人們為了取老鶴的羽毛，甚至要砍倒這顆巨樹，結果老鶴怕樹倒子死，乃自拔羽毛投於地。

他們熱衷於渲染楊廣逸樂活動的奢侈壯觀。說什麼隋煬帝召集天下雜技演員「大集東京，閱之於芳華苑積翠池側。有舍利獸先來跳躍，激水滿衢，黿鼉、龜鱉、水人、蟲魚，遍覆於地。又有鯨魚噴霧翳日，倏忽化成黃龍，長七八丈。……」

他們一再強調隋煬帝給天下人民帶來的痛苦：東京官吏督役嚴急，役丁死者什四五，所司以車載死丁，東至城皋，北至河陽，相望於道……（《資治通鑑．卷第一八〇》）

相對於生命的短暫，中國人更重視的是聲名的久遠，將來能以何種姿態進入歷史，是每個大人物最為關心的事。從這個角度看，這個世界上最有權力的人也許不是帝王，而是史官。史官們坐在書房裡，稍稍偏偏筆頭，就可以化腐朽為神奇，或者化神奇為腐朽。所以，唐代宰相韋安石說：「世人不知史官權重宰相。宰相但能制生人，史官兼制生死。古之聖君賢臣所以畏懼者也。」（《新唐書．列傳第四下》）

史家之所以有如此巨大的權力，是因為中國史學的主要目的不是「求真」而是「懲惡揚善」、「以史為鑑」、「使亂臣賊子懼」。目的決定手段，為了有效地「揚善」和「懲惡」，讓人「感動」或者「恐懼」，就必須採用「典型寫作」的方法，使善惡對比分明、忠奸一目了然，讓讀者一看就知道要愛什麼，恨什麼，學習什麼，批判什麼。「典型寫作」的祕訣非常簡單，一言以蔽之，那就是利用資訊不對稱的優勢，向讀者提供單方面的資訊，令讀者「偏聽則暗」，誤以為歷史人物或者是毫無缺點的高大全式人物，或者是從頭壞到底的十惡不赦之徒。這些技巧在隋煬帝神話的寫作中發揮得淋漓盡致。

沒有哪個民族比中國人更重視歷史。從有文字開始，中國歷代都設有史官，中國史書的浩繁，為世界所僅見。然而，也從來沒有哪個民族像中國人這樣在歷史中肆無忌憚地造假：與其說中國歷史是一個記錄的過程，不如說主要是一個抽毀、遺漏、修改、塗飾和虛構的過程。

十八

如果明白自己與主流文化氣質的對立，楊廣也許就不會有征服高麗的衝動。如果把腳步中止於大業五年（六〇九年），那麼他在中國歷史上的形象一定迥然不同。因為如果是這樣，「宣付史館」的史料就可以由楊廣自己或者是他的後代來選定。可惜歷史是不可逆的。

換了任何其他帝王，都會在這個偉大的歷史時刻停下來歇歇，因為即使就此罷手，安享自己的統治成果，也足以讓他名留千古。可是楊廣卻並不這樣想，一系列成功帶來的興奮已經讓他的胸口鼓脹得快要爆炸，反而更加點燃了他體內的精力。與秦皇漢武比肩並不是他最終的目標，他要馬不停蹄地向前奔去，以把他們遠遠甩在後面。他一刻也不停地奔向功業金字塔的頂部：征服高麗。

從即位起，征服高麗就是楊廣的一個夢想。這個邊疆小國一直是個不安分的搗亂分子，經常侵略周圍各國。在楊堅統治時期，它就曾入侵遼西，隋朝的統一對它來說顯然不是一件好事。在隋朝平陳之後，它甚至「驅逼靺鞨，固禁契丹」，積極聯絡突厥，試圖與突厥等族聯合起來對抗隋朝。（《隋書．列傳第四十六》）所以，如果不能制止高麗在地方稱霸的行為，其他國家必會起而效尤，帝國的安全就不能得到保障。

其實，在楊堅時代，征高麗即已成為既定國策，朝野間已經取得了共識，「開皇之末，國家殷盛，朝野皆以遼東為意。」（《隋書．列傳第四十》）只不過楊堅對高麗的征討，最終卻因為準備不充分而失敗。完成父親的這個遺願，是楊廣自然樂於做的事情，雖然對隋帝國來說，這件事其實並不那麼迫在眉睫。

在文學家、詩人楊廣的政治藍圖中，我們可以看到他追求完美、熱愛形式的藝術家特質。遷都與開河是他政治規畫中的基礎性工程，實行科舉制、發展經濟、安撫突厥、擊敗吐谷渾，是他建築在這個堅固基礎上的幾間華麗殿宇。而征服高麗，則將成為他「大業金字塔」的塔頂。在所有隋朝人看來，高麗是箕子所建的「禮儀教化之邦」，晉末才逐漸從中國分裂出去，是中國不可分割的一部分。所以楊堅征服陳朝，並不意味中國真正獲得了統一，只有高麗回復中國版圖，「大一統」才算真正實現。

對楊廣來說，征服高麗，是楊堅留下為數不多的待建立標誌性功業之一，想當然爾，對於一個帝王，「完成統一」當然是所有勛章中最耀眼的一塊，只有得到這塊勛章，楊廣「千古一帝」的地位才會變得不可動搖。

十九

然而，在大業五年（六〇九年）年末，征服高麗的計畫在御前會議上一經提出，就遭到了大臣們的堅決反對。楊廣即位以來，大臣們從來沒有這樣異口同聲地反對過他。數年來，大臣們越來越明顯地感覺到皇帝外表謙恭，內心卻高己卑人，認為他們的智商、才華與自己不在同一條水平線上，對他們的建議也多數不予考慮。

但是，這一次他們忍不住要力勸皇帝慎重其事。他們贊同攻打高麗，卻反對在此時開始準備。因為連年興建大工，不斷巡遊，勞役量驚人，老百姓已經精疲力竭，他們已經預感到天下騷動的前奏。「役使嚴急，丁夫多死」，已經有人開始逃離家鄉，到窮鄉僻壤開荒種地，以逃避勞役。有的人甚至自殘手腳，以避徵發，謂之「福手」、「福腳」。老百姓已經被沉重的負擔逼到了牆角。（《袁剛．隋煬帝傳》）

與此同時，攻打高麗需要的準備工作太繁重了。高麗與隋朝相接的緩衝帶上，全是荒無人煙的森林和沼澤，行軍極為困難。運輸和儲備軍糧必將耗費極大的人力物力。另外，要確保收全功，還要建立海軍，水陸並進，這就需要興造大量戰船。疲憊不堪的老百姓無疑無法承受這樣繁重的勞役。一個明智的帝王應該是給百姓休養生息三到五年的時間，再圖此舉。

然而楊廣卻根本聽不進大臣們的勸諫。他工作得太興奮，已經患上了「權力欣快症」或者說是「權力狂躁症」。這是一個精力充沛的獨裁者容易患的一種「權力綜合症」。在皇位上，一個統治者很難對自己的力量做出恰當符合實際的判斷。籠罩一切又缺乏制約的中國式權力，就如同一輛速度極高又沒有剎車裝置的跑車一樣，很容易超速。在順風順水地一一實現了幾大政治目標後，楊廣已經徹底拋棄了即位之初還保存的一絲謹慎，他已經不知道什麼叫「困難」，什麼叫「不可能」。到現在為止，他的生命一直是一首宏大、亮麗、旋律激昂向上的交響樂。這首樂曲演奏得完美無缺，才華與運氣完美組合，使他覺得自己擁有無限的力量，可以做任何想做的事情：他伸手在平地上一指，洛河邊上便出現一座新城；他大手一揮，吐谷渾那樣強大的國家就從地圖上被抹去。他感覺自己變成了無所不能的神。

他不是不知道帝國的百姓已經勞累多年，迫切需要休息。不過，征服高麗這個夢想實在太誘人了。「打鐵趁熱」是他的一貫主張，前幾項大工程的完成，使他對帝國百姓的承受力及官員的動員能力產生了過高的估計。他對大臣們許諾，這是他最後一個重大政治目標，在征服高麗之後，他的前期政治夢想全部完成，屆時就可以刀槍入庫，馬放南山，讓老百姓好好歇歇了。到那時，他會在全國組織一個有史以來最大的凱旋儀式，慶祝中國歷史上最大的、最安全的盛世的到來。所以此時此刻，他希望全國官員百姓，再扛最後一把勁兒，和他一起一鼓作氣，完成這個千古偉業。

二十

對於隋王朝的老百姓來說，這最後的任務可不是「扛一把勁兒」那麼簡單。據史學家考證，攻打高麗的兵役徭役量，超過了前幾年幾項大工程的總和，幾乎達到全國就役的程度（《袁剛．隋煬帝傳》）。老百姓付出的代價太過沉重了：剛剛把大運河修到洛陽，還沒有喘口氣，他們又接到命令，要把運河從洛陽一直開通到涿郡（今北京），以運送軍糧。由於工程浩大，「丁男不供，始役婦人」，也就是說，連婦女都被徵發到工地去揮鍬掄鎬。本已不堪重負，從大業七年（六一一年）攻高麗進入倒數計時起，勞役壓力又驟然增大。《資治通鑑》載：「下詔討高麗，命人督工在東萊海口造戰艦三百艘，民工晝夜立於水中造船，自腰以下都生滿蛆，工匠死掉三分之一。又發江淮以南水手一萬人，弩手三萬人，嶺南排刺手三萬人，又令河南、江南造戎車五萬乘送高陽，命江南民夫運米至涿郡。一時間船艫千里皆滿載兵甲器物，路上幾十萬人填溢道路，晝夜運輸戰具、糧食，死者相枕，天下騷動。」

大規模的逃亡開始出現了。越來越多的人奔逃到山東、河北的深山大澤中，開荒自給，十二年間，竟達十萬人之多。這饑寒交迫、朝不保夕的十萬人是一個隨時都會爆炸的火藥桶（《袁剛．隋煬帝傳》）。

不過，雖然怨聲載道，在高麗戰爭開始前，卻沒有人扯起造反的大旗。全國臣民對高麗戰爭的勝利從來沒有過懷疑。因為這位精力充沛的皇帝登基以來，所做的諸件大事，還沒有失手過。所有人都認為，以大隋今日之強盛，平高麗將像平陳戰爭那樣順利，甚至比平陳還要輕鬆許多。只要等到皇帝凱旋，他們就能迎來期盼已久的休息。

楊廣對戰爭的結果更為自信。為了迎接他生命交響樂中最華彩的樂章，他做了最充分的準備。高麗戰爭將是他成為「千古一帝」的加冕禮，他精心設計，務求在歷史上留下最絢麗盛大的紀錄：大業八年（六一二年）正月初一，他親率一百一十萬大軍，號稱二百萬，浩浩蕩蕩地從北京出發。全部大軍分為二十四路，加上天子六軍，每天遣發一路，整整一個月，才完成出發式，從頭到尾，隊伍長達一千四十里！這支隊伍帶著鮮明的楊廣風格：每百人小隊都高舉一面色彩鮮豔的大旗，每部都攜帶軍樂隊，「大鼓、小鼓及鞞、長鳴、中鳴等各十八具，䦆鼓、金鉦各二具」，一路旌旗招展，鼓樂齊鳴。（《隋書・志第三》）

為了證明出師的光明正大，他在詔書中甚至公布了大軍的具體番號、構成及詳細進軍計畫。為了迎接高麗一見大軍的望風而降，仗還沒有開打，楊廣即命每軍設專職「受降者一人」。從洛陽動身前，他已經命令官員在金光門前搭建高台，以備舉行獻俘儀式。

這次出征看起來更像一場規模盛大的「威懾活動」。這樣的戰爭準備在別人看來無疑有點離奇，不過在楊廣看來卻理所當然。然而，他雖號稱知兵，甚至可謂「身經百戰」，其實他所親身經歷的戰爭，幾乎沒有一次硬仗。平陳戰爭，他是最高統帥，親眼看到腐敗至極的陳朝在大軍壓境之下，瞬間土崩瓦解，隋朝五十萬大軍幾乎是兵不血刃就取得了勝利。在平定吐谷渾的戰爭中，也是隋軍的浩大聲勢嚇壞了吐谷渾王，幾乎沒有經過戰鬥，對方就望風而逃。所以，在楊廣的經驗裡，對付這樣實力不對稱的對手，最重要的事是做好威懾，軍隊數量一定要夠多，軍容一定要夠壯，如此足矣！一個小小的高麗，在他的威名、才華和運氣面前當然不會有什麼抵抗力。

然而，高麗戰爭的結果卻出乎所有人的意料。

高麗不是陳朝，這是一個發展中的地方小霸權，骨子裡有一股長期戰爭中培養起來的霸悍之氣。久經戰陣的他們深知數量並不決定一切，面臨百萬大軍，他們居然毫無懼色，趁隋朝大軍行軍遲緩之際早已組織好了防守。隋軍抵達時，遼東城已經是一個金湯般堅固的城市。面對戰鬥經驗豐富的高麗人冒死堅守，隋朝幾十萬大軍竟然無計可施。

一個是準備充分，意志堅定，一個是毫無戰爭心態準備，戰爭的結果可想而知。在堅城之下受阻的隋軍心浮氣躁，氣急敗壞，他們乾脆選出三十萬精兵，繞過遼東城，直取平壤，希望與海軍匯合，一舉攻破敵國的心臟。老謀深算的高麗人將計就計，不斷誘敵深入，佯裝失敗，然後趁隋軍渡清川江時發起總攻。結果隋軍大潰，各路軍將爭相逃命。回師途中，隋師糧草盡失，在高麗追兵的追趕之下，病死、餓死、自相踐踏而死者不計其數。戰後清點，渡過遼河的三十五萬隋軍，回到遼河以西的才二千七百人！（《資治通鑑．卷第一八〇》）

二十一

因為毫無心理準備，這場大敗教人更加難以消受。望著回程道路兩邊逃兵們扔下的軍服、輜重和枕籍不斷的死屍，楊廣神情恍惚。一直回到涿郡，他都沒有回過神來。

他被這次的意外打暈了。自懂事起，他就沒有嘗過失敗的滋味，他不知道世界上原來還有「失敗」這個詞，更沒想到這個詞會砸到他楊廣頭上。一連半個月，他不言不語，每天躲在自己的大帳裡，也不召見大臣。

最讓楊廣忍受不了的是恥辱。是啊，古今中外，可能沒有比這更大的恥辱了：此次出征，隋軍不僅挾帶了規模龐大的軍樂隊，更邀請了數個外國藩王隨軍觀戰。楊廣希望用一次輕鬆的勝利來證明帝國的不可挑戰，沒想到在世界面前，他敗得如此難看，如此狼狽！對那些屏息靜氣觀看這場大戲的臣民們，他更不好交代：他這個「一貫正確」、「英明偉大」、「幾百年才出一個」的偉大皇帝，怎麼會犯了如此低級的錯誤！

他有點害怕見到那些外國藩王，他總覺得他們的眼睛裡含著嘲諷，甚至面對自己的大臣，他也感覺他們的神色中潛伏著不恭。有生以來，他已經習慣了頌揚聲，此時他才生平第一次嘗到了恥辱的滋味，這種滋味是這樣難以下嚥！

楊廣性格的主要弱點在這個時刻終於暴露了出來：一生順境中的他，沒有培養出必須的耐挫能力。在失敗的打擊前面，他亂了方寸。他就像一個被一拳打倒的拳擊手，昏頭昏腦地爬起來，什麼都沒想，又朝對手衝去。他急於證明自己還是一如既往地偉大、光榮、正確，方才的失誤不過是一個不小心。就如同一個著名演員一出場就跌了個踉蹌，引來一陣哄笑，此時皇帝的第一個念頭就是要竭盡全力把自己的全副本領都發揮出來，把剩下的唱段唱得前所未有的華麗，以挽回自己一個名角的面子。半個月之後，楊廣鑽出帳篷之後做的第一件事，是向天下宣布：明年要再次親征，不滅高麗，誓不甘休！

這個聽起來充滿男子氣概的宣言最終斷送了大隋江山。楊廣已經被火辣辣的恥辱燒得忘記了一切，在巨大的刺激下，他喪失了起碼的現實感。要知道，這可是竭全國之力準備的一場戰爭。為了這場戰爭，帝國國庫中的金銀像流水一樣嘩嘩地流淌殆盡，老百姓被榨乾了最後一滴汗水。他應該靜下心來盤點一下國庫中的存銀。他應該知道，在造成近百萬生命損失和帝國巨大財富的浪費後，他得採取低一點的姿態，撫慰一下心懷不滿的老百姓。要知道，他此時的形象已經不是「百戰百勝」、「一貫正確」的帝王，而是一個不合格的將軍。

然而，楊廣卻不可能這樣做。他無法低下高貴的頭顱，他認為自己的錯誤應該被定性為「疏忽」，這個小小的錯誤不應該影響自己的「光榮」、「正確」和「偉大」。最主要的錯誤應該由那幾個率軍渡鴨綠江的將軍來承擔，是他們沒有嚴格執行自己的指示，擅自冒進，才會落得如此慘敗。一回到洛陽，楊廣就命人把那三名將軍逮捕，一名處斬，兩名削職。並且，為了下一次戰爭的萬無一失，準備的物資量要高於上次的一倍。

聽到了這個消息，忍耐到極限的人們，斷了最後一根弦。再次遠征無疑是將更沉重的勞役壓向他們頭上。山東鄒平人王薄首先揭竿而起，漳南人竇建德、韋城人翟讓也立刻響應，一時間大隋天下燃起了二十一數處烽火，走投無路的百姓爆發出前所未有的勇敢：「忽聞官軍至，提刀向前盪；譬如遼東死，斬頭何所傷」。

二十二

對於各地報上來農民起義的消息，楊廣並不怎麼在乎。從三國到隋初，政治一直是貴族們的遊戲，還從來沒有哪場農民起義能夠改變歷史的大方向。他認為這些起義烽火不過是帝國的癬疥之癢，泥腿子們不可能做出什麼大事。所以他只是布署了地方官「加緊剿捕」，要求他們務必在出征得勝回來前把這幾處烽火滅掉。

他還是一門心思地準備再次攻打高麗，此時此刻，唯有踏平這個彈丸小國才能挽回自己的面子。

大業九年（六一三年）三月，距離上次失敗九個月之後，隋煬帝又一次踏上了征途。

這次出征本來可以挽救他的命運，再次踏上東征之路的楊廣心情還是不錯的。好事多磨，成功之酒經過小小的耽擱後也許更加醇香。經過痛定思痛的檢討，隋軍的戰略部署已經更加實際。又一次大加搜括之後，隋軍待遇優厚，糧草充足，士氣也頗高。在遼東城下，他們又一次遇到了高麗的固守，不過這次隋軍是有備而來的。他們將造好的百餘萬個布袋，一一填滿土，堆成高與城齊的大道，遼東城指日可下。此時，另一支大軍突進到了鴨綠江邊，海軍也齊集東萊海角，高麗「國勢日蹙」，已到危亡之秋。楊廣終於放下心來，在遼東城下詩興大發，作了那首逸興遄飛的名篇《白馬篇》，以志此行：

白馬金貝裝，橫行遼水傍。
問是誰家子？宿衛羽林郎。
文犀六屬鎧，寶劍七星光。
山虛弓響徹，地迥角聲長。
宛河推勇氣，隴蜀擅威強。
輪台受降虜，高闕翦名王。（《文苑精華》）

然而就在高麗國內人心已亂、一統大隋的大業手到擒來之際，忽然一騎飛塵，六月二十八日中午抵達了遼東行營，向楊廣報告：

貴族楊玄感在河南叛亂，關隴勛貴子弟多人從叛，兵力數萬，直趨東都。

使者氣喘吁吁地吐出的每句話都像利箭，一支支射入楊廣的心臟。豆大的汗珠瞬間從他的額頭上冒出來。

他一秒鐘也沒有耽誤，立刻下詔：「六軍即日並還。」（《隋書·列傳第八十二》）

退軍令祕密而迅速地下達。當天二更夜，隋軍一百萬大軍，停止了連日一刻不停的猛攻，放棄了即將到手的果實，放棄了堆積如山的軍糧、帳篷、物資、器械，如同一陣正在激烈拍打城牆的狂濤，突然向西方回流。城頭已經幾乎要放棄抵抗的高麗軍人眼見這一奇觀，一時回不過神來。

二十三

如果說農民起義的消息對楊廣來說不過是耳邊嗡嗡叫的蚊蠅聲，那麼楊玄感造反的消息則是晴天霹靂。楊玄感非尋常人可比，他是前宰相楊素之子，現任柱國將軍，襲封楚國公，屢掌朝廷重權。這個人公開造反，並且招來了大批勛貴子弟，這證明貴族勢力已經向他發起了正面挑戰。那個盤踞在他心頭多年的擔憂終於發生了。

和父親楊堅一樣，楊廣經常做的一個夢是自己在宮廷之中，被幾個手持刀劍的貴族追殺。在貴族政治中成長起來的他，從小見過了太多的內部傾軋、流血、陰謀、政變。因此自登基以來，他時刻也沒有放鬆對政治反對派的警惕。為了防止反叛，每次巡遊，他幾乎把所有政治反對派以及握有重權的權臣帶在身邊，搭配巨大的軍隊陪同。他深知貴族們依然擁有強大的力量。

事實上，維護統一的一項重要方針就是打擊貴族力量，大隋王朝的兩代皇帝都為此殫精竭慮。因為擔心自己死後天下重新陷於分裂，楊堅晚年進行了幾次政治大清洗，殘酷打擊了貴族勢力。開國功臣或被驅逐或被殺戮淨盡，領導階層更有幾次大面積的更換。由於楊堅猜忌過甚，手法粗糙，讓許多人感覺刻薄寡恩。上層貴族對此表面上噤若寒蟬，實際上卻湧動著不滿的暗流。

楊廣明白父親的苦心。不過，在他看來，一個皇帝完全可以當得不這麼辛苦、陰沉、勞累，一個雄才大略的君主完全可以更仁慈、明亮、優雅些。即位後，楊廣在削弱貴族勢力方面花了大量心血。他認為，最關鍵的措施應該是打破貴族對權力的壟斷。

上承南北朝時期的門閥政治，隋朝初年的貴族與平民，仍然是兩個世界。那些世家大族世代把持著絕大部分的政治資源，讓貴族子弟一生下來就注定要平步青雲，出身貧寒的英俊之士則絕無進身之路。「世冑躡高位，英俊沈下僚」的情景比比皆是。在即位之初的大業元年（六〇五年），楊廣推出了他諸多政治發明中最有名的一個：科舉制。此舉打破了門第、地域、年齡界限，具有相當大的開放性和一定的競爭性，不能不說是一個非常現代、理性的產物。這一制度的上路可說是門閥貴族勢力消失的開始。大業五年（六〇九年），楊廣又「制魏、周官不得為蔭。」使得那些無功受祿的關隴貴族子孫不得再靠門蔭取得官爵。

相比父親，楊廣的手段當然更隱蔽，也更有效，然而打擊貴族還是造成了嚴重的後遺症。最直接的後果是上層貴族分成了兩派，那些在新天子時代得到重用的大臣們是堅定的保皇派，隋文帝時代的勛舊老臣及其子孫則大多成了楊廣的堅定反對者。因為他們被剝奪殆盡的不單只是舊日的經濟和政治特權，還包括其子孫後代傳下家族基業的可能。社會上層早就暗暗醞釀著一股反對隋煬帝的勢力，征高麗的失敗，就如同種子找到了裂縫，讓這些反對勢力一下子鑽出了地表面。這就是楊玄感造反的真正動因。

最害怕的事還是來了。楊廣對貴族的造反早就有心理準備，只是沒想到會在這個節骨眼上爆發。他的反應十分迅速，一邊火速撤軍，一邊不斷調動各地兵馬圍剿楊玄感。

在大業九年（六一三年），楊廣的政治威信雖然已經因為征高麗失敗有了重大損失，然而和大業十幾年的情況還是不可同日而語。隋帝國的各路重臣得知楊玄感造反後，不待楊廣命令，即紛紛起兵討逆。雖然楊玄感吸引了近十萬各路農民軍前來投奔，但是這些農民軍的戰鬥力實在太差，不足依靠。楊玄感起兵不過一個月就被消滅，自殺身亡。

二十四

回到涿郡的楊廣看到驛報，心中的石頭算暫時落了地。平叛的順利，使他甚至開始後悔自己班師得太早了，如果早知道如此，他完全可以在遼東再堅持十天半月，那樣，高麗此時也許已經被蕩平，千古偉業即可以宣告大功告成！

事實上，楊玄感起兵雖然在軍事上威脅不大，在政治上卻造成嚴重的後果。楊玄感公開宣稱楊廣是昏君，在起義誓師時稱：「主上無道，不以百姓為念，天下騷擾，死遼東者以萬計，今與君等起兵，以救兆民之弊，何如？」《資治通鑑．卷第一八二》楊玄感並且羅列楊廣好大喜功、濫用民力種種失政之處，宣布要「廢昏立明」，這些都是對皇帝統治威信的重傷。

另一方面，幾乎耗盡舉國之力的高麗戰爭的再次失利，以及隨軍的各國藩王的再次竊笑而去，無疑讓楊廣已經丟了一半的面子幾乎徹底丟光。更重要的是，這是政治高層當著全國臣民和四境邊夷的面公開分裂，把帝國的政治傷口袒露在世界面前，而將整個帝國置於險境。

值此危難之際，不習慣失敗的楊廣卻誤解了「越挫越勇」的意義，而將內心的脆弱以更剛強的形式表現出來。連續兩次挫折，使得他忘掉了其他一切，就像一個快輸光的賭徒，一門心思都集中在如何翻本上。賭徒們的視野都是比較狹窄的，他們只看得到賭桌大小的範圍，看不到金盆洗手後的生活，以及人生的其他可能性。雖然農民起義的烈火已經燒得大隋天下體無完膚，各地軍報在大殿的桌子上越堆越高，楊廣還是變本加厲地準備發動第三次東征。此時，他如果能仔細思考一下楊玄感對他的指責，他的命運或許還有挽回的希望，楊玄感對帝國政治的病灶其實判斷得很準確。然而，楊廣卻根本不願意回想這個逆臣的狂悖之詞，他不相信別人會比他英明，他只堅持自己的判斷。他認為是征高麗失敗帶來這一切後果，因此只要征服了高麗，他就能挽回聲望、挽回民心、挽回自己的前途和命運。

二十五

事實證明，第三次東征絲毫無益於楊廣的威信。

連續的遠征使隋軍失去了銳氣，連楊廣都感受到了身後這支龐大隊伍的疲憊、感覺到這次東征的勉強，就像一個老男人面對同一個夜晚裡的第三次做愛一樣。更令他難堪的是，這第三次還是他為了證明自己，主動提出來的。一邊前進，他一邊擔心糧草供應問題，他知道，國家已經被他搜刮得差不多一乾二淨了。

幸好高麗人也感到害怕了，畢竟兩次大戰已經把這個小國的國力消耗得近乎空竭，上一次那千鈞一髮的險境尤其讓他們害怕不已。因此待隋軍一到，他們就連忙派人前去和談，希望能以認錯換來和平。

如果是在前兩次，楊廣絕對不會同意，他一定要躍馬大同江，踏平三韓地，才能心滿意足。然而，此時聽聞高麗使者來求和，他心中卻不禁升起一絲暗喜。連他自己都為這絲暗喜感到羞恥。

談判的結果是，高麗認錯，隋軍班師。

整個大隋帝國終於可以開始準備那個期待已久的慶功儀式，然而所有的大臣都忙得面無表情，因為大家都知道這個勝利是怎麼回事。金光門外盛大的凱旋式是大隋帝國開國以來舉行得最無精打采的儀式。

第三次東征的結果只有兩個字：「難堪。」原來強大富庶的帝國被折騰得家底一空，元氣大傷，傷痕累累。老百姓被折騰得死去活來，家徒四壁，一無所獲。

然而，這似乎只是一個開頭，「難堪」擠開了門縫，就一個接一個地湧了進來，讓楊廣目不暇給：

在從涿郡（北京）回東都的路上，楊廣的御駕遇到了農民起義軍的搶劫，精神渙散的御林軍被農民軍沖散，天子御馬在光天化日之下被這群烏合之眾搶去了四十二匹。

就在凱旋式舉行了一個月之後，隋煬帝召高麗入朝，不料高麗根本不予答覆，三征高麗徹底成了笑話。

在楊玄感叛亂後，全國各地豪強及農民起義的烈火如同被澆上了一桶汽油，忽然一下子高漲了起來，幾乎達到了無郡無兵的程度。義軍們紛紛拋出檄文，對楊廣進行無所不用其極的攻擊，這些檄文不脛而走，在帝國內廣泛傳開。

天下大亂之際，強悍的草原民族也開始試探隋帝國的權威。邊境不靖，楊廣於大業十一年（六一五年）八月再度出巡塞北，不料在山西雁門，遭遇突厥南下，猝不及防的十幾萬宮廷后妃及百官侍從居然就這樣被困在雁門城裡，差一點成了突厥的俘虜。

自從征高麗回來，楊廣就像一個救火隊員，四處撲火，一連串的打擊讓他有一些回不過神來。他不明白這一切都是如何發生的：正興致勃勃建造自己的大業金字塔的他，為什麼會在砌最後一塊磚時從塔頂失足滑落，陷入這樣難堪的境地？為什麼一直一帆風順、萬人寵愛的他現在變成了天下萬民嘲笑的標的？為什麼他艱苦卓絕的奮鬥換來的卻是這樣的結果？

被圍在雁門、又一次在國人面前丟光臉面的這一刻，楊廣第一次驚覺：自己現在面臨的問題不是在皇帝排行榜上排第一還是第二，而是帝國能不能在自己手裡保住的問題！他突然發現，那個從他出生起就一直伴隨在他身邊的幸運，不知道從什麼時候開始已經永遠離他而去。

那曲一直演奏得輝煌盛大的交響樂在一度轉為低沉抑鬱之後，居然開始不斷地滑音和跑調，使得一場演奏會變成了滑稽戲，教正襟危坐的觀眾們忍俊不禁。他原以為自己是上帝的寵兒，沒想到上天對他如同對萬物一樣不過視為芻狗。他原以為他的幸運是上天無償的賜予，不想原來卻是利息沉重的債務，要他一一用不幸加倍償還。他原來一直以為上天賜給他的是古往今來最幸福的人生，哪知中途急轉直下，眼看就要變成一場徹底的悲劇。

「上天，我到底做錯了什麼，祢要這樣懲罰我？」這個以「剛毅」聞名的皇帝終於撐不住了。當被圍在雁門的他，看到幼子楊杲被城外飛來的箭頭嚇得發抖時，慚愧、悔恨、委屈一時襲來。一瞬間，他一把抱住小小的楊杲，當著擠在臨時朝堂裡的群臣面就嚎啕大哭，聲達戶外，哭得「目盡腫」（《資治通鑑・卷第一八二》）。人們一時不知所措，所有人都是頭一次看到楊廣的眼淚：他是哭自己保護不了孩子？還是哭自己這幾年的不順利？

就在皇帝嚎啕大哭的那一刻，他的大臣們已經看清了這個號稱天縱聖明的政治家，骨子裡畢竟還是生長於深宮婦人之手的貴公子。雖然聰明無比，畢竟沒有經歷過真正的風霜磨練，缺乏承擔大業夢想的堅韌頑強。包括李淵在內的諸多貴族已經摸透了楊廣的底細：起兵的時候到了，皇帝又可以換人做了。楊玄感失敗，是因為第一個出頭的椽子必然爛掉。但是，如果是第二個、第三個，那可就不一樣了。

二十六

在命運一次又一次的打擊下，楊廣性格中的負面因素便暴露得越來越多。

大業十二年（六一六年）元旦，大隋朝堂上已經見不到一個外國使臣了，這與大業五年（六〇九年）諸國使臣雲集洛陽的場面形成強烈對比。甚至各地的官員都來得很少，原因是各地農民起義阻隔，許多大臣都沒法趕到首都。這是楊廣度過最冷清的新年。

眼看自己竭盡全力辛苦建立起的雄偉大業，像豆腐渣工程一樣稀里嘩啦地倒下，楊廣的心氣也隨之散了。

事實上，雖然東征高麗失敗，但是楊廣的命運還遠遠沒有到滅國的邊緣。農民軍的戰鬥力相當有限，雖然號稱有四十八家之多，但是他們一直沒能聯合起來，甚至連出省作戰的能力都沒有。此時楊廣如果能潛下心，痛定思痛，勵精圖治，力挽狂瀾，今後還是有能力在政治高層間閃展騰挪。只要能防止貴族們紛紛起兵，維持住帝國政治的平衡，隋軍還是有能力消滅各地農民起義的烈火。這樣，雖然大業已去，但是楊廣畢竟還是能安享富貴尊榮，在歷史上以平庸之主收場。然而，此刻他連做這些功夫的心思都沒有了。

在眼看天下分裂，自己在皇帝排行榜上不可能有名次之後，楊廣有點擺爛了。命運已經不是原先許諾給他的命運，前途也已經不再是預想的前途，他對上天從感激變成了抱怨，像一個沒有要到糖吃的孩子一樣躺在地上不想起來。在大業十一年（六一五年）雁門被圍之後，我們看到的是與從前判若兩人的楊廣。連續的打擊使他那貴公子的嬌嫩神經受到了無可避免的傷害，自大業八年（六一二年）起，楊廣「每夜眠，恆驚悸，云有賊，令數婦搖撫，乃得眠。」（《資治通鑑．卷第一八二》）他對治國已經心不在焉。大業十一年前，他每天上朝，每日都在處理公務；大業十一年（六一五年）後，他開始三天打魚，兩天曬網了。雖然天下越來越亂，他自己也危在旦夕，他卻鼓不起心氣去為自己的生存奮鬥。他對政治越來越鬆懈，越來越放任，甚至對自己的生命也有點三心二意，不那麼周密地去考慮。

不知道從什麼時候開始，那個原本不喜歡飲酒的皇帝領略了美酒的好處。他詔令各地官員供獻本地名酒，自己一一品嚐，定出高下。他醉酒的次數越來越多，有一次，他在長樂宮獨飲大醉，賦了一首五言詩。詩文今已失傳，只留下最後兩句：

徒有歸飛心，無複因風力。（《文獻通考．卷三九〇》）

眼看著皇帝越來越頹廢，政治越來越混亂，昔日貴族們各個摩拳擦掌。雁門之圍後，北方草原上馬匹的價格一路飆漲，以唐國公李淵為代表的各地貴族紛紛招兵買馬。大業十三年（六一七年），他們感覺時機已經成熟，隋鷹揚郎將梁師都、馬邑富豪劉武周、金城富豪校尉薛舉、唐國公李淵、武威富豪李軌、蕭梁子孫蕭銑、江都通守王世充等手握重權的大臣不約而同，紛紛起兵，割據一方，眾多世族亦加入其中。

在聽聞昔日貴族全部起兵後，楊廣的意志完全崩潰了。一直到死，楊廣都認為他真正的敵人不是農民起義軍，因為這些農民軍不過是貴族們政治遊戲的前奏和引子，真正的政治軍事方向，最終還是得由貴族來決定。事實也證明了他的判斷。

正如參加了隋末起義的魏徵在《隋書》中所說：「彼山東之群盜，多出廝役之中，無尺土之資，十家之產，豈有陳涉亡秦之志，張角亂漢之謀哉！皆苦於上欲無厭，下不堪命，饑寒交切，救死萑蒲。莫識旌旗什伍之容，安知行師用兵之勢！但人自為戰，眾怒難犯，故攻無完城，野無橫陣，星離棋布，以千百數。豪傑因其機以動之，乘其勢而用之，雖有勇敢之士，明智之將，連踵覆沒，莫之能禦。」隋末三支實力最雄的農民軍都難以和這些貴族軍閥相抗衡，一旦交鋒即土崩瓦解。瓦崗軍失利於王世充，河北軍被李世民一戰而擊潰，江淮軍降於李淵，後雖又起兵亦旋即敗亡。在隋末亂局中，最終還是貴族們得到了傳國寶鼎。

楊廣深知大勢已去，不過他還不想死，他決定南逃，畢竟即位前曾經在江南經營了十年，別處烽火四起，這裡還算安靜。做不了千古一帝，那麼就乾脆在秀麗的江南風光中了此一生吧！在國家一片混亂，大勢岌岌可危之時，楊廣卻調集十郡數萬兵力，在江蘇常州一帶為他建造宮苑，周圍十二里，內為十六離宮，雖然比洛陽宮苑規模要小，但「奇麗過之」。（袁剛《隋煬帝傳》）

到了江南，楊廣便一頭鑽進離宮之中，萬事不管，整天飲酒為樂。他把他過人的聰明用來發明各種新奇的玩法。其中最有名的一種玩法是廣派宮人四處去抓螢火蟲，再將所得數斛之多的螢火蟲裝於布袋之中，夜裡外出遊玩時一齊放出，「光遍岩谷」，十分瑰麗。他還命官員大量為他進奉民間美女，分為百房，每天由一房做主人，飲酒賦詩，以為笑樂。在天下水深火熱之際，別人都是強顏歡笑，只有皇帝似乎真的是樂在其中。詩酒會中，他做了陣列頗為清新雅致的小詞，其中最有名的一首如下：

求歸不得去，真成遭個春。

鳥聲爭勸酒，梅花笑殺人。（《隋書．五行志》）

在生命的最後階段，楊廣的內心其實十分矛盾。一方面，這個殘缺的、不完美的、與自己期望已經大相逕庭的生命讓他不再珍視，另一方面，他體內的欲望卻依然強盛，他的感覺依然敏銳，他對生活中每一點滴的甜美都依依不捨。那個勵精圖治者變成了及時享樂主義者，他把自己剩下的生命目標定位為享受快樂。他經常「於苑中林亭間盛陳酒饌，敕燕王倓與鉅、皛及高祖嬪御為一席，僧、尼、道士、女官為一席，帝與諸寵姬為一席，略相連接，罷朝即從之宴飲，更相勸侑，酒酣殽亂，靡所不至，以是為常。楊氏婦女之美者，往往進御。皛出入宮掖，不限門禁，至於妃嬪、公主皆有醜聲，帝亦不之罪也……」（《資治通鑑．卷第一八一》）

不飲酒時，他常常穿起短衣短褲，策杖步遊，歷遍台館，細斟細酌每一處景緻，直到天盡黑才止，「汲汲顧景，唯恐不足」。他知道，命運留給他體驗這個世界的時間已經不多了。

那面在長安時就一直放在案頭的名貴銅鏡，楊廣也帶到了南方。他有時依然會攬起它，雖然已經五十歲了，可是這個人頭髮依然烏黑，眼睛仍然明亮，與眾人相比，仍然是那麼出眾！很顯然，這個與眾不同的生命依然會以與眾不同的形式抵達終點。他對著鏡子，自言自語道：「好頭頸，誰當斫之！」（《資治通鑑．卷第一八一》）

二十七

雖然時刻準備就死，但說實話，當自己手下的衛兵闖進寢殿時，楊廣還是感到有些吃驚。他的禁衛部隊實在是等不下去了，他們不得不叛變。來到江南後，大臣們屢次試圖勸諫楊廣振作起來，就像前些年那樣勵精圖治，那樣他們還有可能重新控制局勢，他們的前途和命運還有可能重寫。大臣們相信楊廣有這個能力，也相信天下大勢還有可為。

他們弄不明白皇帝為什麼如此頹唐。他們百般勸解，皇帝卻無動於衷，依然照著自己的方式，以加速度向滅亡滑落。顯然，皇帝對眾人的生命已經不感興趣，但他們可不想做殉葬品。在徹底灰了心之後，楊廣的部屬終於痛下決心要除掉這個已成累贅的皇帝，以自救圖存。

大業十四年（六一八年）三月十四日，全副武裝的衛隊闖進宮中，把楊廣從床上拉起來。他們牽來一匹戰馬，令楊廣騎上，把他押去朝堂。

睡眼惺忪的楊廣聽到這個消息並不顯得緊張。他看著那匹戰馬，問道：「這是誰騎的馬？馬鞍子太破了，我怎能乘坐，給我換一副新的！」

昔日的侍衛給他找出了宮中最華麗的一副馬鞍換上，他才上馬。在朝堂之上，叛軍召進劊子手。看著劊子手手中的刀，楊廣喝道：「無知小人！諸侯之血入地，尚要大旱三年，斬天子之首，你們知道會有什麼後果嗎？天子自有天子的死法，拿毒酒來！」

楊廣舊部樂於執行天子最後的命令，他們四處去尋找毒酒，但是不巧，找遍宮中也沒有找

到。人們只好給了他一條白綾。（《資治通鑑・卷第一八五》）

二十八

殺掉了皇帝，人們這才發現，把他埋到哪裡是個問題。自秦始皇以來，歷代皇帝都在即位不久即耗費巨資，給自己修築巨大堅固的墓地。只有楊廣，雖然耗盡舉國之力修築了各項留傳千古的大工程，卻一直沒有騰出時間修建自己的墓地。在勵精圖治的時候，他把所有的心思都用到「大業」上了。

武德年間，繼承了大隋江山的李淵和他的大臣們想到應該給楊廣的一生一個總結，他們送給了他「煬」字做為諡號。不過，他們對於前主人的感情畢竟是複雜的，這一個字無法完全表達一切。

楊廣的屍體在江南離宮的一個套院裡被找到，隨後被改葬到了揚州雷塘。之所以選擇這裡，也許是因為他修建的大運河（邗溝）正在此處靜靜流過。長眠在大運河畔，靜聽河水輕輕拍岸，人們希望奔忙了一生的他能睡得安穩。

第三章

正德

不願做皇帝的人

自從登上皇位的那一天起，他唯一的渴望就是逃離。他願意做將軍，願意做武士，願意做一個馴獸師，就是不願意做皇帝。上天賦予他活潑好動、反應敏捷的性格。然而，對於皇帝這項工作來說，這種性格無疑是最不適合的。

一

二十七歲那一年，皇帝再也憋不住了，他決定，無論如何也要到邊疆走一趟，感受一下蒙古大漠的風霜，看一看傳說中蒙古騎兵驍勇無敵的樣子。

那是正德十二年（一五一七年），也就是說，他大權在握、乾綱獨斷已經十三年了，可是在自己的帝國之內蹓個躂，似乎仍然是不可能的任務。因為，照祖制規定，沒有戰爭、送葬、祭陵等重大事件，皇帝不得出京；如果必須出京，必先聚會群臣，頒發詔書，明告天下。可是，這樣的詔書一下，反對的摺子一個時辰之內就會把他的書桌淹沒，因為在那些婆婆媽媽的文官們的想像中，通往宣府的路上步步都是危險：騎馬摔了，被塞外的風吹感冒了，遇到土匪了，水土不服病了，路上突然躥出個野獸把皇帝嚇著了……沒有人能承擔這個責任。他們必將引用N句聖人的話，告誡他「千金之子，坐不垂堂」、「皇帝者，天下安危之所繫也，一舉一動，當千慮萬慮，至慎至當……」一想到這些，正德就頭痛。

為了出關，皇帝煞費苦心。八月一日這天清晨，皇帝換上一件事先弄來、衣領已經磨破了的藍色半舊長衫，帶著十來個同樣市民打扮的太監，混在百姓中，騎馬溜出了德勝門。史書記載，有生以來頭一次出京城的皇帝如同出了籠的鳥，看什麼都新鮮，一路遊山玩水，在馬背上顛簸了六天，才遙遙望見居庸關，這是通向蒙古草原的必經之路。可當探路太監縱馬來到關前一看，心頓時涼了半截：崇山峻嶺之間的這座雄關關門緊閉，關上甲兵林立，劍戟鮮明。關門之下，滿臉書生氣的守關御史張欽懷抱著一把利劍，端坐在正中。很顯然，皇帝出京的消息早已傳到這裡，探路太監索性拿出平日在京城擺慣了的凌人盛氣，來到張欽面前，高聲宣布：「皇帝巡視宣府，著張欽開關迎接！」

白面書生張欽紋風不動，他很清楚皇帝微服出京，乃顯違祖制的行為，而制止這種荒誕不經的行為，是一個御史的基本責任。他板著臉對探路太監說：「你應該懂得規矩。皇帝出巡這樣的大事，必然詔告天下，按照祖制，先修御道，再修行宮，然後帶著全副鑾駕按著規矩一站站前行。因此，想要出關，請拿由內閣發下、蓋有兩宮御寶的詔書來！倘若沒有，如今你們青衣小帽輕騎潛行，只有兩種可能：或者是冒充皇上，或者違祖制而出。不論真相如何，我萬死不敢奉詔！」

太監還想說什麼，張欽一拉寶劍：「再多說我就殺了你！」

太監嚇得渾身一抖，轉馬頭飛馳而去。（事見《明武宗實錄》卷一五三）

聽了太監的彙報，皇帝也無可奈何。他有心硬闖過去，不過身邊這十來個人顯然不是守關官兵的對手。沒辦法，他只好折返到昌平的御馬房玩一天，隔日再悶悶不樂地起駕返程。

這不過是登基十二年來與文官連綿鬥爭中的一次小小失敗，對於這種挫折，皇帝早已經習慣了。

二

他是大明王朝的第十代皇帝。本來，他也應該是大明王朝最有福氣、最安閒快樂的皇帝。

上天給他鋪設的是條筆直寬闊的人生之路。大明弘治四年（一四九一年），正德做為大明王朝開國一百三十三年來身分最為貴重的孩子，降生於紫禁城中軸線上的交泰殿。之所以說「最為貴重」，是因為以下六個原因：第一，他是皇子。第二，他是皇長子。第三，他是皇后親生的嫡長子。第四、他在皇帝成婚五年後才在全國臣民的苦苦盼望中遲遲出生。第五，由於後來唯一的弟弟夭折，他成了皇帝的獨生子。第六，大明開國一百三十三年來，由於種種陰差陽錯，從來沒有哪個皇帝能兼嫡子和長子的身分於一身。也就是說，他們或是皇后所生，卻不是皇帝的長子；或者是長子，卻是「庶出」，這對最重宗族禮法的大明皇室來說一直是一個遺憾。因此，如果他能順利長大，繼承大統，那將是王朝開國以來第一個以嫡長子身分登上皇位的人，這對大明王朝來說，無疑是一件大吉大利的好兆頭。

似乎是為了突出他與眾不同的命運，上天為他選擇的降生時刻也是獨一無二的。如果接照中國傳統的八字演算法，他出生於申時、酉日、戌月、亥年，「申、酉、戌、亥」恰是地支的順序，這種命相在八字中叫做「貫如聯珠」，屬於絕對大富大貴的極品星相。巧合的是，開國皇帝朱元璋的星相也是這樣的「貫如聯珠」。

更何況這個皇子長得「粹質如玉，神采煥發」，十分漂亮。史書記載，他一生下來不像別的孩子那樣經常啼哭，反而十分愛笑，只要誰一逗，那雙烏黑的眼睛就骨溜溜地轉動，反應比普通孩子要迅捷得多。

出生僅僅五個多月，皇帝即頒發聖旨，封這個還不會爬的嬰兒為皇太子，這在大明王朝歷史上是空前絕後的。皇帝給這個皇子起名為「厚照」，並且解釋這個照字的含義說：「四海雖大，人民雖眾，無不在此子照臨之下。朕之江山，永為得人」（《明武宗實錄》）。飽讀經史的大臣們由衷相信，這個孩子將成為大明王朝前所未有、最幸福的皇帝。因為經過列祖列宗的九世經營，大明王朝現正處於前所未有的平穩期，外無邊患，內無災荒，百多年運轉將大明帝國的政治車輪磨合得恰到好處。這個嬰兒未來的命運就是做一個四平八穩的太平天子。

直到弘治十八年（一五〇五年），一切情節還都按上天的布置順利進行。這一年，弘治皇帝突然去世，太子順利登基。雖然十四歲對於皇帝這項工作來說稍小了些，但是正是這個年齡，使他繞過了專制政治中通常會出現的父子猜忌、宮廷鬥爭，避免了封建政治中許多太子接班路上通常會經歷的坎坷，因此，這其實正是新君的運氣。人們期待著有著特殊「八字」的正德皇帝會把他的運氣貫注到國運當中，給萬民帶來一個安定和富庶的時代。

然而，誰也沒有想到的是，事情從此出現了偏差，而且越來越離譜。

人們首先發現十四歲的新君不愛在大內居住，隔三差五就要到南苑去放鷹走馬，行圍打獵。

還沒等大臣們上書勸諫，新皇帝又暴出「單騎輕出宮禁」，也就是說，單人匹馬，龍衣黃袍，出宮蹓躂的大新聞，弄得舉國譁然。人們都知道，皇帝的一舉一動皆須謹守祖制，這種不帶隨扈輕易外出的行為絕對是祖制所不許的。

到了正德二年（一五〇七年），皇帝乾脆搬出了大內，在太液池邊蓋了座豹房，離群索居，從此再也沒有回到皇帝應該居住的乾清宮。

正德九年（一五一四年），人們在北京紅燈區內的一處戲院，發現了微服的皇帝，並且聽說皇帝經常微服出宮，來此聽戲。這是史書上首次明確記載皇帝的微服出行。這不，到了正德十二年（一五一七年），又鬧了齣這場皇帝私自出京的頭條新聞，震驚全國。

即位十二年來，這個皇帝不知道怎麼回事，就是坐不定金鑾殿，住不慣紫禁城。似乎皇宮大內裡有什麼讓他坐立不安的妖魔鬼怪似的。這十二年間，他一次次往外跑，而且越跑越大圈。這個最初被臣民們寄予厚望的新君，現在已經成了全國人民茶餘飯後的話題。人們實在搞不懂，這個皇帝到底怎麼回事，為什麼放著人間最輝煌壯麗的宮殿不住，非得搬到湖邊上的一個局促小院。為什麼放著萬乘之尊不享，非要一個人單騎獨馬，獨來獨往。為什麼放著皇帝一頓飯九十九道大菜不吃，非要跑到街上吃大排檔裡的雞毛小菜。為什麼放著皇家樂隊的絲竹之聲不聽，非要聽戲園子裡的低俗小戲？為什麼放著皇家園林的清幽景色不遊，非要到長城以外的荒涼大漠去頂風冒雪?莫非是他被什麼魔附了身不成?

三

離北京越近,皇帝的心情就越低落。他像一個翹課歸來的孩子,不得不再次回到課桌和書本旁邊。他強忍著不耐煩,一言不發地接受著出城接駕的大臣們向他行禮。「人臣不可一日無君」,見到皇帝平安歸來,這些大臣們如同孩子見到父母(成年孩子找到了走丟了的父母),女子找回情郎(一個過於花心的情郎),一個個滿臉欣喜,如釋重負。如果依著他,直接從德勝門進神武門,片刻功夫他就可以回到公廨。可是這些滿懷歡喜迎接聖上歸來的大臣們,早已按禮制把鹵薄大駕準備好了。沒辦法,他只好下馬登上御輦,在四一七人儀衛隊伍的護送下,繞道正陽門,進入大明門。隨後,午門、太和門、中右門、後右門、乾清門……一重重大屋頂遙遙而來,一層層沉甸甸地輾壓過他的頭上。皇帝露出慣常的忍耐表情,如同泥塑木雕一般,任由他們抬著遊街似地遊完了規定的路程,折騰了一個多時辰,才回到豹房公廨。

每個人都有自己的夢想或者說狂想。如果你問正德的夢想是什麼,他會毫不猶豫地告訴你:不當皇帝!

皇帝是天下最幸福的職業,這是天下流傳最廣的謬誤之一,反過來說也許離事實更近一些。十二年來,他一直忍受著這個職業。在他看來,太和殿那個寬大的紫檀木寶座,簡直就是一座特殊的刑具。

皇帝就是大明社會這座金字塔的寶頂，是禮儀和秩序的象徵，圍繞皇帝所制定的種種繁瑣而嚴格的禮儀制度，都體現了帝國神聖不可侵犯的秩序精神。就以穿衣服為例，宮內建有一種專門的檔案叫《穿戴檔》，詳細記錄皇帝每天服飾的穿戴情況。每季、每月、每天穿什麼樣的衣服，都有嚴格的日程規定，絲毫不得紊亂。甚至一天之內，皇帝也必須換三次以上的衣服：上朝要穿朝服、下朝要換常服、就寢前要穿寢服……

吃飯也不能隨心所欲。吃飯的時間、地點都有祖制明確規定，後世皇帝不得擅自更改。御膳的食譜每天由內務府大臣劃定，每月集成一冊。每次傳膳，都要按皇帝儀制上菜近百種，雖然大部分菜皇帝根本不動，但是也必須擺上。為了防止近侍掌握皇帝的飲食規律不利安全，祖宗規定，每種菜最多只能吃三口……

甚至連睡覺也沒有自由。皇帝到哪個宮中就寢，都會有尚寢局事先安排。就寢順序，也有嚴格規定，比如妃子必須從皇帝的腳下爬進被裡，接受皇帝的寵「幸」。「幸」到規定時間，比如說三十分鐘，門外值守的太監就會高聲喊喝：「請萬歲爺節勞」。這也是祖制所定，為的是防止皇帝縱欲過度，傷了身子，耽誤第二天日理萬機。

從一定意義上說，皇帝簡直就是世上最可憐的囚徒，而且刑期是無期。並不是所有的人都適合皇帝這個位置，它的最佳人選應該具有超人的耐性和自制力，最好性格內向，反應遲鈍，或者年紀已長，血氣已定。

很不幸，除了血統以外，不論從哪方面來看，朱厚照都不是皇帝的恰當人選。

四

朱厚照天姿十分聰明，這有多種材料可以證明。

但是，上天賦予他的是活潑好動、反應敏捷的性格，而且注意力不容易集中，興趣和情緒多變，這樣的人最難忍受按部就班的刻板生活，對於皇帝這項工作來說，這種性格無疑是最不適合的。

而後天教育又強化了他的性格缺陷。

鳳子龍孫們接受的當然是最好的教養，這是多數人頭腦中的另一個謬見，事實卻幾乎恰恰與之相反。如果按照現在的標準衡量，大明王朝的皇子們所處的，是帝國內最惡劣的教養環境。

皇子當然都是被溺愛的，而大明開國以來最尊貴的皇子朱厚照，受到的溺愛又比別人深了一層。半歲的太子受到了天下最精心的照顧，他是在一種絕對順從、縱容的氛圍中長大的。他擁有上百名的保姆、太監、差役為他服務。他們將他照顧得無微不至，儘量順從他的任何一個要求，不管這一要求是合理的還是乖戾的。他一啼哭，他們都彷彿大難臨頭；他破涕一笑，他們才如釋重負。

對於明朝人來說，皇族的優越即在於不受限制地享樂的權力。皇子越被照顧，得到越多的物質享受，就越為幸福。他們根本不懂兒童時期受到一定程度的約束和訓練，對於養成一個人自我控制能力的重要性。由於永遠處於關心和溺愛的中心，所有的要求都會毫不延遲地得到滿足，這個孩子的人格基礎不可避免地存在種種重大缺陷：他極端任性，想要什麼就必須得到什麼。他想到一種玩具，整個東宮都得連夜出動給他尋找。他挫折承受能力極低，基本上不能接受任何挫折。他的十多個乳母輪流休息，二十四小時值班，以備他什麼時候想吃奶就吃。他自私，永遠以自我為中心，不知為他人著想。剛剛學會射箭，就發明了一種遊戲：用小箭專射太監的屁股。看著他們痛得呲牙裂嘴，他高興得手舞足蹈，似乎太監的屁股與他的屁股不同，天生就是用來被射著玩的。

與過於寬鬆隨意的家庭教育比起來，突如其來的學校教育又過於嚴格刻板。太子的教育關乎國家根本，因而受到了大明帝國空前的重視和關注。傳統的啟蒙教育是反人性的，而傳統的帝王教育則更是令人窒息，它由雙重的沉重負擔構成：第一，它由一系列刻板的規矩連綴而成。為了昭示太子讀書的重要性，大明王朝為太子上學制定了一套繁瑣嚴格的禮儀：每天早九時，太子的侍衛接班站好後，太子便出閣，接受講官們行四拜禮，然後鴻臚寺官請太子升文華殿，由執事官引導升座。待太子坐好，鴻臚寺官宣布進講開始，一名講官從東班出，另一名講官從西班出，到講案前並立叩頭。展書官上前給他打開書本，東班講官到講案前報告今天講四書中的某一部，西班講官報告講經史中的某一部……還沒有正式開講，這些繁瑣的儀式，就需要太子規規矩矩在座位上枯坐半小時（《明史志．第三十一》）。第二，它由一系列沉重的功課組成。因為太子的身分特殊，所以給他準備的功課也遠比一般兒童要重。除了四書五經之外，還有歷代皇帝聖訓、歷代通鑑纂要、天下地理形勢等內容（《李洵：正德皇帝大傳》）。這些內容，一個成年人也不見得能感興趣，更何況一個七歲的孩子。

我們可以想像原本無拘無束的太子突然被套進這樣沉重的「籠頭」的感覺。要把那些詰屈聱牙、完全不解其義的漢字一個個強行塞進大腦，對太子來說，無異於一種精神酷刑。從開學第一天到最終停止學業，他幾乎沒有一天對學習產生過真正的興趣。在老師們的苦口婆心、威逼利誘、軟磨硬泡下，他有時候會勉勉強強學上一會，不過更多的時候卻是以拖延、哭鬧、逃學和打瞌睡進行消極反抗。七年的學習生活就是七年的與書本鬥爭史，面對這樣特殊的學生，那些博學多才的老師們還真是老虎吃刺蝟，無法下口。他們既無法用打手板之類的手段來對付這位尊貴的學生，也想不到用更為生動有趣的教育方式來啟發太子的學習興趣。他們一切努力的結果只是使朱厚照離書本越來越遠，七年的教育下來，他連一本《論語》都還沒有讀完，至於什麼《大學衍義》、《歷代通鑑纂要》更不用提了。按照傳統社會的教育標準，太子的教育也就剛剛好是小學畢業的水準。

當然，整整七年間，太子所做的事不僅僅是背下了半部《論語》。上課時間越是難熬，放學後的遊戲就越是快樂。在課堂上他是一隻病懨懨的病貓，回到自己的寢宮他立刻變成了活蹦亂跳的小老虎。一分一秒地熬到下課，他立刻投入遊戲當中，踢球馴豹，熬鷹走馬，花樣百出。他的遊戲排場越來越大，動不動就組織起上千人的隊伍，帶領太監玩戰鬥遊戲，喊殺震天，鼙鼓動地，幾乎把一座東宮翻個底朝天。父親後期荒怠政務，整日飲酒聽戲，顧不上朱厚照的教育，太子的遊戲也就越來越沒有節制，經常是夜以繼日，秉燭夜玩，一鬧就鬧個通宵，第二天到課堂上去打瞌睡。

傳統教育之所以採用蠻不講理的填鴨式，一個重要目的，那就是希望通過這種方式，磨去孩子身上的活力和「火氣」，使他們變得少年老成，按部就班。可是，在朱厚照身上，這種企圖反而收到了反效果。他的頑皮好動、強橫任性不但沒有因此有一絲收斂，反而愈演愈烈。

可以想像，這樣的一個太子登基，將會給帝國的政治生活帶來什麼樣的變化。

五

大明弘治十八年（一五〇五年）五月，弘治皇帝在三十六歲的盛年突然去世，十四歲的朱厚照成了新皇帝。端坐在奉天殿那尊巨大的寶座上，這個頑皮的孩子有點手足無措。昨天他還因為和太監們玩頂牛遊戲，輸了哭了一鼻子，今天卻成了整個帝國的新當家，帝國的所有重大事情，都要聽候他的裁決才能施行。

朱厚照的第一個感覺是當皇帝「不好玩」，他再也不能隨心所欲地想睡就睡，想起就起。每天早上六點，他就得被太監叫起來，準備早朝。整整一個上午，他都被鋪天蓋地的奏章和千頭萬緒的政務所包圍，聽那些頭髮花白的老頭子絮絮叨叨地講那些他根本聽不懂的繁雜政事。早朝之後，便是日講，也就是兩個小時的學習。午膳之後，更要習字，練習批閱奏摺。直到晚飯後，他才能有一點自己的時間，到後海泛泛舟，到工匠處看看木匠做活兒。可是一到戌正，也就是晚上八點鐘，他就得回宮睡覺了。更要命的是，不論他到哪裡，做什麼，身邊都跟著文書房的太監，記下他的一舉一動，一言一行，是為「起居注」，將來要編成實錄，傳給後世臣民，供他們借鑑「學習」。

剛剛上任，朱厚照摸不著水深水淺，咬著牙堅持了一個多月。一個多月過去，他終於熬不住了。他起床的時間越來越晚，上朝的時間越來越短，日講學習也越來越敷衍。據正德大臣們的筆記記載，在登基一個月後，皇帝經常日上三竿還不起床，那些站在宮門前等候的儀仗隊因為堅持不住，只好橫七豎八地「坐臥任地」，三三兩兩地坐在那閒聊。那些太陽還沒出來就進宮的大臣們更是腰疼膝軟，年事已高的他們，只能「棄杖滿地」，不斷捋著鬍子長吁短嘆。威儀嚴整的朝堂頓時一片狼籍，如同候車大廳。好不容易等到皇帝出來，結果多是敷衍一個時辰，就早早宣布退朝（藍東興《明武宗評述》）。然後，人們就會發現退朝不久的皇帝領著一隊太監馳出宮門，或者去南苑打獵，或者去西海泛舟。

整個帝國都陷入了憂心忡忡之中。那些受先帝顧命的朝廷重臣尤其心急如焚，片刻難安。在他們看來，大明王朝的前途已經岌岌可危。

六

在專制社會，皇帝對於整個國家的影響實在是太過巨大了。在中國式政治結構之內，權力集中在皇帝一個人之手，天下所有重要事情，都要由皇帝一人來決定，所謂「天下之事無小大皆決於上」，整個國家的興亡端在他一個人身上，他的任何一個細微的舉動都會對天下產生重大影響。黑格爾認為，中國式專制的缺點在於，整個國家的前途命運由皇帝一個人負責，其他人都缺乏責任心。皇帝必須擔任這個龐大帝國的那個不斷行動、永遠警醒和自然活潑的「靈魂」。「假如皇帝的個性不是上述的那一流，即徹底道德的、辛勤的、既不失掉威儀又充滿精力的，那麼一切都將廢弛，政府將全部解體，變成麻木不仁的狀態。」（黑格爾《歷史哲學》）

皇帝還應該是全國人民倫理道德的表率。「神聖者王，仁智者君。」在傳統社會，人們真誠地認為有幸登上皇位者都是由上天的神祕力量選中的「真命天子」，應該具有凡夫俗子所不具備的大德大智。在十分重視禮法之治的傳統社會，皇帝對全國人民所起的道德榜樣作用，甚至重於他在政治生活中發揮的作用。人們相信，皇帝的一舉一動都會對世道人心產生重要影響，如果他克己守禮，則天下百官萬民都會翕然回應，父慈子孝，奉公守法，天下大治，所謂「一人正而天下正」也。如果他胡作非為，名分混亂，則人心失散，王綱解扭，大亂將至。

按照儒家標準，一個好皇帝應該「端居深拱，垂裳而治」，像個木頭牌位似的坐在大殿之內，神情莊嚴地閱讀經史、批閱奏章，把全部精力貢獻給政治事業。他不但不能縱欲妄行，甚至也不應該有屬於自己的興趣愛好。不但嬉戲遊觀這樣的低級愛好應該戒除，甚至連書法繪畫這樣的高雅藝術都應該嚴格限制。

因此，新君上任不到半年，就耽於遊戲，懶於上朝，在大臣們看來，是極其危險的行為。「欲不可縱」、「漸不可長」。三位顧命大臣經過商量，聯名起草一道分量很重的奏摺。這道奏摺說，皇帝登基幾個月來，犯了如下幾條錯誤：

一是上朝太晚，為政不勤。

二是到內府的工匠處觀看工匠們做活，有失身分。

三是到湖上去泛舟，不計安危。

四是經常外出行獵。

五是內侍所進的食物，不經檢驗，就隨意食用。（《明武宗實錄》）

其實，對於一個少年來說，以上這些行為十分正常。要讓一個十四歲的孩子突然對政治感興趣，無疑是不現實的。而到工匠處觀看工匠們幹活不過表現了他正常的好奇心。打獵和泛舟偶一為之，對於精力充沛的他來說也不算過分。至於讓身邊太監買來一些宮內吃不到的新鮮小吃，似乎也不應在國家正式公文中憂心忡忡地提及。可是，和我們的看法截然相反，在明朝的文臣們看來，對於一個皇帝，這些都是不可姑息的罪過。他們語重心長地說，皇帝是萬乘之尊，他的安全關係到整個國家的安危，所以不應該從事任何不安全的遊戲，更不能隨便吃外面的東西。如果萬一有個三長兩短，全國人民怎麼辦！幾位大臣詳細地剖析了產生這些行為的原因以及將給帝國帶來的嚴重後果。他們說，皇帝耽於遊戲，不愛理政，是因為「人欲」蒙蔽了「天理」。他們充分發揮從一個雞蛋到萬貫家財的中國式邏輯，宣稱如果這樣下去，國家綱紀將受到破壞，邪惡戰勝正義，後果不堪設想：「若為君之人，人欲戰勝天理，天長日久，將三綱盡淪，國法盡壞，朝廷中的君子將受制於小人，中國的疆土將盡入於夷狄，國破家亡，就在眼前。」

這是小皇帝即位後第一次受到勸諫，也是有生以來第一次受到如此嚴厲的批評。他想起父親臨終前，曾經拉著他的手讓他給這些顧命大臣們行揖禮，告訴他以後要聽他們的話，所以對這些冷若冰霜不苟言笑的白鬍子老頭，他心裡還是有幾分懼怕的：剛剛當上皇帝，摸不清他們的底細，也不知道和他們鬧翻會是什麼後果。於是接到這份奏摺後，他又打起精神，老老實實在宮內憋了幾天，認認真真上了幾天朝。可是他的耐性實在是有限。不過半個月之後，他又故態復萌了。這次還變本加厲：他乾脆開始「翹班」。皇帝的早朝次數逐漸稀少，有許多次，文武百官集合在宮門之外等候了很長時間，換來的卻是司禮監太監那不男不女的難聽聲音：「聖上身體不豫，早朝免！」然後不久，後宮又傳出了鼓樂和喊殺之聲。人們知道，皇帝又開始玩那些騎射作戰的遊戲了。

七

於是，顧命大臣們決定動真格的了。他們認為，皇帝如此荒嬉，主要是由於身邊太監們的引誘和縱容。這些太監為了討皇帝歡心，日夜不斷給皇帝出歪主意，千萬百計為皇帝發明嬉戲的花樣，其中最有名的是八個人，號稱「八虎」。

正德元年（一五〇六年）八月，內閣三大臣會同九卿上了一道嚴厲的奏摺：

臣等伏睹近歲朝政日非，號令失當。……

皆言太監馬永成、谷大用、張永、羅祥、魏彬、丘聚、劉瑾、高鳳等造作巧偽，淫蕩上心，擊毬走馬，放鷹逐犬，俳優雜劇，錯陳於前。至導萬乘與外人交易，狎暱媟褻，無復禮體。日遊不足，夜以繼之，勞耗精神，虧損志德。遂使天道失序，地氣靡寧，雷異星變，桃李秋華，考厥占候，咸非吉徵。……伏望陛下奮乾綱，割私愛，上告兩宮，下諭百僚，明正典刑，以回天地之變，泄神人之憤，潛削禍亂之階，永保靈長之業。（《明通鑑》）

讀罷這份奏摺，朱厚照的心沉了下去，臉上的稚氣被愁雲驅走，這是他登基以來所遇到最嚴峻的挑戰。他知道事態的嚴重：這封奏摺是內閣三大臣會同九卿所上，代表了全體朝臣的意志，如果他不同意，那就是與全體朝臣為敵。可是，殺掉八個最親近的太監，於情於理都是他絕對不能接受的。

這八個人，幾乎可以說是他的親人。

在朱厚照的成長過程中，父親日理萬機，幾乎沒有時間分給兒子。按照明代貴族傳統，皇后對他的「撫養」不過是偶爾來看視一下，每天賜他幾樣食物。真正和太子朝夕相伴、耳鬢廝磨的是太監。伺候太子的太監是百裡挑一的。他們有著超出一般人的機靈乖巧，有眼色，會做事。他們對太子忠心耿耿，一往情深，事事從太子的角度考慮，極盡體貼關愛之能事。太子不高興，他們比誰都著急；太子開心，他們比太子還開心。能分到太子身邊，是他們三世修來的運氣，和太子爺建立起親密的感情，是他們切身利益所在。

日久天長，他們和太子建立了亦主亦僕、亦親亦友的關係，這種關係甚至比血緣關係還要緊密無間。朱厚照有什麼心裡話，不和自己的父母說，卻會對身邊的太監們說。太監們也早摸透了他的脾氣性格，他們和太子在一起，經常沒上沒下，沒大沒小。他們不懂遊戲會破壞「聖德」，影響「聖學」，危及「天理人心」，甚至危及大明王朝的安全。他們的任務是讓太子活得舒服，玩得開心。「八虎」個個是哄孩子的好手，他們可以弄來各式各樣新奇好玩的玩具，可以發明種種新的遊戲。他們有的是騎馬射獵的好手，有的是蹴球下棋的行家，有的人擅講評書，有的人會唱鼓詞。他們挖空心思，變著花樣的目的只為贏得太子的好感，博得太子一笑。

儘管有著這樣那樣的缺點，但是朱厚照是一個非常重感情的人。讓他殺掉「八虎」，簡直是不可想像的。

更為重要的是，他對社會上對太監普遍存在的偏見不以為然。在人們的普遍觀念裡，太監沒好人，似乎人一閹割，立刻就會從正常人變成了惡魔。但在朱厚照的生命經驗裡，太監也是人，他們天性中的善良、忠誠和熱情不比尋常人多，也不比尋常人少。在歷史故事中，太監從來都是負面角色，似乎太監的一切所作所為，都是處心積慮要禍國殃民。朱厚照卻絕不這樣看。他認為，絕大多數太監對皇室成員是忠心耿耿，百依百順的。就如同聽話的狗，如果說出現什麼錯誤，那也是主人的錯誤指令導致的，與狗何干？每聽到大臣們進言太監禍國，他都要反駁：「天下事難道都是叫太監壞的？那文官裡我看十個也有四五個是壞事的。」（《明史·劉健傳》）

不過，他知道自己講理講不過這些文官。一個是他知識沒有他們淵博，表達能力不如他們，再一個他深知這些人都是一條道走到黑的主兒，認死理兒，有理也跟他們講不清。

這道奏摺在宮中留了好幾天。據明朝稗史記載，朱厚照在這幾天的時間裡茶飯不思。經過反覆思量，他決定向大臣們讓步。大臣們的力量太強大了，他們是一個整體，而他孤身一人，他無法想像自己站在全體朝臣的對立面。剛剛坐上皇位的他對政治這架複雜的機器還一頭霧水，畢竟國家大政的運轉全靠這些文臣。同時，他也知道社會輿論會站在文臣們一邊，確實自己這一陣子玩得太瘋了，如果他拒不改正，就會把自己置於「昏君」的位置，受到天下人的一致指責。痛定思痛，為了大局，他咬著牙有生以來第一次向他人屈服。他基本接受了大臣們的意見，只不過把對這些太監的處分由殺掉改為發往南京宮中閒住，這已經是他的極限，讓他殺掉這幾個人，根本不可能。他也決心從此以後殺殺自己的性子，好好上班，多看看摺子，省得他們成天在耳邊囉嗦。

然而，大臣們並不滿意。他們堅持斬草除根，除惡務盡。這些書呆子只相信書本，不顧及什麼感情。相反的，他們認為感情是人的敵人，因為感情的軟弱常常導致人們的行為偏離天理。三位顧命大臣再次上書，如果皇帝不聽從他們的建議，他們將集體辭職，不幹了！由於明太祖朱元璋定下的文化高壓政策，明代成為中國歷史上意識型態最為純潔的時代。知識分子對孔孟之道的信仰最為真誠也最為僵化，教育過程中反覆單調的灌輸，使得大部分人有著衛道人士的狂熱氣質，他們自以為掌握了放之四海皆準的真理，便有一股浩然正氣充斥於胸，有了天不怕地不怕的勇氣。只不過，他們雖然精通聖人之道，能夠極廣大而盡精微，充滿了為國為民的獻身精神，卻不知道遊戲是兒童的天性，不知道皇帝也是有感情的人，而情感的力量對一個少年來說常常會超過理智。他們只是一廂情願地相信自己根據聖人之道所進的諫言會打動皇帝的心，因為他們以為，聖人之道是根植在每個人心中的。

這份最後通牒連夜被送進宮中，他們認為，此舉一定可以使皇帝屈服。然而小皇帝的反應大出他們意料。他們不知道這個十五歲的少年的性格是吃軟不吃硬，看到這份奏摺，他勃然大怒。這種露骨的威脅讓幾天以來困擾他內心的兩種勢力鬥爭有了結果，他發布命令：不但要收回對這八個人的處分，還要升他們的官，由他們來掌管宮中最重要的八個職務！

這道詔書充分反應了貫穿朱厚照一生的那個明顯性格特點：易於衝動。他輕易地選擇了道德上的惡名來換取自己的意志舒暢。放蕩子弟無所顧忌的作風在這道充滿挑戰性的詔書中表露無遺。詔書一下，群臣紛紛到朝門外請願。三位內閣顧命大臣立刻上繳了辭職書。一時間整個北京城都亂了。

朱厚照性格中缺乏很多東西，卻唯獨不缺膽量。既然做了，他就有魄力做到底。十五歲的小皇帝以大臣們意想不到的果斷處理了這一局面。他命人驅散請願者，批准三位大臣的辭呈，任命新人入閣。

說實話，一時衝動過後，朱厚照對自己的行為也忐忑不安。他不知道發布這些詔書會引發什麼後果，也不知道事情會發展到什麼地步，不知道這些氣勢洶洶的大臣們會做出什麼反應。甚至，他不知道自己的皇帝能不能當得下去。

沒想到局勢平息之快出乎他的意料之外。他的命令得到了不折不扣的執行，三位大臣很快打點行裝，回了老家。幾位太監按他的意願升任宮中的新職。朝政繼續運轉，大臣們照常上班。雖然諫官們呈了無數奏摺批評他的行為，可是他們無法改變既定事實，而且朱厚照也已經知道該如何對付這些批評了——那就是把他們的奏摺「留中不發」，根本不予理睬。

當了一年多皇帝的朱厚照終於發現了運用權力的祕密。他發現了一個真理：他真的擁有無限的權力，只是看怎麼去運用它。雖然有祖制、成法、規矩，可那些畢竟都是軟約束，一旦他一意孤行，並不會遇到真正的阻礙。不管他的命令多麼乖謬，只要他撕開臉面，堅持到底，最終就會得到執行。龐大的、學識淵博的、理直氣壯的文官集團實際上是虛弱的，雖然他們擁有道義上的一切優勢，可是他們受制於一條最基本的道理：他是君，他們是臣。所以不管他多麼無知無能、昏庸無道，他的話就是聖旨，他們這些最聰明最正直的人還是得無條件地去執行，否則就是大逆不道。他們可以喋喋不休，可以叩頭出血，卻不能改變他的最後決定。

朱厚照也知道，從現在起，他在這些博學多才的文官眼裡，已經是一個昏庸失德的皇帝了。雖然他們表面上對他三跪九叩，畢恭畢敬，實際上，他們已經對他喪失了信心，打從心裡瞧不起他。但他不在乎，他甚至發現，在丟掉那個做好皇帝的理想之後，他活得更舒服自在了。

八

一旦撕破了臉皮，朱厚照發現當皇帝堪稱輕鬆愉快。

在這次政治鬥爭取得勝利之後，他下的第一道命令，就是取消文書房記錄皇帝日常生活的「起居注」制度，同時廢除尚寢局的「就寢檔案」。這樣，他就解除了身上的兩大枷鎖，自由自在，想起就起，想睡就睡，想住在哪就住在哪。（藍東興《明武宗評述》）

他做的第二大重要決定，就是把普通政務交給略通文字的司禮監首領太監劉瑾。大臣們所上奏摺，經劉瑾初步處理後，再挑出最重要的幾件交給他親自裁斷。這樣他在仍掌大權的同時，又大大減輕了工作量。

做出這兩項決定之後，他就開始肆無忌憚地大玩特玩。他不斷地把宮外的戲班子召進宮中為他表演。與其他好開「堂會」的天潢貴冑不同，他偏愛聽評書、大鼓、地方戲，特別是那些地蹦子、草台班子粗俗詼諧的「粗口」，尤其讓他笑得前仰後合。

除了這些帝王生活中常見的聲色之好，他還玩出了前無古人的花樣。他在宮內開了個自由市場，讓太監們充當小販，在街道兩邊擺上一個個小攤，賣什麼的都有：鍋碗瓢盆、衣服鞋襪、胭脂官粉、水果蔬菜……琳琅滿目、熱鬧非常，太監們一個個站在攤前，學著市井之人，高聲叫賣：「賣沙鍋囉！」、「磨剪子來搶菜刀！」、「皮薄肉厚的大白梨啊，瞧一瞧看一看來！」……

皇帝穿著普通人的衣服來趕集，挑了一塊花布，和小販討價還價。扮小販的太監知道皇帝的性子，故意和皇帝軟磨硬泡。皇帝費盡口舌，怎麼也講不下價來，急得抓耳撓腮……（《明通鑑》載：正德「身衣估人衣與貿易，持簿握籌，喧嚷不相下。更令作市肆者也。」）

在正德皇帝的一生中，對市井生活異乎尋常的熱愛是始終貫穿的一大特點。在明代人的筆記中，傳說弘治皇后其實不能生育，正德是她偷偷抱養的市井小民的私生子，所以這個皇帝終生除不去骨子裡的「低賤」。

其實這一「反常現象」很好解釋。很大程度上，皇帝的這種嗜好不過是對刻板單調的宮廷生活的反叛。皇宮是天底下最不自由的地方。這組迤邐壯闊的大屋頂，座座象徵著嚴密的禮儀。這裡的每一寸空氣中都充滿了禁忌，每一寸土地上都林立著規矩，每一舉手一投足都必須斟酌再三。生活在這裡面的人，生活得按著事先寫好的劇本進行：「宮裡頭無論上上下下全是假的，像一台戲。」（《宮女談往錄》）就像這組建築修築的本意是為了昭示政治秩序，而不是為了舒適地生活，那些高雅嚴肅的宮廷大樂，也不是用來愉悅人的感官，而是用來把自然的人性引入天理的軌道。

和宮廷生活的假模假式和程式化相比，平常老百姓的生活是那麼豐富、自然、健康。朱厚照永遠記得自己第一次出宮微行的感受，從皇宮來到市井的太子簡直如同從窮鄉僻壤進城的農民孩子，傻了一樣地張著嘴，貪婪地盯著他看到的每一樣事物。有生以來頭一回，他發現人們見到他不是立刻跪下去，而是毫不拘束，一切如常。這也是有生以來頭一回，他看到人們活得那樣自由、隨意。他們表情生動，高聲大叫，隨意談笑，完全不像皇宮中人平日都鴉雀無聲、板著面孔。他看什麼都新奇，看什麼都好玩。

終其一生，正德皇帝一直難以改掉微服出行的嗜好，而且特別喜歡逛市場，鑽小巷子，體驗普通人家的生活。那些土裡土氣的叫賣聲在他聽來簡直是最好聽的音樂，那些帶著泥土的白菜蘿蔔也顯得清新健康，那些平常巷陌中普通百姓們的吵嘴罵架，在他聽來也比宮中那些千篇一律的對話更有意思。

九

除去叛逆心理，這種「市井情結」也反應出朱厚照的趣味、觀念和行為方式，深受周圍太監的影響。

文盲出身的太監乳母們不但是朱厚照的生活伴侶，也是他的精神塑造者。其實，天潢貴胄的朱厚照是在濃厚的底層文化氛圍中長大的。終其一生，朱厚照的精神世界一直沒有衝破底層文化，特別是市井文化的束縛。

這聽起來像是天方奇談，卻又千真萬確。

在偌大的明代宮廷之中，皇帝一家其實人數無多。太監、雜役、乳母之類出身社會底層的服務者構成了宮廷社會的多數。明代太監之多，居歷代之冠，最高峰時達十七萬人。皇室生活的各方各面都離不開他們，可以說，宮廷中的皇室成員，更像是飄浮在太監之海中的一個個孤島。這些出身社會最底層的人，無疑會把底層社會的觀念、性格、行為習慣帶入宮中，在皇宮之中形成濃厚的底層文化氛圍，從而對生活在他們中間的皇室成員形成潛移默化的影響。

具體到朱厚照身上，這種影響就更為深刻。在他十幾年的生活經歷中，他耳鬢廝磨、朝夕相處的，除了太監，就是乳母。明代規定，太監不許識字。乳母又多是選自平民小戶，所以，朱厚照實際上是在文盲圈中長大的。這些文盲友伴也自然而然地把自己的興趣、嗜好、觀念傳染給了太子。他的文化趣味偏於通俗，欣賞水準與太監乳母們基本一致，最喜粗俗淺白的文藝形式。他雖然在宮內建立了樂隊，演奏的卻不是陽春白雪的雅樂，而是民間流行的通俗小曲，比如什麼「抬花轎」、「入洞房」、「一枝花」……他自己還親自創作了一首「殺邊樂」，也是熱鬧火爆類型，據史書記載，「歇落吹打，聲極洪爽，頗類吉利樂。」（李詡《戒庵老人漫筆》）

底層出身的人固然質樸、單純、明快，卻又粗俗、單調、愚昧。上層文化提倡「節欲」、

「淡泊」，強調對生命意義的形而上追求，底層人的生命目標卻完全鎖定於物質享受，毫不克制地追求感官滿足。上層文化講究規則法度、講「天理」、講「千秋萬世」，而底層文化是實用主義的，只重今生，只重眼前。更為要命的是，許多太監進宮前都是走投無路的混混兒，他們把明代社會底層濃厚的流氓氣帶進宮中。他們做事缺乏規則意識，善於走捷徑、鑽漏洞，沒有大局觀念。他們崇拜的是韋小寶之類的精細鬼和伶俐蟲，嘲笑的是「忠厚傳家久」、「詩書繼世長」那樣「迂腐」的古訓。

學校教育的失敗，導致儒家哲學的那套「天理」、「人欲」、「天道」、「人心」的精緻理論，從來沒有真正介入過朱厚照的精神生活。朱厚照的精神世界基本上停留在市井平民的水準，他缺乏對國家和社會的責任感，他對國家政務的理解和處理原則，大致來自評書演義。有一次他甚至發布詔書，禁止天下養豬，理由是他既姓朱又屬豬，算命先生說，如果百姓殺豬，將威脅到他的健康。他精明機敏卻又目光短淺，為追求享受不擇手段，肆無忌憚。在後來的南巡之爭中，他甚至拿出潑皮作風，把刀架在脖子上，聲稱如果文官們再阻攔他，他就要抹脖子。他的人際交往也遵循市井方式，做事爽快自然，不重形式，講究哥們兒義氣，人情味兒相當重。與投脾氣的大臣們在一起，他便沒大沒小，喝多了就把他們當枕頭躺在他們身上睡覺。他甚至模仿黑社會老大的作法，一次收了一百四十多名義子……（《明武宗實錄》）

像朱厚照這樣帶有流氓作風的天潢貴胄不只一個。因為朱元璋本身出身流氓，更因為他為他的後代規定了寄生蟲般的生活目標，那些在僕人堆裡混大、不學無術的朱氏子孫，多表現出一脈相承、窮極無聊的流氓相。明代社會的流氓化趨勢鮮明地體現在貴族生活中。朱元璋的十三子代王，「早年做了多少蠢事就不必說了，到晚年頭髮花白了，還帶著幾個肖子，窄衣禿帽，遊行市中，袖錘斧殺傷人，幹些犯法害理的勾當。末子伊王封在洛陽，年少失教，喜歡使棒弄刀，不肯待在宮裡，成天挾彈露劍，怒馬馳驅郊外，人民逃避不及的就親手斫擊，毫無顧忌。又喜歡把平民男女剝得精光，看人家的窘樣子，高興發笑。」（吳晗《朱元璋傳》）

吳晗提到的伊王傳了六代，到六世孫朱典模時，居然還酷似其祖。有一次忽然把洛陽城門關閉，派人在城中大搶民女。共搶得七百多人，留下九十人供他玩樂，其餘的則叫其家人用銀子來贖。魯王府的朱觀定則熱愛嫖娼，有時在府中命下人裸體雜坐，以為戲樂。他的性情殘暴，左右稍忤其意，就立即用錘斧擊殺。

十

不過，僅僅把朱厚照定義為「紈絝」是不恰當的。雖然有百種不爭氣，千個不上道，他身上卻有著一樣遠遠超越常人的地方：「武勇」。

在朱厚照的諸項天賦之中，最突出的是運動天賦。

因為神經和肌肉上的優勢，他的反應速度比一般人快，協調能力也比一般人好。朱厚照從小就非常好動，他第一次騎馬就能在馬身上控禦自如；初學射箭，練幾次就能射中紅心。皇帝對他好武是鼓勵的，因為文武雙全才是一個合格的繼承人，所以他為太子請了幾位武師，教他學拳弄棒。朱厚照雖然不愛讀書，練起武來卻能吃苦，也下過真功夫，加之良好的天賦，他的武功確實在當時的一般武將之上。他對別的書不感興趣，唯獨看得下兵書戰策。

除了武功不俗，朱厚照的膽量更是常人難及。他天生喜歡冒險，身子骨剛剛長成，他就迷上了一種特別刺激的遊戲：搏虎馴豹。他身上不帶任何護具，也從來不讓別人在旁邊保護，便能隻身進入虎豹籠中，憑自己的敏捷和力量隻手把牠們制服。不久，他就成了一名熟練的馴獸師，不論哪裡進貢來的猛獸，在他手下很快都變得服服貼貼。不過，再高明的馴獸師也有失手的時候，他唯一的一次失手是在正德九年（一五一四年），他在訓練一頭新來的老虎時，本已馴服的老虎突然野性大發，把他撲在身下，等太監們冒死把他救出來時，他的胳膊大腿上已經被抓傷了好幾處，傷口鮮血淋漓，有一處甚至深可見骨。然而，這次歷險並沒有嚇倒他，經過幾個月的休養，他再次進入虎籠，把這隻不聽話的老虎徹底制服了。

朱厚照身邊最親近的人有兩類，一類是太監，另一類就是軍人。對於太監，朱厚照親熱是親熱，但一直以家僕視之；但對於軍人，他親近之中，還帶著尊敬和欣賞。當了皇帝之後，他輪流把那些駐守邊疆的著名將軍召入宮中，與他們較量武藝，暢談兵書戰策。在這些將軍中，最有名的是江彬，此人因在鎮壓農民起義中戰鬥英勇的表現，而得到朱厚照的賞識。這位富於傳奇色彩的將軍身上有箭痕三處，其中一處貫穿面頰直到耳根。朱厚照和他一見如故，很快就同出同入，形影不離，成了一種近乎哥兒們的關係，平時相處根本不講君臣之禮。

在各種遊戲當中，朱厚照唯一樂此不疲的是領兵打仗的遊戲。做太子時，他就經常把太監們分成兩隊，相互攻殺。做皇帝後，他的軍事遊戲玩得更為壯大。明代祖制，「邊兵不能調內」，因為邊兵粗獷難制，怕他們到了內地難以控制。可是朱厚照登基不久，就命令宣府兵和京城兵對調，因為開國日久，長期生活在城市的京城兵身上已經沒有多少兵味，只有那些飽經風霜、粗獷強悍的邊兵才對朱厚照的胃口。他把這些邊兵分為「侍衛上直軍」和「內操軍」，共計一萬餘人。他常常在皇城內舉行大型內操，披堅執銳，指揮士兵，演習戰法。皇城附近的人們經常能聽到從城裡傳出的雄壯喊殺聲。

如果說朱厚照在皇帝的職責裡有什麼真感興趣的事務，那就是軍事了。《尚書》說：「其克詰爾戎兵」。在遠古，天子的職責是「唯祭與戎」，即主持祭祀和領兵打仗。從小蹋球、射箭、騎馬、打獵的朱厚照之所以得到孝宗皇帝的縱容，也是因為有「練習武功」這面大幌子。每一個孩子都有自己的志向，朱厚照的志向從來不是做守成帝王，而是做指揮千軍、橫掃敵陣的大將軍、大元帥。從當皇帝的第一天起，他就幻想著有朝一日，能夠親率大軍，征討不服，立下赫赫戰功。

應該說，朱厚照的這一理想與大明帝國的現實有某種契合之處。蒙古人一直是明朝的主要威脅。明成祖朱棣曾經五出塞北，也未能根本解決蒙古人的威脅。明成祖死後二十多年，他的重孫明英宗就在親征蒙古的戰役中被蒙古人俘虜。在那以後，邊患問題始終沒有解決，蒙古兵時常長驅入塞，大肆搶掠。正德十一年（一五一六年）七月，蒙古兵又入寇白羊口，深入保安，新城一帶，破城堡二十餘座，殺掠三七四九人，掠去牲畜二三五〇〇頭。（《明武宗實錄》）這次入寇，使朱厚照決意親征塞北，徹底打擊一下蒙古勢力。

應該說，正德年間也是打擊蒙古勢力的恰當時機。因為此時蒙古勢力已經從全盛期跌落下來，正處於動盪不安的內鬥之中。入寇中國的，就是其中一支在內鬥中失利的部落。如果抓住這個戰略機遇，狠狠打擊一下蒙古騎兵，對於帝國的長治久安，無疑是大有好處的。

他這次之所以要前往邊境，就是為了有機會觀察敵情，以解除蒙古勢力對大明王朝安全的威脅。這個事實說明，如果在他的興趣和能力範圍之內，他還是願意履行皇帝職責的。

十一

但是，和以往歷次一樣，群臣一致反對朱厚照的想法。

事實上，滿朝大臣們對朱厚照的練兵習武從來沒有給予過肯定。在他們看來，守成之君和創業之君不同。守成之君的職責應該是固守祖宗基業，遵守祖宗成法，小心謹慎，使天下在已經定型的軌道上安穩運轉。因此，對於已經享有一百多年長治久安的大明王朝來說，多一事不如少一事，精力充沛對於此時的皇帝不一定是好事，文臣們對少年皇帝的舞刀弄棒一直不以為然。事實上，文官的這種態度裡還包藏著集團利益。他們認為，即使時有邊患，也是枝節之事，不足大慮。相較之下，宣揚聖教才是治理天下的關鍵，使人心向化，遵規守紀，本是文臣的職責，而一旦大興兵戈，勢必導致重武輕文的局面，這是他們所不能容忍的。

反對的浪潮再一次包圍了朱厚照。六科給事中黃鐘進諫說：「臣聞控制夷狄，古有成法。況且皇帝的主要職責並不是帶兵。《祖訓》中說：『後世子孫不可倚中國富強，貪一時之功，無故興兵，殺傷人命。』蒙古人並不是心腹大患，皇帝何必自輕天子之尊，冒極大的風險，輕易出塞呢？如果皇帝萬一有個意外，如何向天下萬民交待？」（《明武宗實錄》）

所以，在皇帝第一次出京的時候，朝廷迅速把消息通報給了居庸關的御史，才會出現皇帝被灰溜溜地擋回來的一幕。

但朱厚照並不放棄，他已經習慣了和文臣們鬥智鬥勇。他把心腹太監們叫到一起，總結第一次失敗的經驗教訓。半個月之後，他們又一次出發了。

這次他們選擇了半夜時分，神不知鬼不覺地潛出京城。出了城，他們再也不敢像上次那樣悠哉悠哉地遊山玩水，而是策馬直奔居庸關。他們早已打聽好，這幾天御史張欽到白羊口巡視，不在關上。朱厚照派人與居庸關分守太監劉嵩事先建立了祕密聯繫，做了布置。果然，當他們來到關門時，居庸關關門大開，讓皇帝順利通過。過了居庸關，皇帝下了手敕，命令隨身太監谷大用把守居庸關，守關官兵一律受谷大用節制，任何官員不許出關。這樣做的目的是防止京城中的大臣們到塞外來追他。

回頭看著被甩在身後的雄關，朱厚照哈哈大笑。這顯然是一次漂亮的勝利。

十二

五天之後，皇帝一行來到了塞外孤城宣府。不久，從宣府傳來消息說皇帝在宣府調度部隊，準備和蒙古人作戰。在大家半信半疑之際，一道詔書從宣府傳來。

「近年以來，虜酋犯順，屢害地方。今特命總督軍務威武大將軍總兵官朱壽統率六軍，隨帶人馬，或攻或守。即寫各地方制敕與之，使其必掃清腥膻，靖安民物。」（《明武宗實錄》）

這道奇怪的聖旨讓大臣們摸不著頭腦。「總督軍務威武大將軍總兵官朱壽」是誰，怎麼誰也沒聽說過？經過傳旨太監的解釋，大家才恍然大悟，原來，威武大將軍是當今聖上給自己封的頭銜。朱壽，就是朱厚照給自己起的新名。

四天之後，又一道諭旨送到了兵部。敕諭說：「總督軍務威武大將軍朱壽，親統六師，剿除虜寇，汛掃腥膻，安民保眾，……神功聖武，宜加顯爵，以報其勞。今特加威遠大將軍公爵俸祿。仍諭吏戶二部知之。」（《明武宗實錄》）這道聖旨無疑讓全北京城經綸滿腹的大臣們頭疼不已。在這道諭旨裡，皇上自己給自己加上大將軍總兵官銜不算，又加封自己為公爵——鎮國公，而且還要吏、戶二部給自己發俸祿。俸祿定為歲支米五千石，在後軍都督府帶俸。

總之，這兩篇文章把大明王朝的官僚體系推進了一個尷尬的死角。不倫不類的聖旨仍然是聖旨，臣民們弄不清他們這位皇上究竟是神經有問題，還是存心拿天下人開心。不論是那種情況，結論都不容樂觀，因為，這個嘲弄禮制的人正是禮制社會的主人，這個蔑視綱常的人正是遵守綱常的天下人無條件服從的對象：君為臣綱。因為天經地義的規矩，他們的一切，包括生命，都屬於這個以破壞規矩為樂的人所有。大明王朝一瞬間有點迷茫了。

十三

逃到宣府的朱厚照感覺真是太好了。在這座塞外孤城，他總算擺脫了那些討厭的文官。在「鎮國府」裡，他終於逃脫了那些規矩和排場，他告訴手下人見到他的時候不用參拜，他到哪去也不用前呼後擁，自己帶上一兩個隨從，隨隨便便就去了。他經常帶著一兩個人，在這個小城的大街小巷或者荒郊野外隨意走走。他喜歡北方質樸粗放的原野，喜歡這裡格外開朗雄渾的天空，喜歡這裡清冽的空氣。

特別是剛剛給朝中大臣發去的兩封詔書，讓他想起來就想笑。他完全能想像大臣們閱讀它們時臉上的迷茫表情。他要的就是這個效果。雖然登基十幾年了，他對文臣們的心理，一直沒有從上學時頑童對付老師的心態中轉變過來。對這些迂腐可笑處處與他作對的書呆子，他既好氣又好笑，既討厭又無奈。時不時地和他們開開玩笑，捉弄捉弄他們，是他生活的重要樂趣之一。

當然，開完了玩笑，他馬上投入到軍事準備當中，他一刻也沒有忘記他到宣府來的主要目的。剛到宣府不久，他就帶領隨從，巡視了千里邊關。舊曆的九月相當於西曆十月，這時長城以北已經十分寒冷了。正是在這樣的氣候裡，朱厚照一直乘馬暴露在風霜中，腰繫弓矢，頂風冒雪，餐風露宿。雖然官員們給他準備了舒適的車輦，他只命隨行，從不乘坐，從出北京城那一天起他就一直是這樣。不少隨行人員都因長途困頓而病倒掉隊，他卻始終精神抖擻，不以為苦。終於，正德十二年（一五一七年）十月，等了兩個月之後，朱厚照如願以償，等到了蒙古人。

當蒙古騎兵的臉孔在晨霧中漸漸浮現時，朱厚照的身體裡掠過一陣顫慄。他催動坐下的戰馬，跑到了隊伍的最前列，似乎是為了盡可能看清蒙古人長得什麼樣。身後的隊伍隨即潮水一樣地跟著他向前湧動了一輪。雖然大臣和百姓們對這個好動的皇帝不以為然，但是邊疆的軍人們卻十分欣賞這位直爽果斷、有著軍人氣質的君主。由於近一段時間的風霜磨礪，朱厚照明顯黑了瘦了，雙目顯得炯炯有神。他一甩鞭子，馬撒開腿小跑著，一瞬間，明軍龐大的隊伍啟動了，裸露在寒冬裡的大地表層，在馬蹄聲中繃緊了。士兵們漸漸越過皇帝，迎向蒙古人。

這次，是蒙古人又一次試圖南下，進行搶掠。朱厚照親自帶兵攔擊，先後在山西應州附近的繡女村、五里寨、澗子村接戰三次，其中以澗子村一戰最為激烈。這一戰蒙古兵為五萬人，明軍為六萬，從上午辰時一直戰到下午酉時，歷時十二小時，交戰百餘合，十多萬人在北方荒野裡絞鬥廝殺。朱厚照被一種極度的興奮攫住了，反而感到格外的鎮定。他有條不紊地向身邊的太監下達一個又一個命令，不斷騎馬在各個側翼巡視。他到達哪裡，那裡的士兵就越發英勇，和皇帝並肩作戰對士氣的鼓舞是巨大的。蒙古騎兵的臉上露出驚惶的神色，他們頭一回遇到如此頑強的明軍。一整天的戰鬥未分勝負，戰後蒙古軍全部撤退，明軍也疲憊不堪，加上氣候突變，第二天起了沙塵暴，明軍追擊未果，只好聽任蒙古軍逸去。（李洵《正德皇帝大傳》）

從整個兵力部署、作戰次序來看，朱厚照的指揮是稱職的。這次戰役是西元十六世紀前後，明蒙之間一次較大的戰役。五萬蒙古大軍沒能突破明軍的防守，南下的企圖破滅，而明軍則達到了阻止和打擊蒙古騎兵的戰略任務。在此之後，終正德一朝，蒙古人未再發動大規模的入侵。可以說，這次戰役已達到了預期目的，它反應出朱厚照並非一無所能，只會放蕩享樂。他在戰爭中不但身先士卒，還親手格殺了一名蒙古騎兵。除了朱元璋和朱棣外，明代皇帝還沒有誰敢於這樣深入戰爭第一線。

十四

朱厚照對這次的勝利非常重視。對於文治，他不感興趣，對自己也不報希望。至於武功，他自認為還是可以和列祖列宗，甚至歷史上所有的皇帝比一比的。他希望歷史能因為這一戰刻下他的名字。

正德十三年（一五一八年）新年剛過，朱厚照凱旋回京，一路上躊躇滿志。他認為，這場戰爭一定讓那些瞧不起他的文臣們跌破眼鏡，也一定大大出乎普通百姓的意料。這次勝利應該足以洗刷掉他身上一半「荒唐無道」的罪名，向全國人民證明他有能力為人民帶來福祉。在回朝的路上，他發布指示，要所有朝臣都穿上「曳撒大帽鸞帶服色」。為此，他命令禮部頭一天發給每位迎駕官員大紅苧絲、羅紗各一疋，並按品級發給彩繡，一品為鬥牛，二品為飛魚，三品為蟒，四品麒麟，五六七品虎彪，翰林科道不限品級，以便官員們裁製。這種服裝長可拖地，頭上是寬沿彩帽，還要紮上長長的鸞帶，穿上之後整個迎駕隊伍五顏六色，顯得熱鬧非凡。

正月初六日黃昏，皇帝大駕到達北京。皇帝身穿鎧甲，頭戴銀盔，腰佩寶劍，騎乘在一匹棗紅大馬上，威風凜凜，神采飛揚。群臣匍匐道左，高呼萬歲。大學士楊廷和代表大臣們進酒一杯，表示祝賀。皇帝一飲而盡，對楊廷和高聲說道：「朕在榆河曾親斬虜首一級！」楊廷和趕緊叩頭，讚揚道：「皇上聖武無比，臣民倍感欣幸！」朱厚照聞言大笑，催馬穿過人群，回到內宮。（《明武宗實錄》）

每個人都看得出，皇帝心情非常好。一直懶於出席各種祭祀儀式的他還沒有充分休息，就精神抖擻地出席並主持了南郊祭天大典。在典禮上，他顯現出前所未有的耐心，畢恭畢敬，行禮如儀。也許這是頭一次，在這個面對上天的場合，他感覺自己對得住皇帝的身分。緊接著，皇帝在奉天門下舉辦了一場「展覽會」，陳列了他在戰場上繳獲的蒙軍兵器，盔甲及大軍等物，命群臣參觀。

皇帝簡直是在炫耀了，就像小學生到處顯擺自己好不容易得到「甲上」的作業本。表面上放浪形骸對什麼都滿不在乎的他，實際上對自己的名聲還是非常在乎的。然而，滿朝文臣們表面上稱賀不絕，內心裡卻不以為然。京中普遍流傳著一種論調，說皇帝此次取勝，完全是因為運氣好，連日的大風沙讓蒙古兵睜不開眼睛，所以才無奈退去。還說，皇帝在這次戰爭中單身衝入敵陣，差一點做了蒙古兵的俘虜，幸好身邊的衛士冒死相救，才逃了回來。如果不是運氣好，大明朝已經又重演了一次「土木堡之變」，國家早就陷入一場巨大的危機。正像對皇帝的昏聵深信不疑，文臣們對蒙古騎兵的強悍也抱著根深蒂固的迷信，他們無論如何也無法相信，朱厚照有本事打敗成祖皇帝都無法打敗的蒙古人。在他們看來，這場僥倖勝利的戰爭，是完全不應該也完全沒有必要打的，除了勞民傷財之外沒有任何益處。

更為離奇的說法是，這場大戰，蒙古軍才死了十六人！所以這場戰爭很難說是一場勝利，事實上更接近一次失敗。事實上，後來明代正史的敘述居然也採信了這種傳聞。據後來明朝官方記載說，這次應州之役，蒙古兵僅死十六人，而明軍死傷巨大，甚至在戰鬥中「乘輿幾陷」，從常識判斷，這幾乎是不可能的。應州之戰的幾次戰役前後進行了五天，雙方投入兵力約十一萬，其中繡女村與澗子村之役都相當激烈，始終在的包圍與反包圍間反覆，陣線並不很清楚，這些都是正史所承認的。而在這樣大規模的戰役中，蒙古方竟然只死十六人，明軍的死傷數字卻是蒙古人的幾十上百倍，那又如何解釋蒙古人不是乘勝追擊而是迅速撤退呢？

朱厚照完全不知道官員中流傳的這些說法，更預料不到他的戰績會這樣載入歷史。為了酬謝百官們的稱賀，他在奉天殿大宴群臣，遍賜群臣銀牌：一品官銀牌重二十兩，二、三品者十兩，上面都刻「慶功」二字；四、五品官及都給事中五兩，左右給事中四兩，給事中三兩，上面都刻「賞功」二字。這是正德朝臣頭一次得到皇帝賜物封賞，大部分當然都欣然接受。然而，卻有一些耿介之士，不給皇帝面子。兵科都給事中汪玄錫、貴州道御史李閏等就共同上書，不肯受賜，他們說，前日皇帝親征之役，蒙古騎兵殺擄人民眾多，我軍也損兵折將，得失相較，實在稱不上什麼大不了的勝利，只希望皇帝以後不要再這樣草率親征，而是要「充擴天理，遏絕人欲，深居九重，恭默思道」……

朱厚照像往常一樣，把這樣的奏摺留中不發，心中卻大為掃興。與此同時，那些負責探聽市井輿論的太監也不斷向他彙報，說百姓們都相信官員的說法，認為皇帝此次其實是打了個大敗仗，只不過留了條命回來而已。

朱厚照默然無語。他發布命令，因為連日勞累，休息十日，誰也不見。十天之後，朝中傳出消息，說皇帝打算再次出京，這次的目的地是南方，而且巡遊的計畫十分龐大。據說皇帝打算遍遊江南，在外面待個幾年再回京。

十五

這次文官們表現了前所未有的堅定和團結。上次一不小心，讓皇帝跑到宣府，他們已經後悔不已，這次他們決定不惜任何代價，把皇帝留在自己身邊。三月十三日，在朝的科道官員為了諫止南巡，全體「伏闕請命」，跪在宮中進行示威請願。他們對這個坐不住的皇帝大加威脅恫嚇，他們說：人心的善念其體甚微，外界利欲的侵襲，不勝其多。所以靜常吉而動常凶，皇帝不斷出巡在外，被亡命之徒得知行蹤，有可能變生不測。而且江南乃財賦重地，近來災情不斷，南巡將加重百姓的負擔，有可能激起民亂。再者，皇帝南巡，北京空虛，蒙古人極有可能乘機南下，如果蒙古騎兵占據北京，皇帝將有家難回。這次請願從早晨持續到下午，為朱厚照首遇，由於官員們不走宮裡沒法關門，他只好派太監宣諭，說可以考慮他們的意見。諫官們見皇帝有了反應，這才見好就收，退出宮去了。

朱厚照表示同意考慮之後，即沒了下文，百官於是紛紛諫舉。分別有兵部郎中孫鳳等十六人，吏部郎中張衍端等十四人，禮部郎中姜龍等十六人，刑部郎中陸俸等五十五人分別上疏，規模之大，為朱厚照登基以來首見，奏摺語言之激烈，也前所未有。比如什麼朱厚照領兵與蒙古人作戰，「首開邊事，以兵為戲，使陛下勞天下之力，竭四海之財，傷百姓之心者」，什麼「祖宗之綱紀法度，一壞於逆瑾（指太監劉瑾），再壞於佞幸，又再壞於邊帥，蓋蕩然無餘矣。」什麼陛下已成「騎虎之勢，不亂不止。」什麼將「自取覆亡為天下笑。」（《明史・列傳第七十七》）

朱厚照的忍耐終於到了極限。他從即位開始，對言官科道基本上持聽之任之的政策，因為他知道自己和他們辯論只會失敗，只好把他們當作落到老虎身上的蒼蠅，輕輕拂去就算了。可是現在他們發展到近於謾罵的程度，借這個機會，對他當政以來的所做所為進行全面批判，一副來勢洶洶的模樣。尤其令他不能容忍的是他辛辛苦苦征戰蒙古，取得了自己頗為自豪的戰功，卻被這些官員公開評價為「首開邊事，以兵為戲。」、「竭四海之財，傷百姓之心者。」

朱厚照壓了許久的怒火終於發作了。這位容易衝動的皇帝的雷霆之怒，被證明是一場災難。他迅速發出命令，把言辭最激烈的黃鞏、陸震等六人執送到刑部，嚴刑拷打；其餘一〇七名上書反對的官員在午門前罰跪五天，每天由早晨五點一直跪到下午七點。於是，在做為大明朝政治中樞的這片廣場上，每天從黎明開始，就黑壓壓地跪了一大片蓬頭垢面的孔孟之徒。他們在日曬風吹中屈身俯首，一整天滴水不進，不斷有人昏倒，這一切，都是因為他們對皇帝發自心中天理的摯愛。兩天後，三十三名為這些官員鳴冤叫屈的大臣同樣被投入監牢。五天之後，罰跪期滿，朱厚照依然怒氣不消。於是，就在午門之外，這些平日文質彬彬風度翩翩的官員們被扒下褲子，每人痛責五十棍。太監們知道皇帝的心思，所以下手格外重，幾棍下去，便血肉橫飛，哭喊之聲，響徹紫禁城。當天，主事劉校和照磨劉旺就斃於杖下，後來又有十一人因杖傷不治而死，有更多的人因此而終身殘疾。

這是明朝開國以來最嚴重的一次文官集體被懲事件。

發了一頓火，打死了一批人，朱厚照也無可奈何了。他有點後悔，覺得自己火發得大了點。於是，他生平第一次主動讓步，取消了南巡的計畫，令文官集團終於獲得了一次難得的勝利。不過，他們似乎很難高興得起來，因為他們忙於同僚的喪事以及自己的傷勢。這場勝利真的來之不易。

十六

十三條大臣們的性命，最終被證明換來的不過是一場暫時的勝利，原定春天舉行的南巡，還是在那年秋天成行。和平時一樣，朱厚照依然保持自己的作風，放下自己專用的鹵簿不坐，卻時常和親信太監擠在一個大車上。他不穿皇帝服裝，和身邊人上下不分，以致巡撫設宴時，他的席上竟然沒有筷子。巡撫官員們驚恐不已，他卻一笑置之，還當成笑話講給別人聽。這些後來都被寫進野史小說中，成了後世的笑柄。

然而，南巡並沒有給皇帝來多少快樂。從歷史記載來看，朱厚照此行的心緒十分混亂。他幾乎放棄理智，任由種種昏天黑地的追歡逐樂來麻醉自己。在路途上，他幾乎每天都把自己灌得不省人事。在揚州城他到處追逐處女和寡婦。在保定他和大臣抓鬮比酒，自己輸了卻不認帳。在清江浦他把自己釣的魚賣給臣下，要價奇高，弄得有的大臣幾乎破產。他本是為了江南的青山碧水而來，美麗的風景卻沒有如他想像的那樣有效地安慰他的心靈，相反的，他卻覺得一切更加了無興味，只有胡鬧才能暫時讓他開一下心。他最怕的就是醉後的那一刻清醒，這種時候尤其令他心裡苦惱得一刻也不能承受。他分不清這些苦惱從何而來，他也不想分清，只好再找來美酒，把自己弄醉。

在回京的路上，心不在焉的皇帝在湖上落水，等人們七手八腳把他救上來，他已經在十月的冷水中泡了很久。一路的肆意糟蹋，已讓他的身體處於嚴重的不健康狀態，經此一激，遂成重病。據史學家推測，朱厚照死於因肺炎引發的心肺功能衰竭，終年三十歲。

十七

他被文臣們諡為「承天達道英肅睿哲昭德顯功弘文思孝毅皇帝」，意即發揚天道，英武睿智，道德功業都很顯赫，文治也很有成績，並且十分孝順。這可不是諷刺，而是依照祖制慣例，本著為尊者諱的精神制定的。生前那麼痛恨朱厚照的文臣，還是很有修養地既往不咎，用這些千篇一律、有固定格式的詞彙把他儘量打扮得體體面面，送入太廟供後世萬民參拜。他們做這一套做得心應手。

第四章

崇禎後人

皇族末代的悲慘命運

在明末的戰亂中，農民軍誅戮皇室子孫，最大的特點是堅決、徹底，不論主動投降，還是被動俘獲，結局都是一律誅滅。二百多年來，統治集團的為所欲為，使得後代不得不用自己的鮮血為祖先的「幸福生活」付賬。

一

大明弘治五年（一四九二年）底，山西巡撫楊澄籌向皇帝彙報了一個令人吃驚的消息：居住在山西的慶成王朱鍾鎰又一次刷新了朱元璋家族的生育紀錄，截至這一年八月，他已生育了子女共九十四人。

朱祐樘覽奏只能苦笑著搖搖頭，他有點好奇，這些王爺真能認識記清自己的兒女嗎？

這確實是明代中葉以來許多王府遇到的難題。慶成王的兒子們也大多繼承了父親出眾的生育能力，比如他的長子，兒女總量後來也達到了七十人。在兒女數創紀錄的同時，慶成王孫子輩的人數業已達到了一百三十六人，曾孫輩更多達五百一十人，也就是說他的直系後代，這一年已達七百六十七人。再加上眾多的妻妾女眷，整個慶成王府中的「正牌主子」多達一千多人。慶成王肯定無法認全記清所有的家庭成員，除非給兒孫妻妾們編號統計，否則很難想像他如何管理這個龐大的王府。

然而，朱鍾鎰並非明代的「生育冠軍」，這一稱號在不久之後即被他的一名後代，也就是另一名慶成王所取代。這位慶成王光兒子就多達一百多個，以致出現了這樣尷尬的場面：每次節慶家庭聚餐，同胞兄弟們見面，都要先由人介紹一番，否則彼此都不認識，這就是史書上所謂的「每會，紫玉盈坐，至不能相識。」到了正德初年，慶成王府終於弄不清自己家的人口數，於是在正德三年（一五〇八年）二月，慶成王焦慮地向皇帝上奏：「本府宗支數多，各將軍所生子女或冒報歲數，無憑查考，乞令各將軍府查報。」也就是說，如果皇帝不命令各將軍府自己清查人口上報匯總，他已經無法弄清他這個大家庭有多少人了。

慶成王一府的人口增長，僅僅是明代皇族人口爆炸的一個縮影。朱元璋建國之初，分封子孫於各地，「初封親郡王、將軍才四十九位。」可這些王爺好比種子，一兩百年過去後，在各地繁衍出的數量都十分驚人：山西一省，洪武年間只有一位晉王，到了嘉靖年間，有封爵的皇室後代已經增長到一八五一位。洪武年間河南本來也只有一位周王，到了萬曆年間，已經有了五千多個皇族後代……據明末徐光啟的粗略推算，明宗室人數每三十年左右即增加一倍，而當代人口史學者推算的結果是，明代皇族人口增長率是全國平均人口增長率的十倍。查明代皇家檔案也就是玉牒上正式收錄的人數，洪武年間是五十八人，到永樂年間，增至一二七人，到嘉靖三十二年（一五五三年）增至一九六一一人，至萬曆三十二年（一六〇三年）增長至八萬多人（陳梧桐《洪武皇帝大傳》）。這僅僅是玉牒上列名的高級皇族數目，不包括數量更多的底層皇族。據安介生等人口史專家推算，到明朝末年，朱元璋的子孫已經繁衍到近一百萬人之多。

與此相對照的，雖然「愛新覺羅」氏不是從努爾哈赤算起，而是從其父塔克世算起，也就是說，源頭數量比明王朝多了數倍，並且明清兩朝的存活時間大致相仿，但是清朝末年「愛新覺羅」氏的成員數量僅有兩萬九千人。

事實上，朱元璋子孫數量的急劇膨脹不但在中國歷史上空前絕後，也是世界人口史上最引人注目的一道風景。

二

人口如此急劇地膨脹，是由於背後強大的制度力量驅動。

朱元璋在歷史上留下的形象至為冷酷。他對百姓、對大臣、對故交、對妻妾，都冷血無情。唯有在自己的子孫面前，他卻滿面慈祥，溫柔體貼得無以復加。為了確保子孫生活幸福，他絞盡了腦汁。

開國不久，還沒來得及大封功臣，他先急不可待地把自己所有的兒子都封為親王，雖然他最小的兒子那一年剛剛一歲。此外，他規定皇族子孫不受普通法律約束，不歸當地官府管制。諸王的府第、服飾和軍騎，下天子一等，公侯大臣見了他們都要「伏而拜謁」。

他給大明王朝的官員們制定了中國歷史上最低的工資標準，給自己兒孫制定的俸祿標準卻唯恐不厚：皇子封為親王後年俸萬石，是最高官員的近七倍，還不包括大量的土地等其他各種賞賜。為了讓後代充分享受幸福，他規定皇族不必從事任何職業，每一個皇族後代的所有消費需要都由國家承擔：十歲起就開始領工資享受俸祿，結婚時國家發放房屋、冠服、婚禮費用，死時還有一筆厚厚的喪葬費。這種無微不至，在中國歷史上獨一無二，以至於明人不禁感慨：「我朝親親之恩，可謂無所不用，其厚遠過前代矣！」

朱元璋的皇族政策，只有一個漏洞，那就是他幻想著可以透過藩王，掌握軍隊，來捍衛朱氏家天下的安全。結果自永樂年間起，親王引兵作亂不斷，這種狀況導致歷代皇帝不斷致力於彌補這個漏洞。皇帝們一方面須保證皇族們生活的窮奢極欲，另一方面則須極力強化對皇族特別是藩王的控制。到了明代中後期，這種控制達到了匪夷所思的程度：為了怕王爺們聯合地方勢力作亂，後代皇帝規定，親王們終生只能生活在王府裡，想出城遛個彎，得專門派人千里迢迢向皇帝本人遞出申請，如果沒有皇帝的親自許可，親王們連出城掃墓都不行。為了防止親王們有串通的機會，後代皇帝又規定，親王們終生不得相互見面，這就是著名的「二王不相見。」《明史．諸王傳》贊語評論說：「有明諸藩……防閑過峻，法制日增，出城省墓，請而後許，二王不得相見。藩禁嚴密，一至於此。」

在這種情況下，各地王爺們幾乎被剝奪了所有的自由，成了高級囚徒。他們「徒有虛名，坐縻厚祿，賢才不克自見，知勇無所設施。」由於不能從事任何社會職業，他們增加收入的方式只有一個管道，那就是多生孩子。因為多生一個孩子，國家就按等級多發放一份俸祿，所謂「宗室年生十歲，即受封支祿。如生一鎮國將軍，即得祿千石。生十將軍，即得祿萬石矣……

利祿之厚如此，於是莫不廣收妾媵，以圖則百斯男。」

「利之所在，人爭趨之，如水之就下，不可止也。」皇族在「制度」決定之下，從明代中後期開始，就展開了激烈的生育競賽。為了多生孩子，各地王爺拚命招納妻妾，強搶民女，在床上播撒種子。他們還把妻妾的生理期編列成表，按期臨幸，以求提高效率，一炮而中。於是，在緊鑼密鼓的床笫戰爭中，生育紀錄一次次被刷新。

三

王爺的增加，必然導致王府的增加和圈地的擴大，天下最好的土地越來越集中到皇族手中。明代中葉之後，全國人均土地不斷下降，而皇族占有的土地卻迅速擴大。許多王府擁有的土地動輒萬頃：景王、潞王的莊田多達四萬頃，福王莊田兩萬頃，桂王、惠王、瑞王的莊田各三萬頃，吉王在長沙有地七、八十萬畝，河南全省土地，居然有一半歸各王府所有。

皇族們的俸祿都直接來自各地的財政收入，皇族人口數等比級數式的增長，意味著財政支出幾十倍、上百倍地增加。山西的晉王府，明初只需年俸一萬石，到了嘉靖年間增長到八十七萬石。河南的周王府，由一萬石增長到六十九萬石。湖廣的楚王府，由一萬石增長到二十五萬石……皇族人口的迅速增長，實際上意味著國家財富分配中，權貴的比重迅速擴大，而底層百姓的生存空間不斷被壓縮。

這片江山上的億萬人民存活的真正意義，歷來就是給一家一姓提供脂膏，這本是中國政治的題中應有之義，大明王朝的臣民對此也充分理解。然而，朱氏一家的生育率之離譜，已造成中國歷史上前所未有的局面：從明代中期開始，各省的長官驚慌地發現，他們全省的財政收入已經不夠供養居住在本省的皇族。河南年財政收入為八十四萬石，而需要供應給王爺的是一百九十二萬石。「借令全輸，已不足供祿米之半。」嘉靖年間的大臣們紛紛焦慮地指出，不久之後，以中國之地大物博，竟然可能出現舉全國之力，也無法養活朱氏一家一姓的荒唐場景：「王府將軍、中尉動以萬計，假令複數十年，雖損內府之積儲，竭天下之全稅，而奚足以贍乎？」、「將來聖子神孫相傳萬世，以有限之土地，增無算之祿糧，作何處以善其後？」

這僅僅是皇族招致民怨的一個原因。事實上，中國老百姓都特別通情達理，畢竟江山是人家老祖宗提著頭打下來的，是用千萬個人頭換來的，人家的後代享受一下特殊待遇，天經地義，理所當然，如果不是這樣，倒不符合中國大地的天理人心了。問題是，國家規定已經如此優厚，皇子龍孫猶有不足，還不斷運用自己特殊的身分和影響力，把觸角伸向一切有油水的領域，無利不取，無所不為。

皇族往往與鉅賈相勾結，進行行業壟斷。這些親貴利用自己的關係，向朝廷要到特殊政策，轉手批給商人，再從商人那裡分得巨額利益，地方上所有最賺錢的行業都被他們壟斷。比方說許多地方藩王就利用特權，控制了當地的食鹽銷售，並且不顧百姓的承受能力，任意抬高鹽價，以致最底層的老百姓長年買不起鹽吃。

所有稀缺的自然資源，比如土地、山林和礦山，只要證明有利可圖，皇族就會通過向皇帝乞請或者巧取豪奪的方式，搶占到自己手裡，各地王府所圈之地，「皆取之州縣中極膏腴田地。」比如皇帝賜給福王的土地中，有兩萬頃本來規定在河南，但因為河南好地圈盡了仍然不夠，不得不跑到湖廣、山東去圈占最好的良田。所以史書說，有明一代「占奪民業而為民厲者，莫如皇莊及諸王、勛戚、中官莊田為甚。」

各地王爺經常向皇帝哭窮，向皇帝索要各種特利。於是，許多地方的收稅權都陸續劃歸了各地王府：周王擁有開封的課稅權，潞王占有河泊所二十六處，潞城縣的商稅被賜給了清源王，屯留縣的則歸遼山王所有。平遙王說自己家口太多，生活不寬裕，皇帝命令，把黎城縣一年的商稅劃給他……

通過種種巧取豪奪，皇族山積了天下最多的財富。富甲天下的福王，「珠玉貨賂山積」，金錢百萬。陝西的秦王，富甲天下，「擁貲數百萬」。大同的代王，居然擁有房屋一〇六〇所……

權貴集團暴利滾滾的直接後果，自然是民生的日益困頓。從明代中期開始，歷代皇帝不斷通過「加派」等手段，將宗藩費用進一步轉嫁到人民身上，使得原本負擔就很重的百姓，處境更為雪上加霜，有的農民甚至「廢箸、鬻舍、捐妻，以供王國之祿」……

四

以上種種，畢竟還屬「合法」，或者符合潛規則，然而這些尚不能滿足皇族的欲望和衝動，在缺乏約束的情況下，特權總會走到極端。明代皇族超出法律之外的為非作歹、窮凶惡極，為他們積累了更大的民怨。

雖然國家明確規定皇族不得干涉地方政務，但許多皇族都涉足地方事務，一旦有求不遂，他們就依仗自己龍子龍孫的身分對地方官員橫加欺凌。代王府的輔國將軍因為不滿縣官處罰他的僕人，當眾毆打知縣。晉王府的河東王等人辱罵毆打地方官更是常事，所謂「挾奏有司，擅入府縣，凌辱毆置，習以為常。」嘉靖三十七年（一五五八年），寧化王府的宗儀，也就是小小管家，竟然動手毆傷了堂堂布政使這樣的朝廷大員，「求索祿糧不遂，圍布政司門，毆傷左布政使劉望之。」

因為享有司法特權，有罪時「罰而不刑」，許多王府已經成為地方惡勢力的保護傘，甚至自身也淪為黑社會頭目。嘉靖五年（一五二六年），慶成府的輔國將軍藏匿大盜被人告發；隆慶二年（一五六八年），方山王府鎮國中尉朱新垣「與群盜通，劫掠商貨」，襄垣王府的輔國中尉、昌化王府的輔國中尉都「私出禁城為盜」，公然殺人劫財……

至於強搶民女之類的經典橋段更是無地無之，在特權庇護下，皇族已經淪為大明社會道德水準最為低下的一個群體。河南禹州的徽王朱載倫，「有美女子過府，掠入與淫，女幼不敢接，即大怒，投以與虎。」山民王朱企禮在武岡州「前後奪民妻女無算」。武邑王在父喪期間「居喪無禮，置酒作樂，召妓者歌舞，極諸淫縱，內使諫者，輒非法拷掠，或觸其怒，以石鼓壓胸，囊沙覆口，死者數人」……

五

天下沒有不散的筵席。李自成、張獻忠等明末「七十二家」起義軍縱橫大地之後，朱元璋的子孫突然發現，他們的筵席不僅僅是被打擾了一下，而是被宣告永遠終結了。更可怕的是，他們到這個時候才發現，這場兩百年的筵席不是免費的——結帳的時候到了。這些姓朱的親王、郡王、將軍，是農民軍最有興趣的獵物，大大小小的農民軍所過之處，皇族均在劫難逃。那些各地最壯麗的王府，在全國連綿的戰爭之中，幾乎無不灰飛煙滅。太原總兵姜瓖據其親見親聞，向皇帝彙報說，農民軍「凡所攻陷，劫掠焚毀，備極慘毒，而宗藩罹禍尤甚。」《南疆逸史》也說：「明之天潰，迨闖獻之禍，屠戮幾盡焉。」

讓我們先來看看皇族人口增長最快的山西。明末山西有晉王、代王兩大藩王和西河王等多位郡王，皇族多達數萬人。崇禎十六年（一六四三年）十二月，李自成揮軍進入山西，每到一地，首先捕殺皇族。起義軍陷山西平陽後，「西河王等三百餘人遇害」。攻占汾陽後，也首先搜殺「宗紳」，以致「彼汾一方，幾成羅剎鬼國。」

崇禎十七年（一六四四）初，李自成軍攻克太原後，「捕晉宗室四百餘人，送西安，悉殺之。」這四百餘人都是晉王一系的高級皇族。接著，因為「恐（中低層）宗人為變，閉門搜捕，得千餘人，殺之海子堰，若殲羊豕。」經過這兩次殺戮，山西晉王宗室中的主要人物被殺殆盡。崇禎十七年（一六四四年）三月，李自成軍又攻取大同，六天之內，代王朱傳齊以下的四千多名諸王宗室皆被殺盡，其他郡王也幾乎沒有倖免：定陶王及其子效鋒同赴井殉國，翟山王效欽、陵川王效鏗等相繼被拷掠至死，沈世子迪洪被執不知所終。薑瓖在啟本中說：「雲（今山西大同）之宗姓，約計四千餘，闖賊盤踞居六日，屠戮將盡。兼過天星、張天琳，百計搜查，幾無噍類。而素居州縣潛匿鄉村與逸出者，所存無幾……」總計以上數次，李自成軍僅在山西一地就殺掉朱姓子孫一萬多人。

山西一省僅是縮影。事實上，儘管李自成以「不嗜殺」聞名，但是他兵鋒所過之處，幾乎沒有活下來的朱姓王爺：

崇禎十三年（一六四〇年）十二月，李自成攻占河南永寧，萬安王朱采輕被捕捉，在西關被公開處死。崇禎十四年（一六四一年）十一月，李自成攻占南陽，殺唐王朱聿莫於麒麟崗。十二月，克禹州，徽王被殺，「其支屬在禹者，凡十七家，及城陷，十七家皆及於難。」鎮國將軍朱翊至向皇帝彙報此事說：「闔府宗儀，屠戮大半。此受禍之極慘者也。」崇禎十五年（一六四二年）閏十一月，李自成破汝寧，崇王朱由貴及其世子諸王被殺於泌陽。十二月，李自成軍入荊州，湘陰王朱儼尹全家皆被誅。崇禎十六年（一六四三年）抵蘭州，執肅王朱識緒，「宗人皆死」……

而張獻忠軍本以玉石俱焚為特長，所過之處，諸王掃滅，更是題中應有之義。與眾不同的是，他在殺法上常有新創意。崇禎十四年（一六四一年）二月，他攻取了襄陽，執襄王朱翊銘於南城樓。朱翊銘跪地乞生，張獻忠賜給了他一杯酒，說：「吾欲借王頭，使楊嗣昌以陷藩伏法。」接著「殺之城上，焚城樓，投屍於火。」

崇禎十六年（一六四三年）五月，張獻忠克武昌，俘獲楚王朱華奎。這次，他想出了一個新花樣，「以便輿籠王沉西湖，遮其金數百車盡。」宮殿樓閣近千間、「壯麗近於皇宮」的楚王府也由此付之一炬……

六

與和平時期的最高生育率相匹配，在明末的戰亂之中，皇族的死亡率也創了社會各階層之最。明末起義軍誅戮明皇室成員，一個最大的特點是堅決、徹底。只要是朱元璋的後代，不論是主動投降還是被動俘獲，不論是立地不跪還是苦苦求生，不論是拒不交代藏寶地點，還是痛痛快快地獻出所有財富，結果都是一樣：一律誅滅。史書中涉及王府在兵鋒下的遭遇，所用的詞都是「盡」、「皆」、「合族」。張獻忠攻占常德，「榮王宗室殆盡」；攻克重慶，蜀王朱常浩及其家人「盡殺之」；據有成都，蜀王朱至澍「合宗被害」……史家總結道：「凡王府宗支，不分順逆，不分軍民，是朱姓者，盡皆誅殺。」

最有代表性的，是河南福王的下場。以與民爭利聞名史冊的萬曆皇帝，曾派出大量礦監稅使四處搜刮，百姓有了災荒，也捨不得拿出錢來賑濟。然而，當他的小兒子福王朱常洵大婚時，萬曆一下子就拋出了三十萬兩鉅款，還花費高達白銀二十八萬兩，給朱常洵在洛陽修王府，超過祖制規定的十倍。此外，朱常洵「就藩」時，萬曆一下子就賜了上等良田四萬頃。可是，儘管有了這樣巨大的財富和眾多的特權，朱常洵仍不滿足，他在洛陽仍時與民爭利，「官校藐法，橫於洛中」，中使四出，「駕貼捕民，格殺莊佃，所在騷然。」

在「穩定」時期，福王的權勢看起來自穩如泰山，誰都不敢觸動。然而，一旦社會動盪起來，王府的高牆就如同紙糊的一樣脆弱。他平日欠百姓的一切，都得在戰爭中一併清算：崇禎十四年（一六四一年）正月，李自成攻克洛陽，福王朱常洵倉皇縋城而出，逃到城外一座破廟中潛藏，可第二天仍被起義軍抓獲。這個三百多斤的大胖子，以親王之尊跪爬在李自成面前，汗流浹背，乞求李自成饒他不死。李自成不為所動，他當眾斥責福王朱常洵：「汝為親王，富甲天下。當如此饑荒，不肯發分毫帑藏賑濟百姓，汝奴才也！」命左右將他拉下去，先痛打四十大板，待打得血肉橫飛之後，再一刀梟首，將頭顱示眾。至於那三百多斤的軀體，李自成也充分利用，「福王常洵遇害。自成兵灼王血，雜鹿醢嘗之，名曰福祿酒」，剔去毛髮，拔掉指甲，又殺掉幾隻鹿，放在一起燉了幾大鍋，擺酒開宴，名叫「福祿酒會」。

這一事實說明，皇族兩百多年的為所欲為，積累了太多的憤怒。他們已經完全站在了普通民眾的對立面，不得不以自己這一代的鮮血和生命為代價，為自己，也為以前數十代的「幸福生活」付帳，就像以前每一個王朝末期一樣。不要忘了，朱元璋正是打著「打倒元朝特權階級」的大旗建立了明朝，明王朝這座大廈建立的地基，也正是元王朝巨室、權貴、官宦之家的累累屍骨。

七

「汝何故生我家」這句中國歷史上慘痛的名言，是崇禎皇帝說給長平公主的。

一六四四年，本來應該是長平公主一生中最幸福的一年。這一年公主十五歲，正值豆蔻年華，史載她「喜詩文，善針飪」，是一個對生活充滿熱情的女子。皇帝已經為她選好了翩翩佳公子都尉周世顯為駙馬，可惜天翻地覆的局勢讓婚禮一延再延。

農民軍攻占北京城的速度遠遠超出崇禎皇帝的預料，更讓深宮中整理嫁妝的公主毫無心理準備。《明史》載：「城陷，帝入壽寧宮，主牽帝衣哭。帝曰：『汝何故生我家！』以劍揮斫之，斷左臂。」當時，崇禎命周皇后自縊，長平公主聞訊前來看到皇后的屍體，痛哭失聲，跪在地上，爬上前想抱住崇禎皇帝的膝蓋，崇禎卻一腳把公主踢翻，說道：「汝何故生我家？」舉起劍來，劈頭砍下。公主下意識抬起左臂一搪，劍鋒從左頰掃過，左小臂從肘部下面被齊齊斬斷，她哼了一聲，昏倒在地。皇帝上前一步，想砍下公主的頭，手卻劇烈地顫抖起來，說什麼也握不住劍，「手栗而止」，轉身出了壽寧宮。

這是中國歷史上著名的一幕，在此之後的史實，大都被史書省略了。斷臂之後，不光崇禎，所有的宮女從人都以為公主必因流血過多而死。尚衣監何新和宮女費氏怕公主屍體受辱，將昏迷的長平公主抬出宮，送到她的外祖父、周皇后的父親周奎府中。周家將她安置在一間空屋，等著她死去。不料公主的生命力非常頑強，五天之後居然醒轉，並且度過了傷後感染等重重危機，活了下來。

活下來當然更為不幸。

清朝高層的政治策略十分精巧：他們公開懸賞崇禎帝的男性後代，說「有以真太子來告者，太子必加恩養，其來告之人亦給優賞。」實際上是打算騙到手後斬草除根。而崇禎的女眷們，因為不可能被人擁立，所以倒真是受到了清政府的「優待」。清朝撥給公主很高的生活費用，命周奎善待公主，作為宣傳清朝「恩仁」和統戰反清勢力的工具。國已破，家已亡，身又殘，長平公主早無活下去的意趣，時時說：「父皇賜我死，何敢偷生？」無奈身為弱女子，除了聽任命運擺布，又有什麼辦法？唯日日以淚洗面，靠誦讀佛經來平衡自己的內心，心中還燃燒著的唯一希望，是自己的兩個兄弟能逃到南方，有朝一日光復大明。這就是吳偉業所說的「死早隨諸妹，生猶望二王。」

令所有人都沒想到的是，順治二年（一六四五年）崇禎皇帝的太子朱慈烺出現在周奎府門口，最後卻被迅速處斬。這一事件帶給十六歲的長平公主極大的刺激。她萬念俱灰，實在承受不了人生之悲苦，絕望之餘，上書朝廷，請求出家：「九死臣妾，跼蹐高天，願髡緇空王，稍申罔極。」

朝廷毫不猶豫地回絕了她的請求：他們還要用公主這塊金字招牌進行統戰工作，他們要千方百計地「施恩」於公主，並且大張旗鼓地宣傳，讓天下人都知道。因此，朝廷四處查訪駙馬周世顯，找到之後，撥出鉅款，給他們舉行了華麗的婚禮，其規格等同於清室公主，「土田邸第，金錢牛車，賜予有加，稱備物焉。」那些投降了清朝的大臣立刻上表，頌揚朝廷的「深仁厚德」。

命運就是這樣弄人。兩年前，公主日夜夢想著這場幸福的婚禮，卻被世事變故阻攔。兩年後，婚禮雖然仍然盛大，然而除了屈辱和痛苦，她還能感受到什麼？大清王朝這樣深厚的「恩仁」，她實在無力承受。結婚幾個月後，清軍攻陷了南京，滅了弘光的小朝廷，被俘到北京的南明皇帝和王公都在順治三年（一六四六年）五月被同時處死，使公主受到最後一次精神打擊。順治三年（一六四六年）八月十八日，還不滿十八歲的她帶著沉重的傷痛猝然病逝，這時她才剛剛結婚一年，死時尚有五個月的身孕。

直到此時，清廷還不放過統戰機會，為她舉行了一場盛大的葬禮，厚葬於廣寧門外。

八

清軍入關之初，多爾袞就一直密切關注著一個人的下落：崇禎太子朱慈烺。因為崇禎皇帝既死，太子是殘明勢力最名正言順的旗幟，有著巨大的號召力。

明朝滅亡這一年，十六歲的太子逃出宮中，為農民軍俘獲，李自成封他為宋王。後來李自成敗走，帶他出城南下，遂不知所終。

多爾袞深知，崇禎的皇子或者其他男性至親，都有可能為反清勢力所擁立，儘早把他們掌握到自己手中，方為上策。為了招撫這些人，多爾袞制定了高明的統戰策略，進入北京之次日，他即發布命令：

「至朱姓各王歸順者，亦不奪其王爵，仍加恩養。」

多爾袞的統戰策略十分成功，不久之後，大魚果然上鉤了：崇禎太子出現在了京城。

原來，李自成敗亡之後，崇禎太子從亂軍中逃出。他沒有去投奔南明，反而一路乞討返回北京，投奔了外祖父周奎家。自幼生養深宮，不識世事的太子，一遇困境，本能地想到投奔熟悉的親人。另外，清朝的「招撫政策」對他也很有吸引力，太子天真地認為，在李自成麾下他被封為宋王，料清人對他不會比李自成更差。

太子的出現，在周奎府引起了巨大震動。「（長平）公主與太子抱頭而哭，哭罷，奎飯之，舉家行君臣禮。」周奎的第一反應是驚喜，然而，鎮定下來之後，他馬上發現自己面臨了一個極大的麻煩：周奎在明末政治高層生存多年，深知清朝絕不會容許擁有巨大政治號召力的故明太子活下去。他面臨著兩種選擇：一種是暗暗把太子收留下來；另一種是向清朝彙報太子的出現，將太子交給清人。

暗暗收留，風險太大，世上沒有不透風的牆，被清廷得知，他定是死罪。明朝既亡，他只能出賣自己的靈魂，思來想去，周奎最後下了決心：他寫了一封奏摺，向清廷彙報了太子的出現，請示如何處理。

得到這個消息，多爾袞又喜又憂。喜的是，頭號政治隱患終於落入手心了。憂的是，他剛剛宣布要優遇前朝，怎麼來處理這個對清朝統治具有重大威脅的太子？真的封他為王，養在身邊，那豈不是鼓勵那些反清勢力前來進攻北京嗎？腦筋一轉，計上心來。他密授周奎：指認此太子為假冒者，這樣就可以名正言順地殺掉他。對早已經出賣了靈魂的周奎來說，這當然不難做到。然而，對於廣大官民來說，太子出現，公主與太子抱頭痛哭的消息早已經不脛而走，讓他們相信周奎的說法很難。

於是多爾袞又不得不導演了一場「辨認真假」的大戲。多爾袞親自主持，命太子坐於室中，令前明官員及一些內侍前來辨認。結果，那些「聰明」之人，比如晉王朱求桂及大學士謝升、馮銓、洪承疇等，都供稱太子為假。然而也有不識好歹的內監以及曾侍衛太子的錦衣衛校尉十人等，稱太子為真。而長平公主的反應最引人注目：「復令宮主認之。宮主見太子淚下，周奎掌其頰，宮主驚走，亦言不是。」

消息傳出後，轟動京城，北京市民很激動，「正陽門各具疏請釋太子」，還有人要求讓太子與長平公主「赴部面質，滴血對認。」更有許多大臣上書，要求慎重確認，不可誤殺。這其中，有兩道最有殺傷力：一道是錢鳳覽的，他透露了周奎私下所說的隱密內容：「昨周奎言，即以真為偽，亦為國家除患，此語真情已露。」周奎以真為偽的真相於是大白；另一道是朱徽的奏摺，朱徽強調：「周奎既以太子為假，何留宿兩日乃始奏聞，見時公主抱持痛哭，豈陌路能動至情如此，奎初與之衣食，後忽加以棰楚，情事譸張，何其變幻。」這份奏摺確實邏輯縝密，難以辯駁。

這是個大出多爾袞所料的局面，由此他認識到，前明官民仍然認太子朱慈烺代表明朝正統，他們戀明之心依然不死，這些都堅定了他殺掉太子的決心。局面看似難以處理，但是對於暴力機器在手的人，一點也不難：他決定快刀斬亂麻，以免越拖越亂。

多爾袞召集大臣會議，毅然宣布，經過認真辨認，此太子確為假冒，隨後派人在獄中將十七歲的太子活活勒死。然後，為了壓下洶洶議論，他又採取強硬手段，將那些上書要求慎重確認的大臣及百姓都抓起來，堅持太子為真的錢鳳覽被絞死，另外指認太子為真的十餘人一律斬決。這一招非常奏效，整個北京城馬上就風平浪靜下來。

當然，對那些「配合工作」的「聰明人」，多爾袞也不會忘了「表示表示」。順治元年（一六四四年）十二月，他賞給「大學士馮銓、謝升、洪承疇等各黃金二十兩，白金一千兩，嵌寶金鐘盤二副，螺鈿盒二架，玉壺一執。」（《清世祖實錄》）

九

各地明皇室上層人物被誅殺淨盡，只有崇禎之子朱慈煥僥倖活了下來，並且活到了七十多歲。

朱慈煥幼時被封為永王，在長大成人的皇子中排行第三。明朝滅亡那年，他剛剛十二歲，和兩個哥哥一起被李自成軍俘獲，又一起被李自成挾裹出北京城南下。

李自成兵敗後，朱慈煥開始了亂世飄零。他乞討到了一戶王姓鄉紳家，鄉紳見他氣質特別，「細詢根由」，沒有城府的朱慈煥透露了自己的身分。王鄉紳是故明官員，見皇子淪落到如此地步，不禁「執手悲泣」，冒著風險收留了他，給他改名王士元，與自己的兒子一起讀書。

五年之後，王鄉紳病故，王家不願意繼續收留他，他只好流浪到江南當了和尚。後來浙江餘姚一位胡鄉紳到廟裡遊玩，見二十出頭的朱慈煥容貌清秀，氣質不俗，又滿腹詩書，十分健談（幾十年後，蓬萊人李力遠遇到朱慈煥，稱其「豐標秀整，議論風生……學淵博，且工手談，精音律」，可見朱是一個非常有才華的人）。胡鄉紳極為欣賞，勸他還俗，還把自己的女兒嫁給了他，於是朱慈煥落戶浙江，也算是成家立業了。

結婚後，朱慈煥以教書為業。岳父去世後，隨著生兒育女，家累日重，他不得不四處尋找教席，還經常向一些地方紳士敲竹槓，勉強維持生活。他一生小心翼翼，安分守法，哪裡風聲緊，他就趕緊帶著一大家逃亡，幾十年間流動於大江南北，歷盡艱辛。雖然一輩子受盡委屈勞累，不過畢竟活過了古稀之年，生了三個兒子、兩個女兒，又有了孫子，也總算兒孫滿堂。特別是到了晚年，趕上康熙盛世，政治局面日益安定。

康熙為了爭取民心，六次拜謁明皇陵，行三跪九叩之禮。特別是康熙三十八年（一六九九年），皇帝拜了明孝陵後，還向大臣表示要查訪一個明皇室後裔，來管理明孝陵：

朕意欲訪察明代後裔，授以職銜，俾其世守祀事。古者夏殷之後，周封之於杞宋……爾等與九卿會議俱奏。

朱慈煥雖然不敢出頭去接受康熙皇帝的這個好意，但是皇帝對故明的態度如此「親善」，讓他認為自己這輩子可以善終了。

不料，在康熙四十七年（一七〇八年），大禍發生。這一年四月，他正和東家在書房下棋，突然闖入一隊官兵，將他鎖拿。

回憶起來，事發的根由是自己幾年前的一次口風不嚴。按理說，環境如此險惡，朱慈煥應該守口如瓶才對。但是，人總是有傾訴的欲望，特別是一個前朝皇子，如今卻落為到處敲竹槓討飯吃的可憐教書先生，如此巨大的身分落差，讓他心裡難免產生巨大的不平衡感。到了晚年，朱慈煥終於覺得自己可以鬆一口氣了，所以有一次酒後，向一位交往很久的老友透露了一點自己的「祕密」。結果，世上沒有不透風的牆，這個爆炸性的消息很快就傳了出去。浙江東部有一位志在反清復明的念一和尚聽說這個消息，就在康熙四十五年（一七〇六年）打起了朱慈煥的旗號，在大嵐山起事。朱慈煥聞訊大驚，立刻帶著一個兒子由浙江逃到山東，沒想到兩年之後還是被抓了。在抓他之前，官員曾到他餘姚的家中搜查。他家中的「一妻二子三女一媳」聞聽官兵來捕，氣勢洶洶，知道大事不好，除了一個兒子外，其他六個人「皆投繯，六命俱盡」。

審訊結果證明他是清白的。雖然念一和尚打著他的旗號，但其實從來沒有直接聯繫上他。官員們當庭讓念一和尚來與朱慈煥對質，「及提先生對質，又云不相識」，證明兩個人根本不認識。

朱慈煥為自己的辯護也是極為有力的。他說：「吾數十年來改易姓名，冀避禍耳……吾今年七十五歲，血氣已衰，鬚髮皆白，乃不反於三晉變亂之時，而反於清寧無事之日乎？且所謂謀反者，必占據城池，積草屯糧，招軍買馬，打造盔甲，吾曾有一於此乎？」

審問官員也覺得朱慈煥所供有理，將審問結果上報給康熙。幾年前皇帝還說過要訪查一位明朝後代來當官，這個朱慈煥看起來是最佳人選，所以官員對他很禮貌，給他好吃好喝，就等著皇帝決定如何處理。

不料，事實證明，康熙皇帝所說的「查訪明朝後裔」，其實是葉公好龍。如今，真的「朱三太子」落網，他大喜過望。雖然康熙一生都以「寬大仁慈」聞名，對手又是一個七十五歲手無寸鐵的可憐老人，他卻絕不放過。皇帝發下諭旨：「朱三即王士元，著凌遲處死。伊子……俱著立斬。」

逃亡一生鬚髮皆白的朱慈煥，被押上了刑場，眼看著兩個兒子被斬首後，自己又被一刀刀凌遲。至此，崇禎的子孫被徹底消滅，真正是白茫茫一片，真乾淨。

十

很少有人知道，朱元璋的一個後代在清代被封為「延恩侯」，並且一直世襲到清朝滅亡。

清朝入關之初，在如何對待明朝皇室這一敏感問題上表現得十分聰明。李自成軍曾將崇禎帝后暴屍三日，引起北京士民極大的反感。反觀清軍一入北京，多爾袞立刻為崇禎帝后隆重發喪，諭令「官民人等為崇禎帝服喪三日，以展輿情。」令百姓大為感動，紛紛稱頌多爾袞「仁慈」，對爭取北方人心起到了很大的作用。

為亡國之主舉行盛大葬禮，已屬曠世之盛典。康熙皇帝又前後六次趨謁明太祖陵，並且行三跪九叩大禮，把在場的南京數萬父老感動得流淚不止，江南的民心因此得到安撫。

面子工程做得如此漂亮，但是內裡，清王朝對朱元璋的子孫卻滴水不漏。為了防止人們擁戴朱氏後人造反，從清朝入關到康熙晚年，清政權把分散各地、數百名前明宗室藩王的後代誅戮殆盡，寧可錯殺千人，也絕不放過一個！

到了雍正年間，天下已經徹底太平，朱元璋子孫的存在已經不構成什麼威脅，雍正皇帝又想起「受命之君」應該「禮遇」前朝子孫，這樣才能顯示「興滅繼絕」之盛意。所以他命人在天下尋訪一個「合格」的朱氏後代，封以高官，來顯示清王朝的寬宏大量。經過幾年尋找，禮部發現了一個合格人選，直隸正定知府朱之璉。朱之璉的祖父被清軍俘虜，編入漢軍，至他已經做了三代旗人，因為一直對大清恭順忠誠，沒有二心，所以前些年沒有被殺掉。雍正大喜，遂封朱之璉為「一等延恩侯」，世襲罔替，負責祭祀明朝皇陵。天下臣民皆認為此舉超越前朝，有「上古遺風」，紛紛稱讚聖朝之殊仁盛德。

從朱之璉開始，直到最後一個延恩侯，總共傳了十二代。這個侯爵與其他貴族不同，他們沒有根基，沒有勢力，專靠朝廷賜給的幾十頃祭田過活。為了防止人們借朱氏的名頭對清朝統治構成任何威脅，政府對他們的生活嚴格控制，除了春秋兩季去祭掃十三陵外，不許進行任何其他的社會活動。所以這個延恩侯實際上是大清王朝的擺設，純粹是社會生活圈子之外的人物，過了幾代之後，整個大清社會幾乎都忘了他們的存在。

雖然是朱元璋的後代，延恩侯們對保護祖陵並沒有什麼熱情，因為所有的生活來源都是花剩下的祭祀經費，所以歷代侯爺們總是本著少花錢多辦事的原則，祭掃活動進行得非常潦草不堪。一九〇七年，著名的教育家張相文遊十三陵，發現陵園十分殘破，無人管理，樵夫告訴他，說有一個延恩侯負責祭掃，但這個人很不負責任，「草草將事，若兒戲然，疑非朱氏血胤也。」

清朝滅亡之後，最後一個延恩侯朱煜勳仍然靠著從溥儀小朝廷領取的微薄津貼過活。張相文有一次在查閱北京市戶口資料時，意外發現了延恩侯的住址，曾於一九一九年和兩位好友專門慕名去拜訪他。他在《南園叢稿》的〈記朱侯〉中曾回憶這次拜訪的經過：

他們來到東直門北小街羊管胡同延恩侯的「宅邸」，發現這其實就是普通民居，沒有任何侯府氣派，「邸無門額，類尋常百姓」，可見清政府對這個「侯爺」的重視程度。進了他家門，發現一家上下盡是旗人裝束。書房桌子上擺著的幾本書，「皆市井所傳《玉匣記》、《七俠五義》等也」，顯示著這位侯爺的文化水準和精神追求。

這位侯爺「年可三十餘，狀貌粗肥，面帶酒肉氣」，長得和朱元璋一點也不像。見禮寒暄之後，侯爺以為他們是民國政府派來的官員，立刻和他們探討能不能把十三陵土地出租，讓政府開闢成公園，他好用這個錢養家致富。三人一聽，覺得這個人粗俗不堪，沒什麼共同語言，遂告辭而出。從這則記載來看，延恩侯的生活遠談不上養尊處優，僅能保持在小康市民的水準。

延恩侯最後一次出現在歷史上，是在一九二四年。原來溥儀的英國老師莊士敦偶然在故紙堆中發現清代還有過這樣的一個侯爵，遂起了好奇心，建議溥儀召見一次，看看這個朱元璋的子孫長得什麼樣。一九二四年九月七日，大明王朝的最後子孫與大清王朝的最後繼承人在紫禁城見面了。這一年延恩侯已經四十多歲了，莊士敦記載他圓臉膛，身材魁梧，看上去憨厚老實，但顯然文化水準不高。因為溥儀小朝廷津貼發放不及時，延恩侯已經徹底失掉「侯爺」的架子了。侯爺告訴莊士敦，他有兩個小兒子，一個九歲，一個四歲，現在生活十分困窘，甚至連官服也早就賣了。他說：「我外面穿戴的這套冠服，是為這次謁見特地借來的。」他掀起長袍讓莊士敦看他裡面的破爛衣服，說「我這套衣服今晚就得還給人家。」幾日後莊士敦派僕人給延恩侯送了些禮物，僕人回來彙報，說延恩侯家確實已經非常窮困，幾間房子已經東倒西歪了。

在這次召見之後不久，溥儀就被趕出了故宮，惶惶逃往天津，「陷入隱姓埋名和貧困潦倒的境地」，無力再顧及這個大清王朝的舊擺設，最後一個延恩侯也就從此在歷史上消失，不知所終了。

第五章

永曆

生為獵物

回首一生，永曆更像是上天窮極無聊的一個惡作劇。即使他傾盡一生之力去搏濤擊浪，還是不能逆流半步，最終只能被帶向不情願的終點。

逃難

一

天啟三年（一六二三年）十月十九日，朱由榔在北京桂王府裡出生，掌事房太監為他開列的衣被清單如下：

春綢小襖二十七件、白紡絲小衫四件、白紡絲小帶四條、錦絲紅兜肚四個、潞綢小被十八床、高麗布褥十床、藍扣布褥一床、藍高麗布擋頭長褥一床、白高麗布挖單三十三個、白漂布挖單三塊、藍素緞擋頭兩塊、石青素緞挖單一塊、紅青紗挖單一塊、藍扣布挖單十塊、白漂布小挖單二十六塊……

無論如何，為一個新生兒準備這麼多衣服被褥都大大超出了實際需要，這一切都是因為除了毫無必要的浪費，明代的中國人實在沒有更好的辦法來證明新生兒的地位高貴。怎麼樣來說明他血脈的不凡呢？三年前去世的神宗皇帝是他的親祖父，當今皇帝天啟和不久後繼任的皇帝崇禎都是他的親叔伯哥哥。天潢貴胄，支脈顯赫，在朱明家族的血統樹上，這是為數不多、高居樹端的幾顆最高貴果實之一。為了迎接這個小王子的出生，桂王府裡已經忙亂了幾個月了，這種用物質來把「幸福」具體化的做法，正是朱元璋的「祖制」。

二

朱由榔的性格有點像女孩。桂王性格淡泊，凡事都是由性格強硬的王妃主持，所以朱由榔的一生都是被王妃安排好了的。一生下來，他就被安排由十幾個保姆和太監侍候，從小到大在眾星捧月中被呵護著長大，從來沒有像別的孩子一樣舞過槍弄過棒，一根寒毛也沒有被碰過，在溫室雨露的滋養下，養成了朱由榔的女孩氣質，說話和聲細語。八歲那年，他被安排開蒙讀了書，王妃屢次三番派人傳諭老師，不可太嚴格了，恐累著或者嚇著孩子，反正也用不著去考進士，所以讀了十幾年書，朱由榔一本四書五經也背不下來。不過比起別的王公子弟來，他已經太「出類拔萃」了。是啊，明代王族子弟，肯讀書識字的極少，他們的正務是縱酒聽戲、橫搶民女，不像朱由榔在王妃的嚴厲管教下，大門不出，二門不邁，飼養金魚是他最大的愛好。

十歲那年，他按慣例被封為郡王，號永明王，這是帝國內僅次於親王的第二等爵位。十八歲那年，他被安排與大家閨秀王氏成婚，雖然已經是成年人了，可是他的一切衣食起居仍然都由母親安排。他被安排每天起來到各處請安，被安排按早晚每天換三套衣服，坐享每頓飯二十四道菜、每月二百兩銀子零花錢的「幸福」。

上天還給了他十分英俊的外表。他長相俊美，文質彬彬，性格穩重柔和，舉止玉樹臨風。在母親的教導下，他待人接物，十分禮貌，大家都知道桂王有一個知書識禮、玉質溫粹、聰明特達的好兒子。人們見了桂王，總要說上一句：王爺你好福氣啊！

然而，這樣的生活到底叫不叫做幸福，朱由榔不知道，正如你問他愛不愛自己的妃子，他沒有答案一樣，因為他沒有過別的選擇。他只知道，上天安排給他的任務就是享用盡可能多的醇酒婦人，生盡可能多的孩子，正像大明二百年間的所有皇族一樣。確實，如果歷史之流不起波瀾，他的一生都將像賈寶玉嚮往的富貴閒人那樣平安度過。然而，很不幸，他的生命中注定要遇到這場天地大變局。

三

崇禎三年（一六三〇年），也就是朱由榔開始啟蒙讀書的八歲那年起，他就經常聽家裡大人提起兩個字：流賊。從大人們臉上的表情，他知道這一定是一種非常恐怖的東西。

崇禎十四年（一六四一年）起，「流賊」勢力忽然井噴，縱橫天下，如入無人之境，各地皇族都遭到屠戮。在眾多消息中，最讓桂王府驚恐的是這樣一個消息：崇禎十四年（一六四一年）正月，李自成攻克洛陽，桂王的同胞哥哥福王朱常洵被抓獲。李自成殺掉福王，命人剔去毛髮，拔掉指甲，又殺掉幾隻鹿，放在一起燉了幾大鍋，擺酒開宴，名叫「福祿酒會」……消息傳來，桂王與其寡母趙太妃當即病倒，趙太妃於兩個月後去世，桂王則從此落下一個病根：凡聽到「賊」、「寇」、「李自成」、「張獻忠」等相關字眼，就會渾身出汗、神志不清。

四

按理說，桂王一家算不上「罪大惡極」、「民憤極大」的一類，從就藩到湖南開始，湖南地方官民就覺得這一家王爺很好打交道。事實上，桂王朱常瀛是出了名「老實」的王爺，生來老實內向，自小膽小怕事。萬曆朝轟轟烈烈的皇儲之爭沒他什麼事，東林黨人和鄭貴妃數十年的政治鬥爭反倒嚇壞了他。他在宮中一貫遵章守法，就藩之後，也規規矩矩、老老實實地吃朝廷俸祿，從來沒像別的藩王那樣不安分、琢磨著要什麼特權，搞什麼第三產業。他從不和地方官來往，更沒有什麼欺壓百姓的劣跡，所以在天下親王之中，「獨以安靖聞」。崇禎十一年（一六三八年），皇帝命官員考察各地藩王遵章守紀的情況，考察大臣「俱以王賢報命」，桂王的賢名也因此遠近聞名，被樹立成各地藩王學習的榜樣。然而，這種「賢名」並不能保證他在玉石俱焚中的安全，農民軍沒有判斷王爺賢或者不賢的興趣。

崇禎十五年（一六四二年）底，即朱由榔結婚後的第二年，張獻忠部進入湖南。桂王府中的每個人都在空氣中嗅到了死亡的味道，何去何從，成了桂王全府上下思考的焦點。眼看國土一塊塊殘破，湖南全省的陷落似乎也是不久的事了。按理說，趁早遠避他省是最明智的選擇，然而，桂王性格中最大的特點是「拖延不決」，缺乏決斷能力。親王搬家可不是件小事，這數千人要走，要事先聯繫好投奔地，要與地方官打招呼，要勘探行程，要準備車馬飲食……總之，千頭萬緒，一想起來就頭大。桂王平日不理家事，最厭俗務，一切日常起居都聽由正妃王氏安排，所以當管家把這些情況向他稟明，他卻一再表示再等等、再看看。在他看來，衡陽畢竟地處偏遠，也許張獻忠沒興趣到這裡來轉一圈。

因此，當張獻忠在崇禎十六年（一六四三年）突襲衡陽時，桂王府居然一無所備。倉促之中，二十一歲的朱由榔跟著父親和三哥朱由楥縋城而下，在農民軍的間隙中僥倖逃生。然而未來的王位繼承人桂王世子以及二王子均在逃亡路上被張獻忠軍擒獲，折磨數日後剜心而死。五王子、六王子也在亂軍之中失蹤，從此再無消息。至於桂王府的龐大家財，自然在搶劫之後又被付之一炬。

逃出城外後，朱由榔和父親及三哥朱由楥化裝成老百姓，這一段逃難生活成了朱由榔人生記憶中最不堪回首的片段。從湖南到廣西的路上，他們在滿是雞屎味的運活雞貨船艙裡藏了七天七夜，從來沒有走出過王府之外的朱由榔從來沒想到人世間還會有這樣的生活。等到從船裡出來，王爺們的鼻孔裡已經滿是雞絨，神志恍惚，分不清東南西北。

剛剛下船，他們又遇到了一股大西軍的追兵。三位王爺在幾名家丁的護衛下拚命奔逃，慌亂之中，朱由榔沒跟上父兄，被追兵擒獲。當那些黑臉的農民軍出現在他面前的那一刻，朱由榔的後背升起一股涼氣，褲子不爭氣地溼了一片。農民軍把他關進囚車，準備送回衡陽張獻忠處請賞。一路上他在農民軍的打罵下半清醒半昏迷地等待死神隨時降臨，幸好吉人天相，三天後官軍趕來，把他劫了出來。

崇禎十七年（一六四四年）三月，經過了七個月的流亡生活後，朱由榔在桂林又一次見到了父母親和三兄。大難不死的幾位親人抱頭痛哭，加上帶出來的眷屬，原本數千人的桂王府此時只剩下不到十口人。

繼位

一

王爺畢竟是王爺，雖然狼狽如喪家之犬，一到了朝廷地面，就立刻恢復了桂王的威嚴。廣西巡撫瞿式耜以跪拜之禮迎之，在廣西梧州興建新王府，劃全梧州財政收入供桂王一家之用。倖存嬪妃、僚屬、宮眷、奴僕陸續從湖南逃來聚集於此，很快的，上下一千多口人的桂王府又開始運轉起來，但桂王的精神再也沒恢復。七子喪其五，妃子也死了十之七八，桂王一到廣西就病倒了。

搬到新王府一個月後，一陣急促的馬蹄聲打破了王府的平靜。八名太監闖進大門，氣喘吁吁地奔到桂王病榻前，送來了兩道詔書。

原來，就在一個多月前，北京已經被李自成軍攻占，崇禎皇帝斬殺了皇后、妃子、女兒之後自盡，三位皇子失蹤。如今江淮以北，已經盡為「流賊」所有。因為江南無主，所以福王世子，也就是桂王的親侄子朱由崧在南京繼了位，改元「弘光」……

聽到這個消息，桂王當即癱倒在地上，「伏地大慟」，號啕大哭起來。他不光是哭侄子「罹難之慘」，更是哭祖宗的江山，哭自己一家的命運。看來，重獲太平的希望已經破滅，再回湖南遙遙無期，等著自己這個家族的，不知道是什麼樣難測的未來……哭了一會兒，桂王昏了過去，大夫急忙搶救，「絕而復甦，遂至不起」，幾天之後，就去世了。

二

喪事之後，三哥朱由楥繼承了桂王的爵位，出頭露面的事由哥哥主持，至於家中大政方針，仍然由王太妃決定。朱由榔依然是一個富貴閒人，他漸漸適應了廣西的氣候，喜歡上了廣西的亞熱帶風光。他在新王府裡過得很舒服，每天讀讀小說，聽聽小曲兒，伺弄伺弄自己養的金魚。愜意生活中，只有一樁擺脫不掉的痛苦：那就是那段驚險萬狀的經歷無數次地出現在他的夢裡，經常折磨著他。

以前從來不關心國家大事的他，現在也注意起外面傳來的各種消息。每天晚上，他都和三哥一起聽太監們像講評書一樣講述外面的各種新聞：李自成占據北京沒幾天，又被滿洲人趕了出來。在大江南北，現在是大清、南明、農民起義軍你爭我鬥。小福王改號「弘光」，享受「九五之尊」僅僅一年出頭，就因清兵南下，成了俘虜。福建一個皇族被擁立為皇帝，又改元為「隆武」，在浙江另一個皇族不知道信兒，又自稱監國，弄成一國兩主的尷尬局面……簡直是你方唱罷我登場，歷史這場大戲演得亂糟糟。

聽著如此驚心動魄的消息，朱由榔兄弟卻感到一種坐山觀虎鬥的輕鬆。他們一再慶幸逃難時明智地選擇了貧瘠落後的廣西，這裡最偏遠、最交通不便，因此也最安全、最遠離是非。

崇禎皇帝去世，皇子失蹤後，天下血統最高貴的，當數萬曆的四個兒子，即老桂王及其三個同胞兄弟，也就是福、瑞、惠、桂四藩王的後代了。這其中，老福王已經被李自成殺了吃掉。瑞王原封陝西，李自成入陝後他逃往重慶，這個逃亡地選擇得不是那麼明智，次年張獻忠攻克重慶，瑞王全家被殺。惠王則逃往南京附近，投靠新皇帝，這一選擇也被證明是錯誤的，在弘光被俘後他也跟著降清，後來和弘光一起被清人處死。所以到這個時候，萬曆皇帝的幾百名直系後代中，只剩下朱由榔兄弟二人了。

雖然桂王一系因為血緣關係最應該繼承大統，雖然廣西的地方官都憤憤不平於南明政權擁立皇帝時以「聯絡不便」，而將桂王一系排除在選擇之外，他們兄弟卻皆為遠離皇位鬥爭而感到慶幸。他們一家人都對政治不感興趣，聽著太監們把高層政治鬥爭說得如此繪聲繪色，他們兄弟就像聽著完全事不關己的小說一般。

三

世上沒有真正的世外桃源，富貴閒人的生活中也難免有各種意外。朱由榔從來沒有想到，「親王」這頂顯赫的王冠居然會落到自己頭上。隆武元年（一六四五年）八月，繼承桂王爵位不到兩年的三哥，在一場暴病中突然死去，朱由榔出乎意料地成了這個龐大王府的主人。在別人看來，這是絕大的幸運，在朱由榔看來，卻是天大的痛苦。當哥哥的喪禮需要由他主持，府中的大小事務需要由他決定時，他簡直覺得自己掉進了地獄：每天早上一睜眼，已經有好幾個管事的等在門口請示事情。白天需要與客人們寒暄交談，送走了他們，還要看管賬的那天書一樣難看懂的帳冊……他恨不得馬上把這頂王冠送人。

所以，在哥哥的喪事告一段落之後，他又把當家的權力讓給王太妃，自己能清閒一天是一天。桂王府好不容易恢復了往日的平靜，朱由榔正忙於培育一個金魚新品種，然而，一個天大的意外又一次降臨王府：隆武皇帝的統治也沒能延續多長時間，清軍南下福建，隆武被誅。南明的疆域集中到了西南一角。現在，朱由榔眾望所歸，幾乎成為皇帝的唯一人選。大臣們從四面八方趕到廣西，請求朱由榔登臨大寶，繼皇明之血脈，圖天下之中興。

朱由榔被這突如其來的形勢弄昏了，他的第一反應就是堅決拒絕。數數最近這幾個皇帝的命運吧：崇禎當了皇帝，自殺了；弘光當了皇帝，被俘了；隆武當了皇帝，也被擒獲了。在這個亂世，他隱姓埋名還來不及，怎麼能坐到風口浪尖，去當那招風的大樹？

一開始，大臣們以為他是故作謙虛，所以仍然一遍遍前來勸進，不屈不撓。朱由榔沒見過這陣勢，一時慌了手腳，躲在書房裡不肯見大臣，還得由太妃出來解圍。太妃是個女強人，說話明白直接：「兒非治世才，何苦以一朝虛號，塗炭生民！」、「諸君何患無君，吾兒仁柔，非撥亂才也，願更擇可者。」

太妃說得沒錯。其實用今人的眼光看來，朱由榔完全不適合當皇帝，從小生長於婦人之手的他，是個十足的繡花枕頭。由於從小生活在溫室中，他不但嚴重缺乏政治常識，甚至連日常人情世故都有隔膜之處。從教育上來說，他也不算成功，雖然比起那些胡作非為的王公子弟來，朱由榔算得上知書識禮，但其實讀了十幾年書，現在的水準也就只能讀讀詩詞小說，怎麼能當起天下重任？

然而，在大臣們看來，朱由榔是一個完美得幾乎無可挑剔的皇位繼承人。

第一，他血統最純，身分最貴。事實上，崇禎皇帝自殺後，桂王就因為既親又賢，被認為是最適合的皇位繼承人，只是因為地處偏遠，才讓與朱由榔血緣距離相等、卻聲名不佳的小福王朱由崧繼了位。朱由崧被俘後，如果不是事出緊急，無論如何也輪不到隆武皇帝朱聿鍵登基，因為此人與皇室中心的距離太遠，他是朱元璋第二十二子朱楹的八代孫，可以說是在世藩王中血統最疏的一個。隆武繼位後，南明朝廷上一直存在著反對之聲，不少反對者呼籲應該到廣西迎接小桂王取代隆武，只是由於距離過遠無法實行。如今，南明的疆域集中在了西南一隅，地處廣西的桂王，終於成為不二之選了。

第二，除了極為高貴的血統外，上天還給了朱由榔天生的「帝王之表」。朱家本來就出美男子，二十四歲這年，朱由榔身高一七八公分，身材挺拔，外表十分英俊。他秀眉高鼻，雙目炯炯，一舉一動，安詳舒緩，氣象十分高貴。更讓人驚奇的是，他長得與祖父萬曆皇帝頗有幾分神似，「王體龍顏酷似神祖」，乃天生的帝王之相。

第三，在大臣們看來，朱由榔的個人品質也完美無瑕。明代天潢貴胄中大部分是驕奢淫逸之輩，胡作非為，四處滋事。只有桂王一系的賢名舉國皆知，而朱由榔「厚重謹然」、「絕無聲色珍禽嗜好，不飲酒，不置妃嬪，事太妃極孝」，更是聞名已久。

四

朱由榔和太妃越拒絕，大臣們擁立的決心越堅決。他們認為，朱由榔對皇位如此淡泊，恰恰表明了他的品質遠非其他皇族所及。

至於太妃說朱由榔沒有政治能力，他們更不同意。他們說，道德是君王之本。至於才幹、能力、知識，這些都是細枝末節之事。德是本，才是末，帝王最重要的職責是做天下道德的表率，所謂一人正而天下無不正也。主張擁立朱由榔最賣力的廣西巡撫瞿式耜更認為，朱由榔沒有政治經驗，是一個非常大的優點。他心中暗暗認為，正是這樣，更方便他們這樣的「正臣」掌握朝綱，決策國家大事。

所以瞿式耜率領群臣，一遍遍堅決勸進，反覆勸進無果後，又拜訪桂王府和朱由榔促膝長談。他好不容易弄明白朱由榔不肯當皇帝是怕樹大招風，於是就從這裡入手加強說服工作。他說：表面上看，皇帝這個職位很危險，實際上卻最為安全。因為從根本上說，所有的朱姓子孫現在都是清王朝的獵物，滿洲人為了鞏固江山，必須把所有近支王公斬盡殺絕。而以您血統之高貴，現在早已是滿洲人的第一號獵物，即使不做皇帝，人家也不會放過您，但只要做了皇帝，半壁江山都在您的掌握之下，我們這些大臣不死，您就死不了。再說，現在天下大勢還混沌不清，湖南、廣東、廣西、雲南、貴州、四川等領土上還有數十萬抗清大軍，如果經營得法，大有希望把清人打回江北、趕回關外。總之，不管您當不當皇帝，國家的命運和您的命運是緊緊連在一起的，如今只有登上皇位，才是王爺您切身利益之所在，只有光復大明，您的安全才能得到真正的保障。

一語驚醒夢中人。朱由榔把瞿式耜的話向太妃一轉述，太妃很快就明白了自己是婦人之見，瞿先生的話確實是真理。太妃隨即發布命令：王爺已經同意大家的請求，門口跪著的大臣們起來吧！一聲令下，整個梧州歡聲雷動，南明各地喜氣洋洋，他們終於有了最名正言順的主人，整個抗清大業終於有了主心骨。

五

按當時的政治慣例，藩王要當皇帝，第一步是宣布監國。廣西地處偏僻，不宜立都。大臣們於是用最豪華的車駕，把朱由榔一家接到風景秀麗的廣東肇慶，在這裡把衙署改建成金碧輝煌的皇宮，於十月十四日舉行了監國大典。朱由榔高坐寶座之上，接受幾千名大臣的三跪九叩之禮。

在監國大典上，朱由榔標準的帝王外表，給全體官員留下了極為深刻的印象。他按照前朝老太監的指點，一舉一動都端凝有度，不怒自威。平時從來不敢當眾講話的他，那一天居然當著上千名大臣的面，把瞿先生事先給他準備好的講稿講得流利洪亮、慷慨激昂，感動了所有人。史書記載當時的場面是「百官拜謝感泣，各圖自奮，頗有中興氣象。」

以前雖然貴為親王，但朱由榔從來沒有掌握和運用過權力，所以他受到的尊敬都是表面上的，連家中的僕人對他都沒有畏懼心理。在監國大典上，朱由榔才頭一次明白了為什麼那麼多人拚了性命要爭當皇帝，他頭一次嘗到了天上地下唯我獨尊的滋味：所有的人都在他面前匍匐顫慄，他們的生死榮辱都在他一人的掌握之下。他突然間覺得自己的軀體如同《西遊記》中的孫悟空一樣，瞬間高大了許多倍，身體裡的能量瞬間也增長了許多倍。

大臣們說他「龍姿日表，真堯舜之質也」，說他「天縱聖明，文武全才」，說他「英明特達，才學過人」。說得多了，他的自我感覺也發生了變化。生平第一次，他有了價值感，有了自信，有了工作的熱情。他召來瞿式耜，和他徹夜商討人事安排，策畫軍國大事。他下定決心，要好好學習，努力工作。他聽從瞿式耜的建議，汲取前代濫用特務以及廣選秀女以致不得人心的教訓，宣布「不設東廠，不選宮人」，人們聞聽，歡呼雀躍，稱此「為始政之最美。」大臣覺得他們終於選對了人了，朱由榔也心情激越，決心不辜負大家的期望，做一個帶領南明走出困境的偉大皇帝。

然而，他的工作熱情消退得很快。監國大典舉行後的第六天，朱由榔正在吃晚飯的時候，傳事官突然來報：清軍連下福建漳州和江西贛州，已經到達廣東邊境。手裡的筷子掉到了桌上，朱由榔的大腦中馬上跳出兩個字：逃跑！

聽說監國下令舉國西逃，瞿式耜等大臣都有點摸不著頭腦，他們懷疑自己聽錯了：現在清軍尚在江西，離廣東尚遠，下一步是不是進攻廣東還屬未定。即使進攻廣東，南明西南軍隊還是很有實力，有把握禦敵於國門之外。如果主動逃跑，豈不是把廣東拱手讓給清軍嗎？西南一共只有五省，失一省少一省啊！

由於這個決定實在荒唐，大臣們以為監國只是情急之下隨口一說，都沒當真。沒想到，第二天監國即召集以首席大學士瞿式耜為首的所有高級大臣，要他們立刻安排逃往廣西的路線。一聽監國是認真的，大臣們著急了，他們反覆給監國分析局勢，說明為時尚早，不急著逃走，當務之急是安排廣東防務，此外，南明之所以要立皇帝，最重要目的就是在關鍵時刻凝聚人心，穩定局勢，如果這個時候逃走，肯定「全國」人心動搖，後果不堪設想。

朱由榔一聲不吭，他在理智上明白這些大臣說得有道理，可是他的情感卻不受大腦支配。雖然理智告訴他清軍尚遠，但是恐懼感卻一分鐘不停地在他頭頂盤旋，讓他頭昏腦脹。老桂王當初在衡陽遲遲不走的教訓，在他頭腦中烙下了無法改變的反射反應：遇到危險，逃得越快越好！天下事不怕一萬，就怕萬一，如果清軍突襲而來，他可不想再次經歷落到敵人手裡的滋味。

在大臣進言的時候，朱由榔沒有言語。然而，一夜之後，朱由榔還是再一次召集群臣，命太監宣讀自己起草的下令西逃詔書，大臣們百般勸喻，他絲毫不為所動，當了七天監國，他已經明白了一個道理：他是一國之主，擁有最後的決定權，所有決定，不管是多麼錯誤，只要他鐵了心，最後也能實施。這是專制政體的最大特點。

瞿式耜等人不屈不撓地百般勸諫，只是把西逃又推遲一天而已。監國大典舉行後不到十天，一次舉國大遷移開始了。所有大臣都跟在朱由榔身後，在重兵保衛下，日夜兼程。平日嬌生慣養的朱由榔此時表現出驚人的吃苦耐勞精神，日夜奔波。不數日，他就到達了廣西梧州，又回到了自己熟悉的桂王府。

六

回到王府後，朱由榔的心才安定下來，有暇關心局勢，思考問題。他派出探子去打聽清軍的動向，打聽了數日，沒聽到清軍進入廣東的消息，卻聽到另一個更加驚人的消息：廣州又出了一個新皇帝！

原來，朱由榔不顧廣東人死活倉皇逃走，令廣東軍民大失所望。正好在這個時候，隆武帝的弟弟朱聿鐭坐船從福建逃到廣州。留在廣東的原南明官員蘇觀生突發奇想，何不趁廣東士人氣憤於永曆放棄封疆之際，另起爐灶，援引兄終弟及之義，擁立敢於抵抗的隆武帝之弟為主？此計一出，許多想獲擁立之功的士人紛紛回應。

十月二十日朱由榔西逃，十二天後，也就是十一月初二，廣東官員宣布由朱聿鐭監國，改明年為紹武。半個月內，廣東出現了兩個監國。雖然許多人批評此舉使「二百里間立兩帝，自樹內梗，三百年國紀，人披其葉而我刈其根矣」，然而，紹武小朝廷卻自得其樂。

南明時代，許多稱帝者一半固然是皇族貪圖大位，另一半更是由於文官武將拚命擁立。瞿式耜後來評價那些倉促稱帝的鬧劇說：「分明戲場上捉住某為元帥，某為都督，亦一時要裝成局面，無可奈何而逼迫成事者也。」這些擁立者視天下板蕩生靈塗炭為自己獲得絕世功名的最好機會，不管未來怎麼樣，眼前先過一下宰相癮再說：「其見在朝廷者，幹濟則平常，爭官則犀銳……畢智盡能，朝營暮度，無非為一身功名之計。其意蓋謂世界不過此一刻，一刻錯過便不可復得矣！彼其胸中，何嘗想世界尚有清寧之日，中原尚有恢復之期也哉！」蘇觀生原本是擁立朱由榔的，但是朱由榔監國後，他在小朝廷中沒有弄到滿意的位置，所以才出此奇策。雖然宣布監國比朱由榔晚了半個多月，但蘇觀生決心爭一口氣，一定要使紹武比朱由榔早稱帝，所以監國僅僅三天，紹武就匆匆舉行了登基大典。

史籍如此描述紹武君臣這三天的匆忙：「且謂先發奪人，宜急即位。遂倉卒立事，治宮殿、器御、鹵簿，舉國奔走，夜中如晝。不旬日而授官數千。即位之際，假冠服於優人而不給。」由於時間太急，為了修皇宮、備龍袍、修造皇帝車駕，準備百官服裝，整個朝廷加班加點，不吃飯不睡覺，「舉國奔走，夜中如晝。」一下沒法做那麼多套官服，就徵用廣州城內所有戲班的戲服，「除官數千，冠服皆假之優伶云。」

這個消息一下子把朱由榔打昏了。他做監國剛剛做出滋味，還沒來得及享受登基大典的過程，竟突然有人上來捷足先登，一把把皇位搶走了。到這時他才不得不承認，逃回梧州確實是個錯誤的決定。

十幾天過去了，清軍確實沒有進攻廣東的跡象，自己跑進了窮鄉僻壤，倒給了別人篡位的機會。御前會議的結果，是檢討這次西逃的錯誤，當然，錯誤是由個別贊成西遷的大臣來頂，監國只是受人蒙蔽，當務之急是立刻返回廣東肇慶，正式宣布登基。權力的味道就是這樣讓人一嘗難忘，當初說什麼也不當皇帝的朱由榔現在顯示出少有的勇氣。

七

隆武二年（一六四六年）十一月十八日，朱由榔又率大隊臣民，匆匆趕回廣東肇慶，來不及端口氣，就立刻宣布即皇帝位，匆匆忙忙祭告天地、社稷、祖宗，改次年為永曆元年（一六四七年），追封老桂王為端皇帝，母親為慈聖皇太后。這樣，廣東一省之內，同時有了兩個皇帝，一個紹武，一個永曆。

天無二日，國無二主，兩個皇帝幾乎同時決定：消滅對方！一場內戰不可避免地開始了。

十一月二十九日，在登基十一天後，永曆帝派出精兵，前去討伐紹武政權，雙方激戰於廣東三水，仗打了半個多月，打得昏天黑地，雙方原本預備抵抗清人的精兵大多損於此役。特別是永曆一方因為輕敵貪進，在三山口失利，精銳全軍皆覆。

紹武皇帝十分高興。登基之後，他一方面同永曆激戰，一方面興致勃勃地擺皇帝譜，「祭天、祭地、幸學、大閱等巨典，按日舉行」，每天粉墨登場，忙得不亦樂乎。除了這些典禮，君臣們更熱衷的是封官晉爵，幾乎每天都封一批官，大臣們因此分了幾派，為官職高低相互內鬥個不停。

就在雙方激戰正酣之時，四千名清軍趁邊界空虛悄悄潛入了廣東。他們發現精兵都被紹武調去與永曆打內戰，廣東各地幾乎沒有防備。清軍大喜，利用紹武的注意力完全集中於內戰和出席典禮的時機，日夜兼程，每到一地，立即掃除傳遞軍情的塘兵，封鎖消息，用繳獲的南明地方官印，發出太平無事的塘報，神不知鬼不覺地來到了廣州城下。

十二月十五日，清軍前鋒以帕包頭，偽裝成明朝軍隊，出其不意地闖入廣州。紹武帝和他的大臣們今天的日程是「幸武學」，也就是視察軍校。這一天，「百官咸集」，朝服輝煌，紹武皇帝正裝腔作勢地發表重要講話，忽然探子闖進院內，報告清軍來襲。大學士蘇觀生大怒：這麼重要的場合，一個小小探子怎麼可以隨便闖入破壞莊嚴氣氛？再說清軍還遠在江西，怎麼可能來到廣州？難道是飛過來的嗎？簡直是滑天下之大稽！這個探子一定是妖言惑眾！於是紹武一聲令下，把報信人推出去砍了。人頭剛剛落地，那邊清軍已經登上城牆，脫去包頭，露出辮子，亂箭下射，城中頓時鼎沸起來。蘇觀生急令關閉城門，調兵作戰。可是，精兵都派往肇慶去對付永曆朝廷，一時調不回來，廣州重鎮就這樣糊裡糊塗地被清軍占領。紹武帝見大勢已去，拖了一條被子混在乞丐當中試圖逃跑，被清軍查出，關在東察院，僅僅過了一個多月的皇帝癮就糊裡糊塗地自縊而死了。

既然對手已經消失，仗自然沒有必要打了。上回傳說狼來了，這次狼真的來了，不跑還等什麼！永曆帝連會議也沒有召開，立刻下旨，「西幸梧州」，然後也不等組織大臣，自己就坐上船先行西去了。

逃跑皇帝

一

永曆王朝的第一個春節，這對一個政權來說是非常富於象徵意義的日子，朱由榔選擇在狹窄的船艙裡度過。從廣東匆匆逃回梧州之時，正值大年三十，地方官得知聖駕將臨，已經做好了接待準備。城內黃土墊道，大街上張起燈籠，行宮也更換了全新的鋪設。但是由於朱由榔堅決不下船，隨時保持拔錨起行的準備狀態，官員們只好擠在狹小的船艙裡，勉強給他行了禮，算是過了年。

正月初六，清軍逼近廣西邊境的消息傳來，朱由榔立刻命令開船，直駛向桂林。到了這個邊疆小城，他才算鬆了一口氣。聽說清軍到了廣西邊境又停了下來，他抹抹汗，命人送來奏章，小朝廷又恢復了運轉。

瞿式耜到現在才明白擁立這個人是一個多麼大的錯誤。他原本以為朱由榔沒有主見，容易操縱，誰知道皇帝在別的事上沒有主意，唯獨在逃跑上比誰都果斷，一旦下了命令，九頭牛都拉不回。如果繼續這樣，那麼建立這個朝廷，不但達不到當初設想的樹立旗幟、凝聚人心的作用，反而成了動搖軍心、破壞戰鬥力的罪魁禍首。現在已經查明，深入廣東的清軍其實只有四千一百人，永曆政權重新組織的內戰大軍那時正在向東進發，準備報內戰首仗失利之仇。如果換一個勇敢些的皇帝，此時正好命這股大軍對清人迎頭痛擊，以眾擊寡。孤軍深入的清人即便勇敢能戰，在沒有後勤的情況下也支撐不了多久。可是皇帝一跑，誰還有信心組織抵抗？兵敗如山倒，不幾日，廣東全省就拱手交給清軍了。南明殘山剩水本已不多，廣東又是南明版圖內經濟和文化最發達的一省，廣東失去，南明的力量大為削弱。

然而，後悔已經沒有用了，君臣之義已定，唯一的希望是竭盡全力輔佐這位新君，看看能不能鼓勵他振奮精神改弦更張吧！好在朝廷總算在桂林安頓下來，瞿式耜可以從容布置他強兵衛國的大計了。他初步打算強化中央集權，建立起獨立而紀律嚴明的軍事指揮體系，以防再像上一次一樣，皇帝一跑，全軍混亂。

然而沒過多久，瞿式耜就發現這個目標幾乎不可能實現：這個永曆，實在難當亂世之君的大任，瞿式耜沒想到永曆的政務能力如此之差。雖然明代各地藩王都習慣於驕奢淫逸，王子多不學無術之輩，但瞿式耜萬萬沒想到，向稱「賢明」的桂王府家庭教育也如此差勁。瞿式耜在後來的書信中說永曆皇帝「質地甚好，真是可以為堯、舜，而所苦自幼失學，全未讀書。」說朱由榔全未讀書有點誇張，應該說，朱由榔認下了一千多字，讀小說看戲本問題不大，但讀那些典雅深奧的奏摺就不行了。他讀得一腦門子汗，還是半通不通，不得不召幾個翰林進來，先給他口譯一遍，才能明白大意。對於國家的政治傳統、用人行政、山川地理、財政軍事，永曆完全沒有任何知識準備，所有的政務你都要從頭給他講起。舉個簡單的例子吧，普通老百姓都知道知縣大還是知府大，但是皇帝居然不知道！所以，輔佐這樣一位皇帝治國，就好比教三歲小孩入洞房，你完全不知道從哪裡下手。

皇帝的素質直接決定政權的品質。永曆朝廷才運轉了幾個月，歷朝歷代的各種弊政類型幾乎都全了：

首先是太后干政。皇帝的優秀品質中，為人稱道的第一條就是「極孝」。在登基以前，他的大小事情都是太妃做主的，做了皇帝以後，他還是習慣性地對太后所有想法「無不秉承」，而太后也樂於替兒子操心。問題是，雖然太后「習文墨，曉事機，剖決諸務能晰情理」，在女流當中算是個出類拔萃的，但她畢竟自幼不出家門，見聞有限，談到政治，那更是知識不足，見識不高。她判斷一個人的忠奸，只憑自己的情緒和感覺：如果誰在她面前痛哭流涕、捶胸頓足地陳述他對大明的熱愛，就很容易賺得太后也陪著流下眼淚。許多鑽營之人知道了這個竅門，便花重金賄賂太后身邊的宮女太監，見上太后一面，痛哭一場，往往就能連升幾級。時間一長，這「眼淚升官法」竟成了朝野皆知的一個笑話。

其次是太監專權。雖然朝廷名義上的首席大臣是瞿式耜，然而不久人們就發現，朝中有一個比瞿式耜更有權力的「隱形宰相」，太監王坤。

王坤是前朝的老秉筆太監，諳熟前朝典故、政務流程。在永曆朝的建立過程中，許多宮中規矩都是由王坤一手建立起來的。剛在桂林安頓下來時，朱由榔曾經勉強振作過一個月，每天硬著頭皮讀幾十道冗長難懂的奏摺，口授自己的處理意見，再送到瞿式耜那裡請他把關。然後還要接見一個又一個大臣，聽他們用各種奇怪的方言，講自己完全不懂的各種政務，他還要像模像樣地發表點什麼「重要意見」。他原本不是精力充沛之人，每天都熬得頭昏眼花、精疲力竭。新鮮勁兒一過，從小到大沒吃過一天苦的他實在扛不住了，倦勤之際，秉筆太監王坤就漸漸掌握了大權。秉筆太監的責任是皇帝的祕書，按慣例，對大臣們的請示事項，都要由朱由榔口授，由王坤記錄，傳達給臣下。朱由榔一天比一天懶於讀奏疏，越來越多地讓王坤先讀了之後直接草擬意見，他看一遍就發出。這種情況下，王坤的建議差不多就成了決策。或者說，王坤就成了事實上的皇帝。

按理說，朱由榔要推卸政務，他首先也應該推卸給首席大學士資深大臣瞿式耜，但是他太好面子，不想讓瞿式耜知道自己的懶惰和卸責。從接觸瞿式耜的第一天起，他就有點畏懼他，這位乾瘦精悍、目光明亮的大臣，從頭到腳都透露著一股嚴厲，讓朱由榔感覺很不舒服。每次和瞿式耜在一起，他都感覺像小時候和那位啟蒙教師在一起一樣侷促。每次進宮，瞿式耜都會滔滔不絕地向他講一大堆軍事形勢，千頭萬緒，沒完沒了，他得打起十二分的精神，才能勉強跟上瞿式耜的思路。所以朱由榔千方百計減少接見瞿式耜的次數。

而王坤則完全不同。這位伺候了好幾朝的老太監既嫻於弄權攬事，又深知如何討主子歡心，他在朱由榔面前永遠是恭順、聽話、善解人意的，他總是那麼卑躬屈膝、戰戰兢兢。只有在王坤面前，朱由榔才活得舒展、輕鬆，更何況每一次朱由榔提出逃走，王坤都毫無異議，立刻會堅決執行，全力布置。所以時間一長，王坤就成了朝中第一號人物。

隨著太監專權的出現，朝中勢不可免出現了第三個問題：黨爭。所謂黨爭，就是窩裡鬥。明朝原本就是在黨爭中滅亡的，從明朝中期開始，大臣們就開始按師門、按出身地域，拜老師，認同鄉，拉幫結派，在朝廷上掐得你死我活。他們表面上是為了原則、綱常而鬥，實際上著力的不過是官位的升遷、官場的榮辱，每一個人都必須依附某一門派才能在官場中立足。在窩裡鬥中，他們表現出了在對外鬥爭中少見的堅決、勇敢、殘酷，什麼帝國的前途、百姓的疾苦，都被他們忘到腦後。南明歷任小朝廷都完整地繼承了窩裡鬥的傳統。

朝中形成了王坤與瞿式耜的明爭暗鬥之後，大臣們也自然分成兩派，各隨其主。每次王坤要任命一個官員，瞿式耜派必然反對；瞿式耜提一個建議，王坤派也時常掣肘。兩派鬥得津津有味，你來一拳，我來一腳，表面上握手言歡，實際上恨不得吃掉對方。每當兩派勢力相爭，需要朱由榔裁決時，皇帝哪個也不好意思得罪，經常漠然置之，不置可否，聽任他們打去。瞿式耜想收回各地軍權歸於中央統一指揮的設想一直無法實現，小朝廷的力量就這樣白白消耗在內鬥之中。

二

當然，與軍閥勢力的崛起相比，以上三種弊政，又都算不上重要的問題了。

專制體制有效運行的條件是，權力所有者得有力量握住這沉重的權柄，如果他握不住，這過於巨大的權力就會因著自身的重力而破裂。永曆朝廷的軍隊本來就是由各地軍隊拼湊而成，在永曆稱帝之前，各地群龍無首，各自為戰。永曆朝廷終日內鬥，無暇外矚，也樹立不起威信，各地將軍自然就擅自坐大，漸漸出現了軍閥的雛形。他們專注發展自己的勢力，對朝廷的命令陽奉陰違，一部分人在抵抗清軍時，其他人往往不聽指揮作壁上觀，拒絕援手，甚至在某部被清軍殲滅後，他們還會為少了一個競爭對手而拍手稱快。在這種情況下，清軍經常以少勝多，在南明勢力範圍內如入無人之境。永曆朝廷在桂林沒能安定多久，二月初，探馬來報，清軍進入廣西境內，兵鋒直指梧州，離桂林只有數日路程。永曆帝又一次果斷下令，準備車駕，他要再次外出「巡視」。

瞿式耜這一次鐵了心要勸住皇帝，廣西是無論如何不能再失去了。廣西再失，南明基本上就可以提前宣告滅亡，而要保住廣西，皇帝絕不能動。他再三上書，反覆開導永曆：「在粵而粵存，去粵而粵危。我退一步，則敵進一步，我去速一日，敵來亦速一日。」你越逃跑，實際越危險。「半年之內，三四播遷，民心兵心，狐疑倘促，勢如飛瓦，翻手散而覆手合。」、「今移蹕者再四，每移一次，則人心渙散一次。人心渙而事尚可為乎？」這樣下去，覆亡指日可待。

瞿式耜指出，現在已經打探清楚，進入兩廣的清軍主力不過是佟養甲、李成棟帶領的四千一百餘人小部隊，而這次進軍廣西的，不過是一支先頭部隊。從現在的形勢分析，兩廣民氣兇悍，各地起義軍蜂起，清人在廣東還沒能站穩腳跟，現在進軍廣西，孤軍深入，後方不穩，如果集全南明之力，把這支軍隊消滅在兩廣是完全有可能的。所以，當務之急是朝廷鎮定下來，集中精力，調動部隊，進行有效指揮。

朱由榔也承認瞿式耜對形勢的分析完全有道理，他也知道自己堅守前線的政治意義。然而，一想到凶如虎狼的清軍離自己如此之近，他就坐立不安，神魂不定，恐懼感如潮水一般淹沒了他，讓他吃不好飯，睡不好覺。和上一次一樣，不管瞿式耜怎麼樣屢上奏章，怎麼樣叩頭出血，朱由榔都無動於衷。面對瞿式耜的一遍遍苦諫，從小到大沒發過脾氣的永曆帝終於發火了。溫文爾雅的皇帝一旦發起火來，也相當可怕，他雙目圓睜，雙手亂抖，聲嘶力竭地大喊：卿不過欲朕死耳！

是啊，皇帝沒了，你們還可以另立新君，而他朱由榔一旦落入清人之手，則必死無疑！你們根本沒拿我的性命當回事！

瞿式耜聞聽此言，不覺「淚下且沾襟」，事已至此，無法再多說一句，只好叩頭請死，含淚而出。他現在才明白，除了一開始的心血來潮，朱由榔根本沒有把自己和這個國家聯繫在一起。他之所以當這個皇帝，完全是因為當皇帝最安全，為了安全，他也可以把這個國家拱手獻給清人。一個政權之中，皇帝居然是對國家利益最不關心的那個人，這對大臣來說是一種怎樣的悲哀！

趕走了瞿式耜，永曆開始緊張地考慮該逃往哪裡。這一次，他想出了一個自以為高明的主意：乾脆逃離文臣的控制，逃到最有實力的武將控制區，讓龐大的軍隊直接做自己的護衛。在眾多武將之中，湖南定蠻伯劉承胤率先上書，要迎駕他到那裡避難，言辭十分中肯。劉承胤在湖南兵多將廣，實力不凡，且其控制區與廣西相連。於是，他發布詔書，移駕「幸楚」。

聽到這個消息，連續幾日沒有睡著覺的瞿式耜又一次匆匆趕赴宮中，極言不可。瞿式耜說，這個劉承胤乃南京一市棍（無賴）出身，好酒，力壯，使得一根鐵棍，人送外號「劉鐵棍」。從軍之後，因為作戰勇敢，從最底層士兵積功升為總兵，部下兩萬人，也大都是南京市棍流氓。劉承胤在前朝因為平定湖南少數民族起義有功，被封為定蠻伯，在湖南經營了多年。

此人性情粗暴，作風野蠻，經常頂撞上級，甚至對朝廷命官也不假辭色。兵科給事中龔善選出差路過劉承胤控制區，因為糧草供應的小事與劉的部下發生衝突，劉承胤居然命士兵打了龔的耳光。皇帝「幸楚」，很有可能被他控制。

瞿式耜的這番話，永曆帝完全聽不進去。在他看來，瞿式耜的一切所作所為，不過是為了不讓他逃走而已。武人粗魯，本是題中應有之義，有什麼好大驚小怪！瞿式耜前腳出宮，永曆帝後腳就命起駕。

三

經過連日疾駛，永曆元年（一六四七年）二月十五日，龍舟終於抵達湖南全州碼頭。碼頭上鑼鼓喧天，旌旗招展，兩萬名南京兵甲儀仗鮮明，隊伍整齊，迎接皇帝的駕臨。從城裡到碼頭，地上都鋪了丈二寬的紅布。這迎駕儀式，實在是太盛大、太隆重了！永曆和隨駕大臣都很欣喜。

劉承胤親自上船來迎駕，果然是一個粗人，面皮糙黑，體型肥碩，三層下巴。雖然如此胖大，但是他三跪九叩一絲不苟，神態極其虔誠，永曆和身邊的大臣都十分感動。永曆急忙命人看座，賜茶，劉承胤氣喘吁吁地坐定，回答著永曆的詢問，彙報湖南的軍事形勢。聊著聊著，忽然話頭一轉，劉承胤指著皇帝背後的王坤問：「皇上，這位公公就是王坤嗎？」永曆沒明白怎麼回事，答道：「是啊！」劉承胤像是玩川劇變臉似的，面色一下子沉了下來：「皇上，您繼位以來，這個王坤就仗著您的寵愛，專權亂政，為非作歹，這天下都知道！」接著又羅列王坤利用權力擅作威福的種種事例，越說越激動，「皇上，今天臣請皇上罷免此人，以免他繼續亂搞！」滿船的大臣都驚呆了，誰也沒弄明白是怎麼回事，永曆也沒有任何反應。誰知劉承胤突然站起身，「來人哪！」一群全副武裝的武士噔噔噔踩著踏板登上龍舟，轉眼間把王坤捆成小雞子一樣，拖下船去。劉承胤傳令，就在岸邊痛打他二十大板，然後驅逐出境。

永曆君臣這才明白他們落到了什麼人手裡。

事實上，劉承胤對永曆還算不錯。他花了不少錢，把岷王府整修一新，作為行宮，每天日用供應得都很及時，隔三差五他還進宮給永曆磕個頭，然後背著手巡視一遍行宮，指示哪裡的花牆有缺口，哪宮的窗戶換一下，相當關心。但是有一條，一切政事都是他說了算，他說什麼，永曆就得老老實實做什麼。他借永曆的名義，先是封自己為武岡侯，後又進自己為安國公，瞬間位極人臣。他用永曆的大印，給各地武將發號施令，要他們聽從自己的指揮，大過其「挾天子以令諸侯」的癮。

然而，南明的歷史大勢，注定了這些強人只能各領風騷三五天。正當劉承胤想挾天子之威，統一附近的南明軍隊之時，清軍將主攻方向調整為湖南。隆武二年（一六四六年）八月，恭順王孔有德率領大兵，由岳州進兵長沙、武岡、永州，劉承胤派出自己的精銳出城迎戰，不料一戰過後，折損了五員大將，令他馬上明白抵擋住清軍是不可能的。劉承胤立刻放棄曹操夢，轉而打算投降，他深信自己投降後待遇錯不了，因為他手中有一條大魚做見面禮：皇帝。有了這份重禮，高官厚祿何愁？因此，他一面親自出城，前去與清軍商量投降事宜，一面囑咐人看好城門，不讓永曆出城一步。

永曆和他的親信大臣見清軍迫近，劉承胤行蹤詭祕，已知情況不妙，「百官倉皇莫措」。永曆「與太后涕泣宮中」，愁腸百結，手足無措，只能靜待自己成為階下囚。還是王太后有主意，把自己所有的金銀細軟都拿了出來，派人送給劉承胤的母親，向她說情。劉母本不相信自己的兒子是去與清軍接洽投降事宜，見到「當朝太后」如此低三下四地懇求自己，甚為過意不去，就命人打開城門，放了永曆君臣一條生路。

永曆皇帝和王太后被扶上兩匹臨時找來的劣馬，幾十名親信大臣緊緊跟隨，在半夜時分匆匆逃出城門，什麼儀仗乘輿，都丟在了武岡。君臣一路不餐不眠不休，拔足狂奔，跑了幾天，兩匹馬都跑死了，一隊人馬跑到最後，除皇帝之外，連后妃們都沒了鞋子。到後來皇帝走不動了，幸虧一個叫馬吉翔的侍臣「流離艱苦，風雨不避」，背著皇帝走了上百里。一路上不斷有人掉隊，其中包括皇后才十五歲的嫡妹，也在逃跑的路上不幸失蹤了。

四

在廣西邊境上，瞿式耜率領一萬大軍，親自來迎駕。見到衣衫襤褸、蓬頭垢面，像叫花子一樣的皇帝，瞿式耜一個箭步衝上去，抱住永曆的腿就失聲痛哭起來。雖然這個皇帝無能，雖然這個皇帝不爭氣，然而，畢竟是他的君父，他的主人，也是整個天下的希望所繫啊！

永曆也淚流滿面，他第一次覺得瞿式耜像親人一樣親切。

情緒平定下來後，瞿式耜向他介紹廣西的形勢。原來，清軍進軍廣西後，瞿式耜拒不逃走，發誓「此土共存亡」。他以一個文臣，上了前線，帶領廣西軍隊拼死抵抗，擋住了一路無敵的清軍先頭部隊和隨後增援的大批人馬。永曆帝出逃時廣西岌岌可危，警報遍地，看起來支撐不了幾天，而湖南則兵強馬壯，看起來是一個安全港。沒想到，等他狼狽逃回廣西的時候，形勢發生了翻天覆地的變化：湖南陷落了，而廣西居然以老弱士兵打退了清軍的進攻，疆土紛紛收復。

經歷如此患難的永曆終於幡然悔悟了。湖南的患難讓他明白逃亡保不了自己的命，只有刷新朝政，振作士氣，使軍隊有抵抗力，才是最好的保命之方。回到桂林後，永曆帝又一次開始了勵精圖治。他每天早晨五點多就起床，天剛亮就開始召見臣工，商量國家大事。他把瞿式耜倚為自己的左右手，凡事都恭敬地請教，可謂言聽計從。

瞿式耜也很興奮，雖然皇帝如此不爭氣，他卻從來沒有放棄對他的希望。現在，把皇帝引上堯舜之路的千載難逢的機會來了，他想盡辦法，來教育這個二十五歲的皇帝。他在扇子上手書了八條箴言，進呈皇上，希望皇帝日夜誦讀。他每天「五鼓，肅衣冠而起，黎明入閣，夜分始歸」，皇帝不吃飯他不敢先吃，皇帝不睡覺他絕不先睡，「如孝子之事嚴親也」。既為盡忠，也為監視皇帝，怕他再被身邊的太監和「小人」誘惑。

朝政的振作立竿見影。經過湖南慘敗和廣西的慘勝，瞿式耜的威望大為提高。再加上皇帝毫無保留的信任和支持，朝中有了真正的主心骨，各地武將也開始聽從號令，齊心合力，取得了幾次抵抗戰爭的勝利。南明上下，一個個歡欣鼓舞，都稱「中興有望」。

全國形勢這時也出現了有利於南明的逆轉。清軍入關之後，其實一直是靠漢人打漢人，在利用漢族降將的同時，清廷難免對他們一再猜疑。在南明地盤一再被壓縮之後，清廷露出了狡兔死走狗烹的苗頭，對漢族降將越來越壓制，越來越冷遇。再加上永曆政權政治終於清明，露出「中興」之象，在這種形勢下，那些心懷不滿的降清漢將不斷有人「反正」，並且形成了連鎖反應：永曆二年（一六四八年）正月，金聲桓在江西反正，三月李成棟在廣州反正，十二月初三薑瓖在山西反正。三大事變在同一年發生，舉國震動，明清形勢對比一下發生重大變化，清廷一時慌了手腳。

對於原本前途難測的南明來說，這真是「於無聲處聽驚雷」，喜訊一個接一個傳入朝廷，江西、廣東又都歸入南明版圖，南明國勢可謂蒸蒸日上。

李成棟本是民族觀念很強的人，降清以後，精神壓力很大，日日鬱鬱寡歡。如今在全國反清勢力高漲的情況下反正，對永曆朝廷相當虔誠。他不因將廣東一省歸入版圖居功，反而因自己曾投降清朝而心懷不安。反正之後，他將永曆在廣東肇慶的「皇宮」整修一新，派自己的兒子李元胤到廣西，請皇帝「返都」。

永曆二年（一六四八年）七月，朱由榔聖駕返回「舊都」廣東肇慶。李成棟準備了一支由三十二丈長的特大龍舟組成的船隊，金漆彩繪，儀仗鮮明，於百里之外迎接皇帝。八月一日晨，李成棟率文武百官舉行了一次隆重的迎駕儀式，親手步行抬皇帝所乘的鑾輿入宮，並特意在宮中準備了一萬兩現銀備皇帝賞賜之用，宮裡器具陳設極為富麗。永曆當了兩年多皇帝，到了此時終於真正嘗到了做皇帝的滋味兒。朝廷上下都以為在三省反正的大好形勢下，反攻復明，大有希望，因而一派喜氣洋洋。

然而很不幸，朱由榔此時卻再次懈怠下來。他本來就是一個意志力軟弱之人，在武岡半年的患難生活積蓄起來的意志力量，在廣西這一段「勵精圖治」已經消耗得差不多了。聖駕東移，瞿式耜作為廣西巡撫，留守廣西，沒有跟在皇帝身邊。自從船隊一離開桂林，逃離了瞿式耜的監督，朱由榔內心就長長地鬆了一口氣。國勢向上，一時無憂，沒有激起他恢復天下的雄心，反而使他的心氣散了。他一封奏章也不想看，一個大臣也不想接見，在豪華舒服的行宮中，他命人送來大批珍品魚鳥和戲本，恢復了王府生活時養成的休閒生活。

皇帝懈怠，必然有權臣出現。這一次，他把大權交給了馬吉翔，也就是從湖南逃回廣西的路上，背著他跑了上百里的那個人，這件事奠定了永曆對他的信任。回到廣西之後，皇帝立刻升了他的官，位僅在瞿式耜之下。馬吉翔雖不是太監，但對皇帝的關心和體貼勝似太監，聰明伶俐善解人意更非一般人可比，和上次王坤成了隱身宰相一樣，馬吉翔很快就有了「馬皇帝」的外號。

然而馬吉翔除了善於鑽營和弄權之外，實在一無所長。朝廷從廣西搬到廣東後沒多久，朝政又一次開始一塌糊塗。馬吉翔決策顛三倒四，用人唯錢是認。朝廷從上到下竊權弄私，毫無是非功過可言。李成棟一開始對永曆君臣都十分尊敬，然而不久後就發現這個政權實在沒什麼希望。在一次閒聊的過程中，馬吉翔為了顯示自己實際上掌握著全權，也為了討好李成棟這個有軍權的人物，故意對李成棟說：「您率領部下反正，大大有功，您覺得部下裡，哪些人功勞最大？」李成棟隨口說了幾個人的名字。馬吉翔馬上大叫：「來人，拿筆墨來！」僕人送來筆墨，馬吉翔當場草擬了對這幾個人的賞賜公文，命人送進宮去。僅僅兩刻鐘過去，這邊一杯茶還沒喝完，皇帝的批覆就下來了，馬吉翔所奏全部批准。李成棟對馬吉翔用這種方式「示威福」深為不滿，回到家裡對家人感嘆：「人言馬皇帝，豈不信哉？懋賞不典也，五等顯秩也，爵人於朝，與士共之，乃於一座之頃，呼吸如意，何其神也！我棄老母幼子為此舉，唯望中興有成，庶不虛負。今見權奸如此，寧有濟哉！」

在馬吉翔的主導下，永曆朝廷又一次陷入了烏煙瘴氣。本來，全國三大省反清，清人手忙腳亂，全國也陷入驚疑。這時的南明，本應該派出精兵與反正諸省相配合，開闢幾處戰場，掀起一次大反攻，這樣一來，形勢可能出現根本性的逆轉，起碼將有更多省分陸續反清復明。然而馬吉翔們卻忙於另一件事：爭權奪利，加官晉爵。每當打聽到皇帝心情好，馬吉翔就把一大批名單送入宮中，升官賞賜隨之而出。整整一年，永曆政權聽憑清軍從容地把三處反正之軍一個個分割包圍而毫無作為。

金聲桓反正不久，就被清軍圍在南昌，孤軍奮戰八個月，南明居然沒有派一支軍隊前去支援，最後，南昌城被攻陷，清軍屠城，一腔熱血要盡忠永曆的金聲桓壯烈殉難。一六四九年，清軍集全國之力，進攻山西反正的薑瓖，進攻南方的軍隊紛紛北撤。此時，永曆朝廷如果揮兵北上，夾擊清軍，全國形勢可能出現根本性的轉變。然而，永曆朝廷此時又開始了一輪內鬥。原來一些大臣不滿於馬吉翔分配賞賜不公平，結起門派，朝中分成了吳黨和楚黨，相互爭權奪利，爭得你死我活。

皇帝也有了養魚之外的新興趣：研究《聖經》。原來，在宮中供養的西方傳教士的勸導下，王太后帶領皇后、太子以及幾位太妃都皈依了天主教。這些傳教士是由一個早在前明就是天主教徒的太監龐天壽引入宮中的。在困居湖南，走投無路，宮中上下精神苦悶之際，這些傳教士用宗教信念給太后提供了心理支援，在那之後不久，宮中五十多名嬪妃都受了洗。王太后教名列娜，馬太后教名婭娜，太子朱慈恒教名康斯坦丁。皇帝雖然因為無法遵守一夫一妻制，且中國皇權制度是建立在儒家經典之上，無法受洗，卻也埋下了對天主教的興趣。此時有了空閒，他就跟著太后開始研讀《聖經》。

可惜，上天給永曆君臣的時間是有限的。經過一年的戰鬥，清軍平定了山西，再次南下。這次，隱患已消，清軍無所顧忌，全力猛攻兩廣。永曆四年（一六五〇年），南雄失守，永曆又一次跨上了逃難的龍舟。

這次可真是一去不復返了。通過三省反正，清廷更充分地認識到永曆政權的號召力，決定不惜一切代價消滅它。在數十萬大軍的進攻下，兩廣全面陷落。危難之際，皇帝和太后不約而同地想到了上帝。他們在逃亡之中，派出使臣，向羅馬送出了一封求援信。太后在信中這樣說：

竊念列娜本中國女子，忝處皇宮……入領聖洗，三年於茲矣……每思恭詣聖父座前，親領聖誨，慮茲遠國難臻，仰風徒切……望聖父與聖而公一教之會，代求天主，保佑我國中興太平，俾我大明第十八代帝即桂王、太祖第十二世孫主臣等悉知敬真主耶穌……

三年之後，這封信歷經千辛萬苦到達了羅馬，教廷先後舉行了四次樞機會議，起草了回信，給出建議。然而，等信回到中國，已經七年過去了，中國已經滄海桑田。永曆帝和他的太后，不但沒有得到上帝的幫助，甚至未能看到這封回書。

五

永曆六年（一六五二年）二月二十六日，貴州安龍府知府范應旭打開了一本新的支銷帳簿。他在上面列上了該州新添的一項財政開支項目：

茲發來皇帝一個，月給銀米若干。
后妃幾口，月給銀米若干。
……

帳簿發下來，師爺們看了無不掩口而笑。皇帝一個，后妃幾口，銀米若干，這分明是豢養動物嘛！

安龍知府確實是按豢養動物的標準來供應永曆君臣的。安龍本不過是明代的一個小小衛所，名義上叫「城」，實際上居民不過百十餘家，位於廣西、貴州、雲南三省交界之處的大山之中，交通極為不便。因為所在之處皆山，建衛所居然找不到足夠的平敞之處，小城不得不一半建在山腰，一半處於平地，「城跨山腰，半居平陸」。這裡是少數民族地區，經濟極為落後，「群蠻雜處，荒陋鄙俗，百物俱無」。

「皇宮」就設在安龍千戶所的衛所裡，院裡只有一所像樣的磚房，更名為「文華殿」，供皇帝、太后、皇后幾個人擠著住。幾十名「大臣」只好租住老百姓的房子。有史以來，應該沒有比這更潦草的「朝廷」了。

永曆帝是經過千辛萬苦逃到這裡的。清軍攻陷兩廣，永曆帝實在無路可走，只好投奔了孫可望軍。孫可望原本是張獻忠的部下，張獻忠陣亡後，大西軍由孫可望、李定國等接手，由於清軍南下，大西軍決定「聯明抗清」，歸順到了南明旗下。由於他們是「流寇」出身，素不被永曆帝信任，只是遙制而已。如今，整個西南只有貴州和雲南尚在孫可望等人率領的大西軍控制之下，永曆只好率領五十名大臣和幾百個太監，奔向貴州。

孫可望聞訊大喜。他早就謀畫著將皇帝控制在自己手裡，誰有了這面大旗，誰就有希望統一整個南明軍隊。他派出軍隊，遠出迎駕，迎來之後，卻把永曆君臣安排在這個消息不通的小城裡。原來孫可望已經在貴陽自稱「國主」，設了六部，當起了實際上的皇帝。如果把永曆迎到貴陽，他得隔三差五去給永曆磕頭，麻煩實在太多，他只需要永曆這個旗號而已，所以有意選擇了這麼一個交通最不方便、資訊最不靈通的小城。這個小城的名字就很合孫可望的意：「安龍」，「安籠」也，將皇帝安頓在這樣一個保險的籠子裡是個很不錯的主意。他將這個小小千戶所升格為府，任命自己的親信為知府，任務只有一個：監視永曆帝。

永曆再一次嘗到了寄人籬下的滋味。上一次在武岡，雖然同樣是被軍閥控制，起碼生活待遇上，還像一個皇帝。這次到了安龍，大臣、太監加上數百名兵丁，兩千來號人，孫可望一年只批給銀兩千兩，米六百石，這些還不夠永曆皇帝在廣東時一天的開銷！別說是供養皇帝了，平均下來，就是平民百姓也無法糊口。「帝以不足用為言，不答。」他向孫可望申請多撥點錢，孫可望根本不搭理他。

大概從來沒有混得比永曆還慘的皇帝了。皇帝的房子經常漏雨，二品、三品的大臣只好親自和泥，爬到房上去修補。永曆帝穿著一件舊大衫，手搭涼棚站在邊上觀望，一不小心，被灑了一衣泥水，弄得太后在邊上直生氣，大聲呵斥皇帝道：這麼沒眼色！泥水混湯的，你上去湊什麼熱鬧！老太后已經七十四歲了，這些年來跟著皇帝東奔西跑，吃盡了苦頭，身體居然沒垮。

雖然簡陋，可朝廷畢竟是朝廷。每天早上，永曆還是像模像樣地上朝，坐在小屋當中的太師椅上。幾十名大臣魚貫而入，三跪九叩，奏知某某人老婆病了，請皇帝賜塊豆腐補補，某某人上山打來了一隻野雞，要進貢給皇帝嘗嘗鮮，某某人的孩子昨天餓死了，請皇帝批幾錢銀子買個棺材……一時間，處理事畢，各自回家，生火做飯去了。

大臣和太監們一個個愁眉苦臉、憤憤不平，成天大罵孫可望。不過，朱由榔卻沒有太多的鬱悶，甚至在心底裡，他覺得這裡挺好。

一轉眼，做皇帝已經六年了。這六年，朱由榔感覺自己就像一葉浮萍，在形勢的狂風驟雨中片刻不得休息，早已被搖蕩得天旋地轉。他就像一隻被緊緊追趕的動物，憑著求生的本能四處奔竄，連他自己也不知道自己這樣活著有什麼意義。

如今，他終於在這裡安頓下來了。雖然地方狹小，生活不便，但是畢竟安靜、安全。物資供應不足，他做為皇帝也不得不偶爾吃頓粗糧，桌上全是素菜，他卻覺得很可口。大魚大肉他吃了一輩子，沒想到，老百姓的食物原來也這麼好吃！他每天上午花一個小時「接見」一下大臣，剩下的時間，就是帶著兩個太監，到附近山上轉轉，看看白雲，聽聽鳥叫，心裡很靜。他希望日子就一直這樣過下去。他不去研究什麼形勢，他認為形勢不是人能掌握的。他不愛思考，這讓他活得隨遇而安。

可惜樹欲靜而風不止，在安龍難得地清靜了兩年後，孫可望那邊已經將條件準備成熟，開始動工建造皇宮了。大臣們給孫可望呈文，已經開始用「封進御覽」這樣的詞兒了。天無二日，國無二主，永曆的另一次災難一日日迫近。

緬甸之籠

一

就在孫可望殺掉永曆的決定發布之前，大西軍另一位將領李定國氣憤於孫可望的不臣之意，派兵從安龍將永曆搶了出來，迎到自己麾下。命運就是這麼離奇，這位原本致力於推翻大明王朝的起義將軍，在埋葬了明朝之後，卻轉而成了南明最忠誠的臣子。在南明後期諸將中，只有他這個出身「流賊」的人自始至終保持了對永曆的忠誠，直至最終為永曆獻出了生命。這次，他親身遠赴貴州，將永曆接到昆明，安置進紅牆黃瓦整修一新的行宮。為了表明自己的忠誠，他將自己的治理大權雙手奉予永曆，自己唯命是從。由於雲南未經戰亂，李定國又治理有方，雲南社會安定，經濟基礎不錯。永曆終於享受到了鐘鳴鼎食的九五之尊，開始治國理政，迎來了自己皇帝生涯的最後一個黃金時代。李定國等人的熱血奮鬥精神，鼓勵著心情冷淡已久的朱由榔，再一次承擔起皇帝的工作。

自從登基以來，永曆一直有一個很大的遺憾：從來沒有舉行過祭天大典。皇帝沒祭過天，就好比一個新娘沒披過婚紗一樣，總令人有點意難平。如今，他們好整以暇，在昆明南郊修建了一座巨大的天壇，朱由榔淋浴齋戒，對著上天三跪九叩，滿足了多年的心願。各個衙門也都有了正規的辦公場所，配置齊了衙役。長官出行，肅靜回避，儀仗齊全。禮部甚至還舉行了盛大的雲南鄉試，這是明朝滅亡之後首次舉行的科舉考試。解元披紅掛彩，簪花誇街，圍觀者人山人海。一時間，人們恍然以為又回到了大明的全盛時代。

可惜好景依然不長。安定歲月不過過了一年，鼙鼓再次傳入深宮：四十萬精兵在吳三桂等三名大將率領下，分三路進軍西南。清王朝重拳出擊下，南明軍隊節節敗退，昆明眼看不保，永曆又一次的逃亡因此被提上議事日程。

大臣們呈上的逃亡路線有兩條：一是逃向內地，具體地說就是四川西南。這裡的宜賓、樂山、西昌一帶尚在南明控制之下，而且有一支叫做「夔東十三家」的反清勢力正在進逼重慶。如果永曆率南明主力轉入四川，與「夔東十三家」會師，則有可能在四川建立一個根據地。另一個選擇就是向外逃，逃往中緬邊境。一旦危急，他們就可以逃往緬甸。兩條路線各有利弊。大部分大臣建議進軍四川，建立根據地，奮鬥到底。皇帝卻很快拍板：去邊境。

逃往外國，其實是皇帝心中盤旋了很久的一個想法。小時候，建文帝逃亡海外的傳說是最讓他心動的一個故事。大人們富於想像力的講述，在他幼小的頭腦中建立起一片神奇、美麗、浪漫的夢幻之鄉。那裡有種種聞所未聞的奇珍異寶、奇風異俗，讓他十分嚮往。同時，與當時絕大多數的普通中國人一樣，永曆真的以為中國是高高在上的天朝上國，被四周小國奉若神明。如果大國之君肯惠然降臨，緬甸君臣一定會戰戰兢兢地全力接待。他可以在那片世外桃源中靜觀國內形勢的變化，如果清人徹底一統了江山，他不妨就老死域外，不與大清往來，亦不失亡國之君的身分；萬一南明恢復成功，他再回來坐天下，仍然不遲。

然而，幾位對國際形勢多少有些了解的大臣卻極力反對。緬甸雖稱是朝貢之國，但是與明王朝的關係一直相當疏遠。事實上，從明初以來，緬甸「進貢」的次數就遠少於和明王朝發生軍事衝突的次數，為了領土爭端，兩國已經多次兵戎相見，所以明史稱緬人為「叛服不常」。從上一次緬甸「進貢」到今天，已經過去整整五十五年了。

而且從文化上來說，緬甸與朝鮮、越南等恭順的屬邦不同，它的文化淵源近於印度而遠於中國，文化氣質與中國人頗有隔閡。緬甸的法典是仿照印度的《摩奴法典》修成，名為《摩奴婆羅瑞密固》。投奔這樣一個陌生的異邦，是福是禍，實在難說。

然而，不管大臣們如何勸說，在逃亡問題上，永曆一直極為剛愎固執。他的頭腦中只聽從一種情緒的支配：遠離危險，越遠越好。

二

只有到了離開昆明那天，朱由榔才意識到他身上擔著一個皇帝的責任。

當初進入昆明之時，得睹天子車駕讓昆明百姓激動異常，這片西南邊鄙之地的質樸人民想不到自己還有機會一睹天子風采。在他們頭腦中，所食之毛、所踐之土，都是此人所賜，特別是當此天地動盪之際，皇帝的到來讓他們以為自己終於有了依靠，從此可以免除被異族統治的危險。所以，永曆入城之時，幾乎全城人都出來迎接，「百姓阻塞道路，左右觀者如堵」，有年老者數十人在永曆路過時大哭失聲，說「不圖今日復見大明天子」。永曆也極為感動，他命人全程打開轎簾，看著一張張激動的面孔，「含淚點首而過」。

昆明人哪裡知道，這個皇帝哪是什麼福星，他是一個不折不扣的災星，他走到哪兒，清軍就會跟到哪兒。這不，才一年多，清軍就殺入雲南。昆明城內城外哭聲鼎沸，大難臨頭，他們的第一反應是跟著皇帝走，他們覺得，皇帝要去的地方，一定是最安全的地方。大批百姓扶老攜幼，追隨皇帝向西逃難，「官兵男婦馬步從者數十萬人」，創造了自古以來帝王逃亡從者最多的紀錄。

皇帝的車駕被挾裹在百姓的人流之中，朱由榔眼看著無數百姓扶老攜幼，相屬於道。由於逃亡的消息發布得很突然，人們都是倉促上路，捨棄了所有家財產業，還沒走上幾十里，就已經有人走掉了鞋子，走爛了腳板；有人缺食乏水，累倒路邊；有人在擁擠中被踩傷，甚至有人擠丟了親人，撕心裂肺地呼喊……一時間百姓「塞路不前，哭聲震動天地。」

永曆有生以來頭一次意識到，他身上承載的不光是自己和太后、兒子的未來，還有著全南明統治下的百姓，乃至全中國漢人的命運和希望。他頭一次感覺到羞愧。史書記載，他傳諭車駕暫停，站在車上，右手扶著沐天波的左肩，向昆明城回望，流著淚說：「朕行未遠，已見軍民如此塗炭，以朕一人而苦萬姓，誠不若還宮死社稷，以免生靈慘毒之為愈。」然而這只是他的一時情緒。對他這樣一個脆弱的人來說，這種愧疚可以很快隨著幾行熱淚釋放完畢。車輦繼續前行，隨著車輦出奔的這些百姓，後來一半多死於逃亡路上。

三

緬甸人的反應很出乎永曆的意料。永曆十三年，順治十六年（一六五九年）閏正月廿六，永曆君臣來到了中緬邊境。他們原以為天朝皇帝駕臨的消息定令緬甸邊將立刻匍匐於地，大開國門。沒想到膚色黝黑、個子矮小的緬甸守兵卻面無表情地攔住了一行人的去路。他說，一定要將此事彙報給國王後，才能決定放不放行。

永曆君臣就這樣前不著村後不著店地在邊境苦等了兩天，好不容易傳來回話，緬甸國王同意皇帝進入緬甸，但是有一個條件，隨行官兵必須放下所有武器。「必盡釋甲仗，始許入關。」緬甸人不明白中國到底發生了什麼事，生怕這兩千人馬是侵略緬甸的先頭部隊。

人在屋簷下，不得不低頭。永曆想交涉一番，無奈此時人困馬疲，給養不足，急需獲得接濟，只得同意了緬甸的這個條件。「一時衛士、中官盡解弓刀盔甲，器械山積關前，皆赤手隨駕去。」永曆唯恐清軍跟蹤而來，離開邊境時即諭令當地土司砍倒樹木，阻塞道路，不許其他人進入緬甸。土司很高興收到這個命令。由於永曆起駕匆忙，走得又快，許多大臣被甩在了半路。是以，土司便以皇帝的這道聖旨為藉口，將這些趕上來的大臣一律攔住，搜光他們身上的財物。身強力壯敢於反抗的，立刻被殺掉扔入大河，老弱聽話的散給各土寨令其舂米，做了奴隸，累死後投入江中滅跡。可憐這批忠臣，以這種結果殉了他們的君主。

進入緬甸境內，永曆一行日夜兼程，趕往緬甸都城阿瓦。在與緬甸高層接上頭之前，他們沒有心情欣賞沿途高大的棕櫚和穿著五光十色紗籠、赤著腳的緬甸土人。他們的設想是，到了國都，國王一定會讓出自己的王宮來給皇帝做行宮。沒想到，到了都城之外，緬甸國王傳來命令，南明君臣不必入城。

緬甸人早在阿瓦河邊用竹子編了一道籬笆，圍起一座小小的「竹城」。「竹城」的幾個大門，由數百名緬甸兵把守，不得任意出入。緬甸人並且在城中間蓋了十間緬甸式干欄竹編草房——這就是給永曆準備的「皇宮」，其他隨行大臣，則住在「皇宮」周圍臨時建起的草棚裡。原來，在這幾天之內，緬甸人馬不停蹄地在打探消息，弄明白了南明勢力在中國節節敗退，現在不得不退到緬甸境內。天朝上國三百年餘威讓他們不敢過於怠慢，不過從大勢判斷，南明國運已經凶多吉少。所以他們決定，先把這兩千多人圈養起來，靜觀中國國內形勢變化。南明復興，他們禮送出境；清人統一全國，這些人則奇貨可居。

天朝大國，一貫厚往薄來，雖然流亡異邦，也不能倒了架子。還在離開昆明之前，朱由榔便舉全雲南之力，準備了幾大車的珠寶絲綢等禮品，準備在見面之時「賜給」緬甸國王。沒想到，緬甸國王根本不來朝見他。其實這些東南亞小邦，一個個都心高氣傲，他們爭著給中國朝貢，完全是為了賺這個冤大頭的錢而已。若照中國人所畫鄭和下西洋的《宣諭圖》，是麻六甲國王畢恭畢敬地跪在鄭和面前。可在馬來西亞的麻六甲博物館，擺放的卻是鄭和跪拜在麻六甲國王面前的雕塑。中國人在對外關係上，一直是這樣會錯意而已。

在河邊住了幾十天，永曆君臣多次要求，國王就是不露面。永曆無法，只好先派人把「賞賜」送過河去。國王看了長長的賞單後全數照收，卻完全不派人來表示感謝。緬甸官員的說法是「未得王命，不敢行禮」，意思是不願對明朝皇帝行藩臣之禮。

時至今日，永曆才開始後悔了。沒想到才出虎穴，又入狼窩，這片炎熱、粗糲、充滿敵意的土地並非可居之地。然而後悔已經晚了，緬甸人把他們當成囚犯，只供給糧食，不讓他們與國內有任何聯繫，李定國先後派來的三十多個使者都被緬甸人殺於半路。永曆君臣千方百計想打聽西南戰局如何，卻得不到任何消息。

困居炎地，成日無所事事，焦灼與無奈隨著時間的流逝漸漸平息，君臣們漸漸習慣了這種圈養的生活。很多緬甸老百姓聽說來了中國人，十分好奇，紛紛擠到竹城邊看熱鬧。大臣和兵丁正缺乏生活日用品，就拿自己身上帶的珠子、腰帶、荷包等小玩意兒和緬甸人交換，天長日久，竹城門口居然成了一個熱鬧的集市。

緬甸男女之別本不甚嚴，那些緬甸姑娘也在這裡擺起了攤位，大部分南明官員都是孤身遠來，沒有家人，性苦悶已久，在這些穿著紗籠、膚色健康、明眸善睞、一笑露出兩排潔白牙齒的少女面前，這些書呆子居然也活潑起來，「短衣跣足，混入緬婦，席地坐笑」，請她們唱緬甸民歌，他們自己則以中國小曲對答。竹城邊上，天天召開起聯歡會來，每到黃昏，還有人溜出竹城，和姑娘們鑽入樹林，到了深夜，才花錢賄賂守門緬兵回到竹城。翻譯們怕出事，向永曆抱怨說，中國大臣們這樣找樂子實在有損國體：「我看這許多老爺越發不像個興王圖霸的人。」

永曆非常生氣。天朝上國別的不富裕，面子可絕對在乎。皇帝立刻召開「御前會議」，決定選十來名官員組成巡視隊，輪流巡視。按下葫蘆起了瓢，「傷風敗俗」停止了，但是窮極無聊的官員們又偷偷耍起錢來。綏甯伯蒲纓、太監楊國明等公然大開賭場抽頭，日夜吆五喝六，一片喧嘩，搞得皇帝睡不好覺。要是在國內，敢在皇帝寢宮附近公然賭博，那絕對是殺頭之罪。永曆帝大怒，命錦衣衛前往拆毀賭場。諸臣賭興正濃，換個地方重新開賭，什麼「皇帝聖旨」，到了這個時日，已經比一張廢紙的效力強不了多少了，「詔令不行，爭賭如故」。甚至皇帝在竹城裡溜彎，大臣們也不再嚴格遵守禮儀，見皇帝駕到，他們嫌下跪麻煩，背過身去，假裝看不見，接著抓自己衣服上的蝨子。

隨著在國內南明勢力越來越式微，緬甸人對永曆君臣也越來越怠慢起來。起初，雖然生活用品供應不是那麼齊備，可是一直能保證他們吃飽，現在，連食物都送得越來越少了。到九月間，許多大臣不得不靠向緬甸人買吃的補充供給營養之不足。

九月十二日，十來名大臣一起敲開了「行宮」的木門，跪在皇帝面前。永曆覺得他們神色有點奇怪，遂問：「什麼事？」

帶頭大臣馬吉翔說：「陛下，臣等生活日用實在緊張，難以為繼，請皇上開恩，賜臣下一些生活費用吧。」

永曆一愣，大臣們直接向皇帝要生活費，這事以前可沒發生過。問題是，他現在生活也很緊張，除了能勉強吃飽外，也是處處拮据，龍袍破了都沒地方補。原來身邊是有些寶物，可是早都送給了緬甸國王。現在，自己也是一貧如洗啊！自己這種窘境，大臣們都很清楚，怎麼還來向他討錢？皇帝很不高興，說：「你們自己看看，我這裡還有什麼值錢？」

馬吉翔用手一指「寶座」後面櫃子上的一個黃緞子包袱：「那個是金子的。」

永曆回頭一看，那是包著黃金國璽的包袱。雖然生活如此緊張，他可從來沒有想到過這個國璽：這可不僅是一塊金子，它更是南明國家權力的象徵。國璽不在，還談什麼國家，還叫什麼皇帝？雖然形勢如此黯淡，但永曆還日夜指望著恢復的一天。沒想到這些渾渾噩噩的大臣，居然打起了國璽的主意。「這國璽是能動的嗎？身為大臣，怎麼能出此言？」

馬吉翔向前跪爬半步，臉上露出無賴式的笑容：「皇上，我們千里迢迢來到這樣一個鬼地方，可全是為了您啊！您總不能讓我們餓死啊！」

放在過去，這樣對皇帝說話，絕對是大不敬，會被立刻按在殿上，廷杖而死。然而，現在大臣們渾然不覺得這麼說有什麼刺耳。永曆的臉一下子脹得通紅，唰地一下站起來，雙手抱起沉重的包袱，往樓板上一扔：「你們自己看著辦吧！」馬吉翔帶領其他人嬉皮笑臉地給皇帝磕了個頭，捧著國璽出去了。

下午，這塊重四斤多的國璽馬上被匠人們鑿得粉碎，全體官員按官階大小，每人分得一兩到幾錢不等的金子。整個竹城內興高采烈，門口的市場一時也更加熱鬧了。只有皇帝一個人躺在宮裡生悶氣。

日子就這樣一天天流水般過去，誰也不知道什麼時候是盡頭。直到順治十八年（一六六一年）十二月初二，也就是永曆君臣流亡緬甸兩年多以後，皇帝正在竹樓中吃午飯，數十名緬甸士兵突然闖進竹城，闖到皇帝樓上。為首一人向皇帝施了一禮，透過通事告訴皇帝，是李定國派人前來迎接永曆，他們準備把他轉交給李定國。

聽到這個消息，永曆不禁喜形於色。可是緬兵的舉動又讓他十分意外：通事的話音剛剛落地，緬兵不容分說，七手八腳把朱由榔連同其所坐的杌子抬起就走。永曆所有的生活用品都沒來得及攜帶，身邊人都沒能跟上，甚至連通事也不知道被他們帶向了哪裡。

一路之上，永曆無法和緬甸人交流，只好一路任由他們抬著自己走。他不斷祈禱上帝、佛祖以及諸天神靈，保佑緬甸人說的是真的，保佑他平安回到李定國軍中。行走半日，天已昏黑，一行人來到一條大河邊上。河上停著一條大船，船上下來一名將軍，一聲不發，背起永曆就要登船。永曆發現這位將軍是全副的中國打扮，遂問：「卿為誰？」負者答：「臣平西王吳三桂駕前先鋒高得捷也。」永曆如同五雷轟頂，暫時失去了知覺。

四

被抬到吳三桂大營時，已經是午夜了，永曆帝被安排住進一座高大的木屋。幾名清軍中的漢族將領，抱著好奇心前來參觀他們的獵物。永曆此時早已清醒，坐在一張木椅上，皇帝的冠服早已經被脫去，換上了一件純絹大袖的淺色袍子，腰間束了一根從皇袍下卸下的黃絲帶。他靜靜地坐在椅子上，大難臨頭，他反倒不再慌亂了：自己這一生逃亡終於到了終點，他到底未能逃脫既定命運，以後，他的命運更徹底與自己無關了。從頭細想自己這荒唐的一生，他越想越覺得徒勞。

清軍將領進入室內，沒能把他從沉思中喚醒，他們看到的是一個神情淡然儀表不凡的中年人，那麼孤獨地坐在椅子上，彷彿世間萬物都與他沒有關係。看著這個人，他們不覺肅然，因為心中對於「故主」的某種難以言說的感情，他們對永曆「或拜或叩首而退」。過了不久，吳三桂親自來視察自己這一生中最大的戰利品。他先在門口挑簾偷視，發現永曆帝正一動不動地坐在竹椅上，眼睛空空洞洞地看著前方。永曆帝察覺了門口有人，輕聲問道：「何人？」

吳三桂走了進去，不知為什麼，張張口，沒說出話來。「三桂噤不敢對。」雖然這麼些年來，吳三桂在心裡為自己背明降清找了無數冠冕堂皇的藉口，自以為已經徹底說服自己了，沒想到一見到前朝故主的後代，所有的理由都飛得無影無蹤。他在這一刻確認，自己確實是天底下活得最醜陋最無恥的人。永曆帝又問了一句：「來者何人？」撲通一聲，吳三桂自己也沒想到，恍惚之中，他已經跪在這個年輕人的面前，「遂伏地不能起」。

「你就是平西王吳三桂吧？」永曆依然輕輕地問。吳三桂什麼也沒聽見，他只是恍惚見到這個酷似崇禎皇帝的年輕人臉上疑惑的表情。他分辨不出他在說些什麼，只是機械地連聲應道：「是，是……」也不知過了多久，永曆輕輕地向他揮揮手，讓他退去，他卻站不起身來，只好由衛士上來把他攙扶出去。「王令之去，三桂伏不能起，左右扶之出。」史載吳三桂「色如死灰，汗浹背，自後不復敢見」，從此之後，再也沒來見過永曆。

五

有好幾次，朱由榔解下腰間黃帶，想懸樑自盡。然而，一想到那窒息掙扎的痛苦，他的手就不由自主地停了下來。命中注定的屈辱和折磨還沒有到頭。

吳三桂雖然不再露面，卻將永曆的起居照顧得無微不至。在從緬甸回國的路之上，永曆又一次「錦衣玉食」：吳三桂讓出軍中最好的轎子，住宿時提供他最好的房屋，吃飯時把最好的食物先送給他，「進御膳用金碗，不用銀碗。」吳三桂還派一位副將專門照顧永曆的生活。

這位副將態度和氣友善，對永曆畢恭畢敬。他一路上陪永曆聊天，信誓旦旦地保證說，大清皇帝是仁德之主，一定會禮遇於他。確實，依照中國經典，新朝君主對亡國之君應該待以賓禮，給他一個適當的封爵和相當優厚的待遇，以讓他延續先朝的香火。這就叫作「興滅續絕」。比如商湯就將夏朝王室的一個後代封為諸侯，建立了杞國，以繼承夏王朝的香火。周人滅商後，也曾封商王室後代微子建立宋國，讓他坐享尊榮，祭祀偉大的商代祖先。這就是史書上說的「昔周滅殷，封微子為殷後，俾修其禮物，作賓於王家，與國咸休。」這位副將說得如此真誠，以至於到後來永曆已經相信，他到了昆明後，會被馬上轉送北京，在新朝獲得一個侯爵，在安靜的府第中安度晚年。

其實，這一切不過是吳三桂的手段而已。他這樣做的目的，是確保永曆在路上不出意外，以方便他順利地將這個獵物檻送北京，舉行獻俘禮，向天下宣告大清王朝的徹底統一。

永曆十六年，也就是康熙元年（一六六二）三月初一，永曆皇帝被押送回了昆明，被「重兵嚴守」於故都督府。四月二十四日，康熙的上諭抵達昆明，指示說，永曆是個可憐人，不必押送舉行獻俘禮，就在昆明「著將永曆正法。」

命令是四月二十四日夜裡接到的，吳三桂連夜請來兩位滿族副手，商量如何處決。吳三桂主張將永曆拉出去當眾砍頭了事，但滿洲將領愛星阿不贊成，他說，永曆畢竟曾經當過皇帝，應該給他一點適當的尊重，「永曆嘗為中國之君，今若斬首，未免太慘，仍當賜以自盡，始為得體。」吳三桂不敢不聽滿族副手的意見。四月二十五日清晨，永曆父子在睡夢中被清軍從床上拖了起來，拉到都督府門口的一間小廟內，用弓弦活活勒死。在臨死那一刻，永曆沒有任何掙扎。

為了防止有人給永曆修墳，吳三桂命令將永曆父子屍體火化，「炙屍揚灰」，讓他們的骨灰徹底隨風飄散。這一年，永曆三十九歲。永曆死後，吳三桂命人將年近八十的王太后檻送北京。雖然天主教禁止自殺，太后還是在路上自縊而死。

回首一生，永曆更像是上天窮極無聊的一個惡作劇。從降生的那一刻起，他注定要在既定的命運之河中順流而下。即使他傾盡一生之力去搏濤擊浪，還是不能逆流半步，最終只能被帶向不情願的終點。

第六章

嘉慶

從偉大到尷尬

歷史書在全面盤點嘉慶皇帝的功過時，給他的詞彙是「嘉慶中衰」，因為在他二十多年的統治中，前面連著的是「康乾盛世」，緊接其後的卻是「鴉片戰爭」。大清王朝的不幸，就在於需要偉大人物的時候，坐在這個位置上的，卻是一個平庸的好人。

一　接班

老皇帝又一次在凌晨三點多就醒了，貼身太監早就料到這一點，皇帝輕微的鼾聲一停，他就從地上站起來，開始給乾隆一件件穿好衣服。然後，老皇帝就垂衣靜坐在御榻之上，耐心地等待三個小時後的陽光。

這已經是近年來的常態了。乾隆皇帝是有史以來身體最好的中國帝王，然而，自然規律畢竟不可違抗。《乾隆皇帝實錄》記載，乾隆五十歲之後，睡眠即開始減少，「年高少寐，每當丑寅之際，即垂衣待旦，是以為常。」

更何況今天的日子是這麼特殊。就在三小時前的交子時分，大清帝國使用了六十年的乾隆年號永遠地成為了歷史，今天已經是大清嘉慶元年（一七九六年）正月初一日。乾隆比平常更早醒了近一個小時，就是因為心中惦記著今天的「禪位大典」。生性周密的他在心中把所有的環節又盤算了一遍，再一次確認，萬無一失。

二

從乾隆中期開始，接班人問題就成了全大清帝國關心的焦點。

雖然有清一代，嚴禁皇子與大臣交接，然而通過皇子師傅這一管道，朝野上下對四位皇子也並非毫不了解。幾位皇子都各具才華，卻也各具缺陷：八阿哥喜愛酒色，十一阿哥出名的吝嗇，十七阿哥則輕佻浮躁，胸無大志。只有年僅十三歲的皇十五子，名聲最好。當時出使天朝的朝鮮使臣回國後，向他們的國王彙報見聞時多次說：「第十五子嘉親王永琰，聰明力學，頗有人望」，「皇子見存四人，八王、十一王、十七王俱無令名，唯十五王飭躬讀書，剛明有戒，長於禁中，聲譽頗多。」

歲月不待人，年過花甲的乾隆必須做出決定。他在傳位密詔中小心翼翼地寫下了永琰的名字，不過放下筆後，他一直不能驅走心中的忐忑。畢竟，十三歲對於一個繼承人來說，是太小了，這棵看起來不錯的幼苗能否長成參天大樹，誰也不能確定。乾隆三十八年（一七七三年）冬至，六十三歲的老皇帝到天壇祭天，跪在圜丘中心，默默向蒼天禱告：

「我已經祕密立永琰為皇儲，然而此子年僅十三，性情未定。如果永琰有能力繼承國家洪業，則祀求上天保佑他諸事有成。如果他並非賢能之人，願上天讓他短命而死，使他不能繼承大統。我並非不愛自己的兒子，只是為祖宗江山計，不得不如此。」

雖然感情豐富，然而在這個政治超人心中，兒女之情與帝王的責任感比起來，恰如鴻毛之於泰山。

好在上天似乎對永琰也比較滿意，從三十八年到六十年，永琰一直身體健康，他的表現，也越來越得到乾隆的肯定。到了舉行傳位大典的這一刻，乾隆在心中為這個接班人打了八十分。讓他滿意的有四點：

首先，從性格上看，皇十五子少年老成。他性格中最大的特點是自制力強，起居有常，舉止有度，學習勤奮，辦事認真，從不逾規矩一步，這是最讓乾隆欣賞的。

其次，此人品質「端淳」，生活儉樸，為人謙遜。特別是富於同情心，待人十分真摯，善於為他人著想。

第三，從學業上看，經歷了二十多年嚴格、系統、高品質的帝王教育，永琰對儒家心性之學，頗有心得。他的修養建立在學養的基礎之上，因此根基牢固。另外，此子武功騎射成績雖然比不上他的父親和曾祖父，在兄弟當中也是首屈一指。

第四，從外表看，嘉慶皇帝是清朝歷代皇帝中長得最端正、最上相的一位。他中等身材，皮膚白晰，五官端正，一副雍容華貴的相貌，臉型介於方圓之間，顯示出他性格的平衡和理智。經過從小就開始的儀表訓練，他在出席大場合時，總是舉止高貴，鎮定自如，講話不慌不忙，富於條理。

另外，這一年，嘉慶三十六歲，這個年齡，既精力充沛，又富於經驗。生命由青春期的青澀，青年期的熱烈，轉為中年前期的穩健有力，正是主掌一個龐大帝國的最佳年齡。

讓乾隆擔心的只有一點，那就是這個孩子性格過於老實端正，似乎就缺了那麼一點機智圓滑，或者說缺了一點就通的那麼一點「靈犀」。比如，在當上了「皇帝」之後，是否知道如何處理與他這個「太上皇」的關係，乾隆就不是很有把握。不過，凡事不能求全，在成功地統治了六十年之後，能夠找到這樣一個能讓他基本滿意的接班人，乾隆認為自己這一生已經稱得上是完美了。

配合乾隆的好心情，嘉慶元年（一七九六年）正月初一日舉行的這個盛大典禮，儀式盛大華美，氣氛祥和安寧，連天氣都是如此晴朗燦爛。上午九點整，頭戴玄狐暖帽，身穿黃色龍袍袞服、外罩紫貂端罩的乾隆，坐上了太和殿寶座。殿前廣場上，翎頂輝煌、朝服斑斕的上千名王公大臣在莊重的「中和韶樂」中，如潮水一般拜興起跪。九時三十二分，隨著坐在寶座上的乾隆把手中那顆寬三寸九分、厚一寸的青玉大印「皇帝之寶」微笑著遞到跪在他面前的嘉慶皇帝手中，中國歷史上一個空前的紀錄誕生了：中國歷史上最平穩的權力交接順利完成。千百年來，權力授受之際，曾發生過多少腥風血雨，骨肉相殘，甚至天下動盪，民不聊生，只有乾隆帝獨出心裁，想出這招「生前傳位」。歷代王朝權力交接之際的血腥、緊張、能量自我衝突都被乾隆巧妙化解，這確實是一個空前絕後的創舉，堪稱中國專制政治史上一個輝煌、偉大的瞬間。

三

直到真正禪讓了皇位之後，乾隆才發現他選這個接班人其實是應該打一百分的。

雖然為傳位準備了很多年，但是當禪讓大典的日期越來越近，乾隆心中還是不免浮出絲絲緊張。畢竟，從古至今，還沒有一個太上皇是幸福的：

唐高祖李淵還沒當夠皇帝，就被兒子李世民用刀逼下了皇位，當了九年寂寞的太上皇之後，悄無聲息地死去。唐玄宗成了太上皇後，日日在兒子的猜忌中膽顫心驚地生活，身邊的大臣和朋友一個個被流放，最終自己被兒子軟禁，鬱鬱而終。中國歷史上的另幾個太上皇，比如宋徽宗、宋高宗、明英宗，也無一不是悲劇人物，下場都十分悲慘。

因此，在舉行禪讓大典的同時，乾隆皇帝已經為了保證自己不落入囚徒境地，做了無數準備：

在退位之前，他就明確宣布，自己只將那些接待、開會、祭祀、禮儀之類的日常工作交給皇帝，至於「軍國大事及用人行政諸大端」，他「豈能置之不問，仍當躬親指教，嗣皇帝朝夕聽我訓導，將來知所遵循，不至錯誤，豈非天下之福哉。」

在退位之後接待朝鮮使臣的時候，他又明確向各國宣稱：「朕雖然歸政，大事還是我辦。」他規定，退位之後，他仍稱朕，他的旨意稱「敕旨」，文武大臣進京陛見及高級官員赴任前都要請示他的恩訓……

雖然在退位前花費巨資修建了寧壽宮，可是真正退位之後，他並沒有從象徵著皇權的養心殿搬出來，用他的話說：「予即位以來，居養心殿六十餘載，最為安吉。今既訓政如常，自當仍居養心殿，諸事咸宜也。」一句話，雖然退了位，他還是處處昭示自己仍然是一國之主。握了一輩子權柄的老皇帝對權力愛如自己的眼睛，防衛過度，眷戀到了近乎失態的程度。

事實證明，老皇帝過慮了。正當盛年、血氣方剛的嗣皇帝比他想像的要聰明乖巧，十分清楚自己的地位和角色。他十分恭謹地做著大清國的皇帝，每天早睡早起，認真出席每一個他應該出席的活動，卻從來不做任何決定，不發任何命令，不判斷任何事情。他十分得體地把自己定位為老皇帝的貼身祕書，所有的事情，他都是一個原則：「聽皇爺處分。」

朝鮮使臣的記述，把嘉慶韜光養晦的狀貌描繪得躍然紙上：「（嘉慶帝）狀貌和平灑落，終日宴戲，初不遊目，侍坐太上皇，上皇喜則亦喜，笑則亦笑。於此亦有可知者矣。」賜宴之時，嘉慶「侍坐上皇之側，只視上皇之動靜，而一不轉矚。」《清史稿．仁宗本紀》也記道：「初逢訓政，恭謹無違。」

人們常說，老年意味著智慧和達練，老年其實更意味著身體和精神上不可逆轉的退化。不論多麼英明偉大的人，都不能避免老化給自己的智力和人格帶來的傷害。乾隆皇帝一生剛毅精明，到了晚年，卻像任何一個平庸的老人一樣，分外怕死。或者說，他比一般的老人更怕死，他畏懼任何與死亡有關的字眼、器物和消息，認為這些會帶來晦氣和不吉祥。嘉慶二年（一七九七年）二月，嘉慶的結髮妻子、皇后喜塔臘氏病故，嘉慶帝十分悲傷，然而他十分清楚太上皇的心理，即位後，他第一次單獨做了一個決定：他命令禮部，皇后的葬禮按最簡單迅速的方式處理，雖處大喪，皇帝只輟朝五天，素服七日。皇帝還特別命令大臣們，因為「朕日侍聖慈（我日夜侍奉在太上皇身邊）」，「朝夕承次，諸取吉祥（凡事都儘量營造吉祥氛圍）」，凡在大喪的七日之內，來見太上皇的大臣們，不可著喪服，只要穿普通的素服就可以了。

時人記載說，國喪的七天之內，嘉慶皇上從不走乾清宮一路，以防把喪事的晦氣帶到太上皇日常經過的地方。皇帝去皇后靈堂時，俱出入蒼震門，不走花園門。去奠酒時，他一直走到永思殿，才換上素服，一回宮，立即換回常服，隨從太監也穿著天清褂子，不帶一點喪氣。「且皇上其能以義制情，並不過於傷感，御容一如平常。」

太上皇有意無意間，會把和珅叫過來，問問他皇帝的心情怎麼樣，有沒有因為妻子去世而耽誤國事？聽過和珅的彙報，太上皇閉上眼睛，微微地點點頭。兒子如此「懂事」，乾隆的心很快放了下來。他一如既往地繼續著他六十年的柄政生涯，生活幾乎沒有任何變化。整個大清朝也很快明白，所謂「嘉慶元年」，不過就是「乾隆六十一年。」

初顯身手

一

嘉慶三年（一七九八年）臘月底，八十九歲的太上皇得了輕微的感冒，新年將至，朝野上下，誰也沒有在意。嘉慶四年（一七九九年）正月初一，皇帝和諸王貝勒及二品以上大臣依慣例來給太上皇拜年，上皇還能如常御座受禮。不料，初二日，病情轉劇，身體各器官出現衰竭徵兆，陷入昏迷。初三日上午七時，太上皇停止了呼吸。

正在歡天喜地過年的大清國臣民們，不得不穿上喪服，進入全國性的哀悼期。不過，沒有多少人真正悲痛欲絕，讓大家真正感興趣的，是新皇帝到底是怎麼樣的一個人。

雖然已經當了三年皇帝，可是嘉慶在全國人的心目中還是一個謎。除了他那張總是帶著和藹微笑的臉，和幾篇沒有個性的聖旨之外，人們對他一無所知。不過，新皇帝的種種表現，似乎表明他是溫和、穩健之人，朝廷大政，短時間內不會有什麼大變動。

然而事情的發展卻出乎所有人的預料。乾隆去世的第二天，也就是初四日上午，嗣皇帝就發布了一條讓全國人都大吃一驚的諭旨：免去乾隆皇帝駕前第一寵臣和珅兼任的軍機大臣和九門提督職位，命令他和福長安二人守在太上皇帝靈前，一心辦理喪事，不得任自出入。朝廷上下，一片驚疑。

初四日下午，皇帝又下了一道意味深長的諭旨，談到太上皇帝晚年，白蓮教起義之所以遲遲不能蕩平，是因為有奸臣當道，做貪腐官員的總後台。

初五日，王念孫、廣興、劉墉等先後上疏，舉報和珅種種不法之事。

初八日，皇帝宣布逮捕和珅，對他進行審查，同時展開一場規模巨大的抄家行動，令人驚愕的巨額財寶在和府地窖中被揭露出來。

僅僅十天，審判完畢，正月十八日，皇帝發來一條白綾，賜和珅自盡。

一切如同一幕幕情節緊張、環環相扣的電影，讓人目不暇接。一場重大的政變，在新皇帝的談笑之間就完成了。康熙爺當初誅鰲拜，尚且準備了七七四十九天，嘉慶帝誅和珅，卻只動了動小指頭。古往今來，完成得這樣乾脆、迅速、漂亮的權力戰役，並不多見。

舉國上下，對這個影子一樣悄無聲息的皇帝，刮目相看。可以說，誅和珅是新皇帝處理政治危機能力的一次成功展示。

二

其實，嘉慶皇帝對這場戰役，已經準備了太長的時間。

嘉慶和和珅之間的恩怨情仇，並非如一些史書所言，是因為和珅聰明反被聰明誤，送給嘉慶的那柄如意，也不僅僅是嫉妒和珅手中擁有的朝珠比皇帝還多。嘉慶對和珅的痛恨，是基於對大清王朝的責任感。他對和珅的不滿，實際上代表了他對乾隆後期朝政的不滿，在嘉慶看來，和珅是乾隆晚年以來朝政日非，腐敗日盛的一個標誌。

確實，乾隆皇帝在統治前期，勤於政事，能謀有斷，在康熙雍正兩朝餘烈的基礎上，把大清王朝推向了中國歷史上前所未有的極盛。然而，中期以後，乾隆皇帝志得意滿，放鬆警惕。特別是到了晚年，他的生活越來越豪奢，吏治越來越寬縱，為腐敗的滋長提供了巨大空間。與此同時，乾隆年間大清經濟的高速成長，也為腐敗提供了充分的物質基礎。乾隆中後期，政治腐敗如同細菌遇到了適合的溫溼度和酸鹼度，在號稱英明的乾隆皇帝眼皮底下，以驚人的速度發展。僅僅十餘年間，乾隆一朝就完成了從前期政治紀律嚴明到後期貪腐無孔不入的轉變。在繁榮的表相下，大清王朝的全盛之局，早已經千瘡百孔了。

由於官員集體腐敗，百姓民不聊生，嘉慶元年（一七九六年）正月初七，就在乾隆得意洋洋地舉辦傳位大典七天之後，川楚兩地爆發了白蓮教大起義。起義席捲五省，大清王朝一時岌岌可危。

當太上皇這三年，乾隆幾乎只做了一件事，就是忙於鎮壓白蓮教起義。然而，太上皇雖然「猶日孜孜」，一日不停地調兵遣將，起義的烈火卻越燒越旺。原來，上至軍機大臣和珅，下至小小吏員，側身這場戰爭的每一個人，都把戰爭當成了撈錢的機會。特別是和珅，精力充沛、欲望無限的他一天二十四小時都張開著鼻孔，嗅著從權力縫隙中所傳來任何一絲利益的味道。他利用太上皇的寵信，不停地「弄權舞弊」，大肆聚斂錢財，他的所作所為，無疑大大加重了官場貪風。

雖然取消了嘴巴的功能，但是嘉慶的眼睛和大腦一分鐘也沒有停止工作。乾隆皇帝後期的昏聵之舉，他看得一清二楚。然而，由於身分特殊，他只能眼看著和珅等大肆貪汙，眼看著政局一點點腐爛，眼看著大清王朝這駕馬車向萬劫不復的深淵越來越快地奔馳，卻不能發一言採取任何行動。三年之中，焦慮之火幾乎把他的五藏六腑烤成灰炭，以致父親剛剛咽氣，他就十萬火急地衝向駕駛台，拉動剎車手柄。

應該說，誅和珅這步棋，是非常高明的一招。面對如火如荼的起義烈火，乾隆帝只知一味憤懣和仇恨，而嘉慶則能冷靜分析出大亂之源是「官逼民反」，正如嘉慶自己所說：「白蓮教的起因，乃在於官吏多方搜刮，竭盡民脂民膏，因而激變如此。然而州縣官員削剝小民，不盡是為了自肥，大半也是為了趨奉上司。而督撫大吏勒索屬員，也不盡為私貪，無非結交和珅。」，「是以層層剝削，皆為和珅一人。而無窮之苦累，則我百姓當之。」嘉慶看得很清楚，腐敗已經成了關乎大清王朝生死存亡的問題。如果要熄滅起義的烈火，必須剎住朝廷上下貪腐相尚的風氣，而要剎住腐敗之風，就要從和珅抓起。這高屋建瓴的一招，充分顯示了皇帝掌握和處理複雜政治局面的政治智慧。

三

以誅和珅為開端，一縷縷政治新風，綿綿不斷地從紫禁城吹散出來。

親政後第二個月，皇帝發布諭旨，今後皇帝出宮祭天及謁陵，隨行儀仗減半，皇后和嬪妃不必隨行，以減少出行費用。這道諭旨顯示了新皇帝與老皇帝截然不同的務實作風。

幾天之後，皇帝再次發布諭旨，禁止大臣們向他進貢古玩字畫。大臣們為了邀寵而向皇帝進奉貢物這一不良風氣，是乾隆晚年迅速發展起來的。從乾隆六十大壽開始，各地大臣爭相向皇帝進貢奇珍異寶，名貴字畫，以博皇帝歡心。嘉慶直言不諱地說，大臣向皇帝進貢古玩，除了助長貪風，別無益處。這些古玩，「饑不可食，寒不可衣，真糞土之不若」，卻又價值高昂，名義上是官員貢獻，實際上羊毛出在羊身上，搜刮自民脂民膏，「下而取之州縣，而州縣又必取之百姓，稍不足數，敲撲隨之，民何以堪。」從今而後，誰再貢獻，不但不收，反而還要嚴懲。

這道諭旨發布不久之後，他接到大臣的彙報，說上年底從葉爾羌採解入京的一塊特大塊玉石正在運送途中，因為道路難行，難以按規定時間抵達京城，請皇帝批准延期。沒想到皇帝發下了一道讓全國官民都目瞪口呆的諭旨：「一接此諭，不論玉石行至何處，即行拋棄。」因為玉石雖美，無益民生，皇帝並不喜愛。這教撰寫聖旨的軍機大臣都不敢相信自己的耳朵，看來皇帝是認真的。透過這道諭旨，新皇帝的節儉形象，一下子便樹立起來了。

皇帝需要的就是這樣的轟動效應。大清天下有太多事需要撥亂反正了，他所做的這些，不過是小小的鋪墊而已，實質性的舉動還在後面。

第一件是「求直言」。

在專制社會，統治者了解民情最主要的方式就是依靠臣下的進言。乾隆皇帝晚年剛愎自用，拒諫飾非，真實情況不能上達，眼皮子底下的問題不能發現。嘉慶深知此弊，他決心在自己的任內，充分發揮建言和進諫的作用。

剛誅了和珅，皇帝就下詔鼓勵官員直言，揭露朝中弊政。皇帝說：「求治之道，必期明目達聰，廣為諮取，庶民隱得以周知。」在皇帝的鼓勵之下，大清王朝一時間出現了「下至末吏平民，皆得封章上達，言路大開」的局面。雖然大多數奏摺見解平庸，但也確有有識之士，向他指陳了朝廷用人行政中存在的一系列嚴重問題，揭發了一批貪官，讓他對大清政局有了更深入、更全面的了解。

第二件是掀起反腐浪潮。

誅和珅的根本目標是遏制腐敗。在廣泛聽取官員意見的前提下，一批乾隆時代即以廉潔著稱的大臣進入了朝廷中樞，和珅時代大部分的省級高官則被撤換。「嘉慶四年（一七九九年）初尚在其位的十一個身居要職官吏中，六個被迅速撤換：他們是駐南京的總督、陝甘總督、閩浙總督、湖廣總督和雲貴總督，以及漕運總督。次年又兩名河道總督遭到撤換。」（《劍橋中國晚清史》）

借誅和珅的東風，一次反腐高潮在全國興起。在「求直言」運動中，一大批貪官被揭露出來，受到嚴懲：湖南布政使鄭源濤公開賣官，並且定下官職售價，被定罪斬首。雲貴總督富綱在任內索賄，被判絞刑。湖北安襄鄖道台胡齊在鎮壓白蓮教過程中，貪汙軍需銀三萬兩，被抄家處絞。武昌同知常丹葵，借辦匪案為名，任意勒索百姓，被人舉報，丟官罷職……

當然，大事中的大事，還是白蓮教起義。自從登基以來，熊熊燃燒的起義烈火一刻不停地灼燒著嘉慶。太上皇乾隆調集了十七省的兵力，三年間先後花費軍費七千萬兩，可是起義烈火不但沒有被撲滅，反而有越燒越旺之勢。嘉慶深知，這是關係大清王朝生死存亡的大搏鬥。事實上，他之所以不惜冒違反「三年無改」之教的風險，雷厲風行地全面扭轉父親的政策，核心目標就是為了除掉這個大清王朝的心腹大患。求直言、懲腐敗，也都是圍繞這一核心而展開的布局。

透過懲辦貪汙和人事調整，一個更強而有力的後勤保障體系初步建立起來。通過百官的直言進諫，皇帝對軍隊中長期存在的腐敗、權力分散、戰略失當、軍紀渙散等問題等有了更深入的了解。比如川楚軍營的腐敗在此時已經發展到了幾乎不可收拾的地步，統兵將領無不濫支軍費，納入私囊。由於軍費被大肆侵吞，士兵甚至到了難以存活的程度，赴陝的豫兵，因四十五天不發糧食，集體逃回河南。此外，還有湖北巡撫長期苛扣兵糧，士兵只好靠搶劫百姓為生。

因此，皇帝整頓軍事，首先從治理貪汙開始。親政不久，他就把陣前最高統帥經略大臣勒保撤職查辦。據人舉報，這個統兵大員居然在陣前帶著戲班子，成天喝酒唱戲。皇帝怒不可遏，勒保被判死刑，他手下一批貪汙不法的親信也被從重治罪。

在深入調查研究的基礎上，朝廷的戰略方針也發生重大轉變。在太上皇的指揮下，官兵的作戰方法是一味追擊，往往陷於被動。皇帝則命令各省推行「堅壁清野」政策，切斷起義軍的後勤保障來源，削弱了起義軍的戰鬥力。另外，皇帝還對起義軍實行剿撫兼施的政策。一方面實行嚴厲鎮壓，另一方面，只懲首義者，其他人以安撫為主。

經過不懈的努力，鎮壓白蓮教的軍事戰爭終於出現了重大轉機。嘉慶七年（一八〇二年）底，額勒登保、德楞泰與四川總督、陝兩總督、湖廣總督等聯名，用黃綾表外、裡內朱紅的摺子，六百里加急馳奏：「大功底定，川、陝、楚著名首逆全數肅清。」鎮壓白蓮教的關鍵戰役取得了勝利，嘉慶帝激動萬分、熱淚盈眶。他的新政，終於結出了鮮豔的果子。

何去何從

一

帶著初政成功的喜悅和自得，嘉慶七年（一八〇二年）秋，皇帝騎著駿馬英姿颯爽地出現在了壩上。小時候，他曾經多次隨著父皇來這裡圍獵，古木參天的茂密森林，萬人圍獵的壯觀氣勢，獵虎鬥熊的緊張氣氛，讓他一直魂牽夢縈。

在取得鎮壓白蓮教關鍵戰役的勝利之後，皇帝做的第一件事是祭拜祖陵。一路上，他常常想起自己的曾祖父康熙皇帝，他感覺自己的命運和這位曾祖父有很多相似之處：康熙擒了鰲拜，而他閃電般地誅了和珅；聖祖平三藩，他則平定了白蓮教。回顧歷史，在平定三藩後，聖祖勵精圖治，把被戰爭破壞得千瘡百孔的江山經營得井井有條，開啟了百餘年的康乾盛世。那麼等待著他的，將是什麼呢？在鎮壓白蓮教取得關鍵勝利之後，歌功頌德的奏摺撲天蓋地而來，對於這些奏摺，嘉慶只是淡淡一笑，就放在一邊。還遠不到歌功頌德的時候，消滅白蓮教不過是皇帝政治目標中的第一個環節，等什麼時候自己帶領大清全面走出乾隆晚年的頹勢，重新煥發了青春，再享受歌頌，才心安理得。

從懂事開始，大清那些功業不凡的先祖們就是皇帝心中最偉大的英雄，向他們學習，是他最主要的精神動力來源。從繼位那天起，皇帝在每一個政務細節中都注意繼承先祖們的傳統，他相信，只有把愛新覺羅家族與眾不同的雄武剛毅特點保持下去，大清王朝才不會陷入漢族王朝帝王們一蟹不如一蟹的規律。因此，在鎮壓白蓮教戰爭取得決定性勝利之後，他馬上把「木蘭秋獮」提上了議事日程。木蘭秋獮是聖祖康熙所開創、旨在聯繫外藩、保持武備的傳統活動，自嘉慶即位後一直沒來得及舉行，今天，他終於可以一償夙願了！

然而，離木蘭圍場越近，皇帝的心情就越複雜，這還是他記憶中的圍場嗎？圍場周圍的木柵東倒西歪，缺口處處。圍場裡參天的古木不見了，砍剩的木墩如同一個個驚心的傷口在地上呻吟。地上縱橫著運木大車的車轍，有的地方因為往來過頻，儼然成了光禿禿的大路。處處是盜木者搭建的窩棚，地上經常出現燃剩的樹枝，有的還冒著微弱的青煙。很顯然，這是盜木者們生火做飯的痕跡。皇帝後來回憶他感覺到的震驚說：「百餘年秋獮圍場，竟與盛京、高麗溝私置木廠無異。」皇家獵場，居然成了盜木販子任意橫行的木材產地，管理人員的失職一目了然。

修養極佳的皇帝沒有立刻發火。他強抑怒火，按著父皇行圍的路線，中規中矩地帶領一萬騎兵，打了一天的獵。過去，父皇每次出獵都能打到幾隻老虎、黑熊等猛獸，狐狸、麋鹿、獐子等小動物更是數以十百計，獵物每次都要裝滿十多輛大車。可是他辛辛苦苦地尋找了一整天，只打到了兩隻小小的麅子！不是他射術不高明，也不是騎兵們不聽指揮，而是獵物太少了。一方面是林場破壞，獵物逃散；另一方面，盜獵者趁皇帝不來的這些年，一直在與皇帝分享這個皇家獵場，十之八九的麋鹿生獐等物，都成了他們的口中餐。

回到熱河行宮，皇帝按舊例把這兩隻麅子中的一隻供奉在後樓祖宗御像前。過去，這座寬達三米的巨大供桌上往往會擺上十多隻野獸，而今，卻只孤零零地擺著一隻小小的麅子，不知道列祖列宗看了會是什麼感想？皇帝感覺自己臉上一陣陣燥熱。

羞愧過後，皇帝不得不感慨，大清王朝畢竟是今不如昔了，全盛局面已經一去不復返，朝政的敗壞遠比他想像的要嚴重。從努爾哈赤到乾隆，誰的治下會發生這種荒唐可笑的事情？要恢復舊日的輝煌，看來不是一日兩日之功。

第二天，皇帝停止了行圍，開始徹查圍場管理失職之事。內務府有關官員慶傑和阿爾塔為首的十數名官員被處以降職、罰俸等懲罰。

這僅僅是無數讓皇帝驚訝的事情中的第一件，還有更大的意外在後面等著他。嘉慶八年（一八〇三年）閏二月二十日，皇帝由圓明園啟駕回宮辦事，豈料，他的車駕剛進神武門，就有一名不知從哪裡衝出來的衣衫襤褸男子，手裡握著一把明晃晃的短刀，直奔他的御轎！事發倉促，皇帝身邊龐大的扈從部隊居然沒有人做出反應，還是轎邊的定親王綿恩下意識往前一擋，用自己的袖子纏住了利刃，身邊的侍衛才一擁而上，拿獲了這名男子。

這是大清開國以來第一起皇帝被刺案，在中國歷史上，這樣的重案也屈指可數。按常理，這絕不是一個簡單的兇殺案，一個龐大的審問集團立刻組成，要揪出這個男子背後的黑手。可儘管用盡各種酷刑，審問的結果卻出人意料。

原來，這個案子真的十分簡單，背後沒有任何主使。兇手陳德，是北京近郊的一名失業人士，他的妻子於去年去世，上有八十歲的癱瘓岳母，下有兩個未成年的兒子，找不到生計，受盡欺凌，遂對社會產生仇恨。這一天他突發奇想，既然生不如死，為什麼不死得驚天動地，於是懷揣一把小刀，直奔皇宮而來。連他自己也想不到的是，皇宮衛兵並沒有按規定出現在崗位上，使他得以順利潛伏進神武門西廂房裡，差點完成了前無古人的壯舉。

這一行刺案反應了兩個問題，一個是包括皇家守護部隊在內的官僚體系，已經軍紀政務廢弛到了直接威脅皇帝生命的程度。另外一個則是失業者的大批出現，說明社會已經無法承受人口的迅速增長。百姓的生計問題，成了威脅大清朝穩定的根本政治問題。

二

成功平定白蓮教的興奮，因為這兩樁意外事件而消失得無影無蹤。親政以來，皇帝的注意力全都集中在戰場上，現在他終於有時間細心俯瞰一下大清政治的全域。這一細看，皇帝簡直不敢相信自己的眼睛，白蓮教起義不過是帝國軀體上的一個瘡口，大清王朝體內的病症，比外在表現出來的要沉重得多。

最嚴重的問題，當然是腐敗。

只要沒有蔓延開來，腐敗就並非不治之症。局部的、零星的腐敗現象，在任何時候、任何體制下，都會存在。然而，一旦蔓延開來成為普遍現象，治理難度就會呈現等比級數的增加。

乾隆中後期，全國的腐敗情況已經有集團化的趨勢。乾隆四十六年到四十九年（一七八一到一七八四年），朝廷一連查出了五起貪汙大案，都是「辦一案，牽一串；查一個，帶一窩」。一人敗露，他關係網上的數十名乃至百餘名官員就會全部被揭露出來，所以常常是一人犯案，一省官僚體系隨之癱瘓。甘肅冒賑大案就幾乎把甘肅全省縣級以上的官員都牽連在內，他們上下聯手，相互配合做假賬，把八百多萬元國庫銀吞入私囊。如果全部查處，甘肅全省政府的運作將立刻癱瘓，逼得乾隆皇帝定下一條兩萬兩的死亡線。即使如此，前後被處死者仍達五十六名之多。

嘉慶親政抓的第一件事就是腐敗。雖然早就認識到這個問題關乎大清的生死存亡，然而他還是大大低估了反腐戰爭的艱巨性。他以為，只要「掐斷了和珅庇護網路結構的花朵，它的根株便會自然枯萎。」殺掉了和珅，清除了和珅的黨羽，再掀起一個懲貪高潮，腐敗的勢頭就會應聲而止。

誰知形勢的發展遠遠出乎他的意料之外。

雖然殺了和珅，雖然在十一個全國總督當中，六個被他撤換，雖然在他鎮壓白蓮教戰爭發起的懲貪高潮中，官場貪風一時有所收斂，然而，高潮過後，一切如舊。各地官員，從上到下，從大到小，仍然無人不在收禮送禮，買官賣官；各地衙門仍然無處不懈怠昏庸，除了部門利益之外，對一切民間疾苦都漠不關心。官僚集團對腐敗已經不以為恥，反以為常。「大抵為官長者，廉恥都喪，貨利是趨。知縣厚饋知府，知府善事權要，上下相蒙，曲加庇護。故恣行不法之事。」甚至嘉慶皇帝親手樹立的廉政模範，時間稍長，也一個接一個地陷入腐敗之中。

最典型的是當初率先揭發和珅的諫官廣興，此人因為揭發和珅，深得嘉慶信任，被委以掌管四川軍需的重任。他本不辱使命，清正自持，掃除貪風，每年為國家節省數百萬兩白銀，嘉慶帝多次號召全國官員向他學習。然而，就是這樣一個人，在就任兵部侍郎之後不久，也陷入貪汙的泥淖，短短一年，就貪汙了四萬兩之多。

白蓮教軍報剛剛從嘉慶的案頭搬走，數不清的貪汙案卷又已堆滿了他的書桌。乾隆時期已經花樣百出的腐敗，到此時又呈現出許多新特點：腐敗向底層全面擴散，所有的基層幹部都成為權力尋租者，一些普通公務員甚至成為腐敗案的主角；潛規則變成了明規則，社會上所有大事小情，都需要用錢開路，否則寸步難行。嘉慶十年（一八〇五年）前後發生的一些案件，實在令人觸目驚心：

直隸省布政使司承辦司書王麗南，是直隸省財政廳的一個小小辦事員，頂多是股級幹部，按理說並沒有什麼權力。可是從嘉慶元年（一七九六年）起，數年之間，居然貪汙了三十一萬兩白銀。他貪汙的手段非常簡單，那就是私刻了從財政廳長（布政使）、處長直到科長的一整套公章，然後任意虛收冒支，把國庫銀兩大把大把裝入私囊，近十年間，居然沒有受到任何懷疑和調查。還有湖北財政廳（布政使司）的一個銀匠，也利用政府官員的糊塗馬虎，不斷私藏銀兩，幾年下來，居然貪汙了五千兩之多。至此，大清王朝的監督體系已經是爛得形同虛設的破網。

此外，自嘉慶親政開始，黃河幾乎年年決口。儘管朝廷每年下拔相當於全國財政收入四分之一的巨額經費用於治河，仍然成效甚微。只因那些治河的官員，每天公然在河督衙門裡喝酒唱戲，一桌酒席，居然所費千兩，治河經費，大多落入了這些官員的腰包。至於治河的工程，則處處偷工減料，應該用麻料的地方，摻雜了大量沙土；應該建造秸垛填石，秸垛建好了，卻根本不往裡放石頭。結果，洪水一來，處處決口。

嘉慶年間，各地還出現了一種奇怪的現象，那就是大量「編外衙役」或者說「編外員警」充斥基層。各縣級部門藉口人力不足，大量招聘「臨時衙役」，不占編制，不開工資，利用他們處處設卡，到處收費，以彌補財政經費的不足。他們的數量，往往超過正式編制數倍，甚至數十倍。比如直隸省正定縣，「編外衙役」就多達九百多名，而浙江省的仁和、錢塘等縣，居然更多達一千五六百人。他們橫行鄉里，巧立名目，一遍遍向農民收取各項稅費，如果誰不交，就關入私牢，嚴刑拷打。他們在城市裡勒索小商小販，經常鬧出人命案子，有的官司甚至一直打到皇帝面前。

從乾隆晚期開始，有些地方就出現了「財政虧空」。即地方政府財政收入不敷支出，不得不負債經營。到了嘉慶年間，這已經成了各地的普遍現象，幾乎每省每縣，都出現了財政虧空。為了維持政府運轉，為了給官員開支，各地政府不得不四處借債，有的甚至向地下錢莊借高利貸……

三

除了腐敗之外，大清王朝還有太多難題沒有答案。乾隆皇帝帶著「十全老人」的榮耀光榮地進入了歷史，他積累起來的一系列深層結構性矛盾，卻像定時炸彈一樣，在嘉慶任內一個接一個地爆炸。

首先，大清王朝面臨著前所未有的人口壓力。

清以前的歷史上，中國人口一直在一億以下徘徊。乾隆六年（一七四一年），第一次全國規模的人口普查結果是共有人口一億四千萬，由於經濟繁榮，農業發展，到乾隆六十年（一七九五年），人口增至二億九千萬，遠遠超過中國歷史上任何一個時期。乾隆之後，雖然國力大衰，但是人口還是沿著它固有的慣性規律發展下去。嘉慶十六年（一八一一年），達到了三億五千萬。

這麼多人的吃飯問題，是中國歷史上從來沒有遇到過的。人口增長使得人口與耕地的矛盾激化，越來越多的底層人口陷入了絕對貧困，大批人口脫離土地，四處遊蕩，使得社會處於不安定的邊緣。數十年來聚集在楚、粵、贛、皖、黔等省的數百萬無業流民，正是白蓮教起義的主因。白蓮教起義被鎮壓了，可是流民問題仍然沒有解決，起義隨時有可能再次發生。陳德行刺案是這個問題的最佳注解。與人口問題相伴的，是大清王朝嚴重的財政危機。

由於人口增長，糧食緊缺，加上美洲白銀大量湧入，嘉慶年間，物價已經比乾隆初年上漲了三倍。然而，由於固守康熙皇帝做出「滋生人丁，永不加賦」的承諾，清王朝的財政收入卻沒有同比例增長。也就是說，到了嘉慶時期，政府的財政收入比乾隆初年實際上是減少了三倍。這是各級政府出現巨額財政虧空的重要原因。財政危機又導致了亂收費問題的加重。

為了彌補財政缺口，各地政府只能拚命向老百姓層層加碼，於是各種千奇百怪的收費專案都出現了。雖然朝廷規定不加賦，各地政府卻利用各種藉口，不斷加重農民負擔。農民承擔的額外稅賦往往比正稅要多出數倍、數十倍。各地百姓上訪的案卷堆積如山，然而官員們根本不以為意，因為「一州縣亦熟知百姓之伎倆不過如此」，民與官鬥，永遠是輸家。大清王朝社會矛盾處於激化邊緣，輕則民眾聚集，演成暴力事件，重則揭竿而起，「是以往往至於激變。」

四

責任心極強的皇帝幾乎夜夜不能安眠。他在御榻之上輾轉反側，苦思解決之策。他決心加大「新政」力度，發現一個貪官，撤換一個，絕不手軟。

從嘉慶七年到嘉慶十年（一八〇二到一八〇五年），幾乎每個月都有重要的人事調整。全國的省部級高官，都被輪換了個遍，大大小小的貪官，又查出了幾十個，可是腐敗的勢頭，仍然沒有絲毫減弱。各地基層政府的財政虧空，仍然越來越多。

很顯然，運動式的懲貪，到了嘉慶時期已經不能起到實質性的作用。原因之一是，與腐敗官員的總數比起來，被發現和懲處者只占不到百分之一甚至千分之一，腐敗收益實在太高，而腐敗風險實在太低。原因之二是，腐敗已經成了官僚體系的常態，貪汙成了官員生活的主要來源。一個人如果不貪汙，則無法打點上司，結好同級，甚至無法在官僚體系中生存下去。在這種情況下，朝廷「打老虎」已經演變成「水過地皮溼」，震攝力越來越低。事實上，舉朝官員從乾隆晚年開始，對懲貪風暴的反應就已經十分麻木了。乾隆皇帝生前就曾經多次哀嘆：「外省總督和巡撫們，一見我懲治腐敗，未嘗沒有稍微警惕一下，只不過事過則忘。這種痼習相沿成風，身陷法網而不知後悔，真是沒有辦法。」到了嘉慶時期，官員們的腐敗熱情已經高漲到了「前仆後繼」的程度，前任頭一天因腐敗落馬，繼任者第二天繼續腐敗。

耐心極好的皇帝也漸漸陷入焦躁。上諭中開始出現連篇累牘的斥責、抱怨甚至痛罵。他自認為已經採取非常凌厲的手段和措施，然而經過「死豬不怕開水燙」的官僚體系的層層減震，到了基層，竟然已經如同撫摸般溫柔。他發現自己面對的是一個巨大的混沌，自己的記記重拳打上去，都如同打在了棉花團上。

「新政」看來挽救不了大清。他該何去何從？

方針已定

一

深秋的遼東大地，楓葉鮮紅，松柏蒼翠。嘉慶十年（一八〇五年）九月，嘉慶皇帝率領宗室及重臣，經過艱苦跋涉，來到滿族的龍興之地。在祭奠了新賓永陵之後，他們向西直抵盛京，祭奠了福陵（清太祖努爾哈赤之陵）和昭陵（清太宗皇太極之陵）。

在陵寢的隆恩殿、啟運殿中，皇帝認真參觀先祖們留下來的遺物。努爾哈赤用過的桌椅是那麼簡陋；皇太極用過的鞭子，不過是普普通通的牛皮鞭，沒有任何裝飾……這些珍貴的文物，昭示祖先創業的艱難歷程。皇帝在這些遺物前久久駐足，常常陷入沉思。

皇帝這次東巡，是頂著巨大壓力進行的。眾所周知，皇帝出巡，花錢必然如流水。因為體制，皇帝的隨行隊伍至少萬人，一路的物資供應，花費巨大。雖然嘉慶宣布此行不帶任何嬪妃，一切從簡，內務府的初步預算，也需要耗銀二百萬兩。鎮壓白蓮教，已耗光了大清的家底，要湊齊這兩百萬，實在是太難了。因此，皇帝東巡計畫一出，反對聲就不絕於耳。大臣們普遍認為，國步艱難之際，像這類不急之典，當能緩則緩，能罷則罷。

然而，異常節儉的嘉慶這次卻一反常態，堅持出巡，並且不顧以言罪人之名，一連處分了好幾個反對出巡的大臣。

皇帝之所以如此堅持，是因為在他的政治布局中，這次東巡意義十分重大。經過對帝國整體形勢的評估和對「新政」的深刻反思，他終於確定了大清未來的行政方針，那就是「守成」和「法祖」。這次東巡的主要目的，在於向全國臣民正式宣傳他的這一方針。在東巡中，皇帝一路做了許多詩文，一再強調大清江山來之不易，號召全體文武大臣應繼承祖先艱苦奮鬥的優良傳統。皇帝在《御制盛京頌並序》寫道：

敬觀弓鉞，……遍撫舊跡，艱難祖業，永守毋忘。……緬維我祖宗昔日開創艱難，櫛風沐雨……

皇帝在《守成論》中說，他多次閱讀中國歷史，感慨良多。他發現，一個王朝在建立之初，往往都建立起十分完美的規章制度。但是到了王朝中葉，往往有大膽的子孫，自作聰明，任意變亂成法，想拆了祖先建起的大廈，自己另起爐灶。結果，舊房子拆掉了，新房子也沒建起來。往往因此埋下國家滅亡的原因。「亡國之君皆由於不肯守成也。」

這段時間，他常常想起父皇留下的「敬天、法祖」遺訓。對比以往的歷代王朝，大清子民們應該很容易發現，有清以來的歷代君主，每一個都可以稱得上是雄才大略，成就顯赫。他們樹立一系列良好的作風，建立起一系列「良法美意」，事無巨細，都給出了如何處理的先例。這些智慧資源，足夠他借鑑和利用。然而，大清政局現在之所以萎靡不振，關鍵的原因，就在於「庸碌官僚因循怠玩，不遵舊制」。這些官僚沉溺於私欲，把列祖列宗關於「艱苦奮鬥」、「勤政愛民」的教導忘於腦後。

雖然大清現在撫有四海，國力強大，但是祖先艱苦奮鬥的精神一日不可丟。八旗官兵，當常思當初滿族軍隊是如何吃苦耐勞，奮發進取，力改「武務不振，軍務廢弛」的現狀。全體文臣，當經常想想現在的生活要好於祖先創業時多少倍，清廉自持，儉樸為政，這樣，才能永遠保持大清的統治。

二

嘉慶皇帝的這一決定，在今天的讀者看來不能理解。站在今天的歷史高度回望，我們可以清晰地看到，嘉慶面臨的問題，用「祖制舊法」，是不可能解決的。

站在康乾盛世肩膀上的嘉慶，所遇到的社會問題，已經超出了幾千年間中國所有政治經驗的範圍。康乾盛世是中國歷史上最後也是最大的一個盛世。這個盛世，幾乎在所有方面都達到了傳統政治治理水準所能達到的極限：無論是權力制度的穩定性，物質財富的豐盈程度，還是國家疆域的最大化上，都已經達到了傳統政治的理想化境界。這一傳統盛世的形成，已經耗竭了傳統社會的所有動力。

與此同時，這個史上最大的盛世，也帶來了史無前例的一系列問題，最主要的就是經濟總量和人口總量的猛增，使得傳統社會機制的承受能力達到臨界點。要把這個盛世延續下去，唯一的可能就是突破傳統政治經驗的範疇，在「祖制舊法」之外尋找全新的出路。事實上，任何挑戰，同時都是機遇。比如人口問題。

人口問題當時不僅困擾中國一國，也是世界各國遇到的普遍現象。自地理大發現之後，玉米、蕃薯、土豆、花生等新品種由新大陸向舊大陸傳播，導致一個多世紀以來世界人口幾乎同步增長。十八世紀，世界人口從六．四一億增至九．一九億，增幅比例為百分之四十三．三七；中國人口則從一．五億增至三．一三億，增幅為百分之一百零八．六七。

亙古未見的人口問題使世界各國面臨了嚴峻的挑戰，然而，正是這種挑戰推動了發展。世界許多國家的歷史表明，人口與資源的緊張往往會推動農業文明邁向工業文明，是傳統社會邁向現代社會的第一步。歐洲國家正是通過大力發展工商業來吸納過剩人口，以工業化和城鎮化來解決人口壓力，從而逐步走上了現代化的道路。如果中國能夠順應歷史潮流，把發展對外貿易、發展工商業、發展海外殖民做為解決人口問題的方法，那麼中國完全有可能搭上剛剛啟動的全球化列車，使中國主動從傳統走向現代的大門。

歷史對嘉慶帝提出的要求，不是全面退守傳統，而是主動大膽出擊，全方位地對傳統政治框架進行改革。問題是，為什麼親政之初作風清新的他，在此時卻比任何皇帝都堅決地舉起了「守舊」的大旗呢？

三

從根本上說，是「接班人」心態導致他做出這樣一個今人看來難以理解的選擇，「接班人」的性格特徵是「安全第一」。

從十三歲那年被密立為儲君，到三十五歲那年從父親手中接過傳國玉璽，這二十二年間，我們不知道嘉慶是何時知道自己已經成為大清帝國的繼承人，唯一可以肯定的是，他和其他幾個兄弟一樣，從始至終在表面上裝得淡泊無比。儲位既是天下最誘人的位置，也是世上最危險的地方，更何況自己有著這樣一個精明、敏感、犀利、苛刻、強大的父親。一個過於英明的父親，羽翼下不可能出現同樣鋒芒畢露的兒子。因為在自己盯著皇位的同時，兒子深知，老皇帝也在緊緊地盯著自己，觀察著自己的一舉一動。只要他表現出一點點對皇位的渴望，立刻就會被老皇帝偵知。

從父皇的種種舉動中猜到，自己已經被確定為接班人後，他更加小心翼翼，如履薄冰。風險與收益共存，這是永恆的真理。太子這個職位，因為預期收益最大，所以現實風險也就最大。自古至今，一帆風順的太子屈指可數，擔驚受怕，險象環生，幾上幾下，身陷囹圄，甚至身首異處的倒是比比皆是。

祖父雍正皇帝那輩，不正是因為爭儲而兄弟鬩牆，血流成河。在自己的兄弟輩裡，因為這個太子之位，也已經讓兩個人身亡：大阿哥永璜因為年齡居長，又不夠聰明，在乾隆的嫡子早夭後表現得不夠悲痛，因此被多疑的乾隆皇帝指為「圖謀大位」、「幸災樂禍」，憂懼過度，在二十三歲時一病身亡。雖然一句話嚇死了大兒子，乾隆也心有內疚，但是他嚴防皇子皇孫覬覦權力的決心並不因此稍衰。乾隆四十一年（一七七六年），他非常喜愛的皇長孫綿德與一京官互送禮品之事被他得知，他立刻削去他的王爵，罰他去守泰陵。同年七月，一個山西小吏向出繼出去的四阿哥投信，被凌遲處死，四阿哥也因背了個黑鍋，於幾個月後憂懼而死。乾隆皇帝不斷地通過強硬的舉動向所有人證明，任何歪門邪道、陰謀詭計都是自取滅亡。

嘉慶深知，通往皇位的路是一根獨木橋，一失足就粉身碎骨。對一個接班人來說，不犯一個錯誤比做一百件正確的事情更為重要。歷史上無數太子的悲慘命運提醒著他，必須把自己脾氣中的任何火氣都磨去，把性格中任何的任性衝動都束縛住。漫長的「接班人」生涯，對嘉慶皇帝的性格造成了不可逆轉的傷害，在二十多年的儲位生涯中，他養成了凡事四平八穩、面面俱到的性格。做事信條是安全第一、不犯錯誤、不留辮子，作人風格是中庸平和、不標新、不立異、不出格，換句話說，就是瞻前顧後，畏狼怕虎。政壇上任何一點風吹草動，都會讓他緊張半天，任何一方政治勢力的態度，他都會考慮和權衡。「穩健」，是他自以為是的最大優點，實際上也是他最重的枷鎖。

四

除了「安全第一」的性格侷限外，頭腦和觀念也是重要的原因。做為一個從書齋中成長起來的皇帝，一登上帝位，嘉慶手中除了「聖人心法」和「祖宗舊制」，沒有任何新的利器。

大巧若拙，大智若愚。永琰知道，在老皇帝洞察一切的時代，通向皇帝之位的唯一道路是「只問耕耘，莫問收穫」，修身養性，克己制欲，用自己的道德表現和學業水準做為唯一的通行證。

所以，自從懂事起，永琰即以勤學聞名。皇十五子自認為天賦平常，學習起來異常用功，三九寒冬，深更半夜，還經常手不釋卷。在他的詩集中每有這樣的詩句：「夜讀挑燈座右移，每因嗜學下重幃。」、「更深何物可澆書，不用香醅用苦茗。」

乾隆時期的皇子教育被後人稱為是最嚴格、最系統也最成功的。乾隆曾經說過：「皇子讀書，惟當講求大義，期有裨於立身行己，至於尋章摘句，已為末務。」嘉慶的讀書生活，主要是「講求大義」、「修身養性」、「存天理滅人欲」的過程，也就是說，是一個建立「正確世界觀」、使自己成長為一個中規中矩儒家聖徒的過程。

按照傳統的標準，嘉慶皇帝的教育是非常成功的。在乾隆的嚴厲督責和師傅嚴格要求下長大的永琰，品格端正，為人勤勉，生活儉樸，待人寬厚。標準化的教育，成功地一點點錘煉出他體內的種種雜質，成功地封閉了嘉慶皇帝的頭腦，形成了他靜態的中世紀思維方式。「道之大原出於天。天不變，道亦不變。」既然世界上所有的現象都已經被聖人解釋了，一個人活著，只要按照聖人和祖宗無所不包的指示，一絲不苟地執行，一切都會迎刃而解。嘉慶長成的結果，儼然是一部「正確格言」的詞典，什麼「親賢臣，遠小人」，什麼「成由勤儉敗由奢」，什麼由儉入奢易，由奢返儉難，什麼成人不自在，自在不成人，什麼只要功夫深，鐵杵磨成針，什麼「生於憂患，死於安樂」，什麼「一動不如一靜」，什麼「其身正，不令而行；其身不正，雖令不從」……

清代皇子的教育除了聖人心法外，還有一個非常重要的內容，就是「祖宗舊制」。三十年間，嘉慶熟讀了歷朝《實錄》，那些被史臣們不斷聖化甚至神化，顯得無比高大的祖先的雄才大略、豐功偉績，都讓他心儀不已。他衷心欽佩他們的聰明、堅毅、敏捷、氣魄，他認為，祖先們留下的一卷卷實錄和聖訓，就是放之四海皆準的真理，是永遠取之不盡用之不完的智慧寶藏，一切問題，都可以從中找到答案。乾隆四十八年（一七八三年）他隨父皇東巡福陵時，所寫數篇詩詞都以守成為主題。如「守成繼聖王，功德贍巍峨。永懷肇造艱，克勤戒弛惰。」如「嘗祭思開創，時巡念守成。待贍豳洛地，大業緬經營。」

嘉慶即位之時，已經三十六歲。人類的悲哀就在於，他不是一種能永遠自我更新的動物。一個人的基本成分，永遠是青少年時期的教育和經驗，只有蓬勃的青春期是一個人吸收、消化和成長的黃金時期。過了這個時期，即使學習的欲望再強烈，外界的刺激再鮮明，他的接受能力也已經大打折扣。

雖然嘉慶親政之後接觸到的事實和他頭腦中的經驗大不相同，他卻已經喪失了重新思考的能力。刻板的儒學教育，使他不論遇到什麼事情，都只會按照固定的模式去思考和處理。他的思維創造力早已經處於抑制狀態，直覺能力和想像力早已大大衰退，已經沒有可能再像青年時期那樣心靈潔淨，如明鏡一般地反應現實。

五

做為一個錦衣玉食中成長起來的接班人，嘉慶皇帝雖然足夠聰明、足夠敏捷，也足夠有耐心，卻缺乏兩樣對偉大帝王來說根本性的東西：勇氣和魄力。事實上，在父親屍骨未寒之際誅了和珅，對他來講，完全是為了鎮壓白蓮教這個火燒眉毛的任務所採取的非常措施。實行一些有悖於父親方針的「新政」，也是危機情況下不得已而為之的「特殊政策」。出如此重手，支撐他心理能量的，是在漫長的儲位生涯中積累起來的焦慮感和危機感。待白蓮教危機一過，他身上優柔寡斷、憂讒畏譏的老毛病立刻復發了。

他不是不想改革，而是不敢改革。他十分清楚大清朝的危機嚴重到了什麼程度，清楚這具表面看起來還有幾分體面的軀體已經病入膏肓。然而，正是這種可怕的病相嚇倒了他。他生怕自己一招不慎，讓這個重病病人死在自己手上，這是他絕對不敢承擔的歷史責任。

嘉慶帝熟讀經史，他十分明白，在中國的文化背景下，改革是一項風險極大、成功率很小的選擇。北宋王朝的變法、明朝中期的改革不僅沒有解決好問題，反而使既存的矛盾進一步激化，加快了王朝的垮台。中國歷史上那些偉大的改革家，從商鞅、王安石到張居正，最終的下場無一不是身敗名裂。拆掉祖先建起來的百年老屋，全盤重新建造，對他來說簡直是要求一隻羚羊向獅子進攻，絕對不是他的行事風格。

不但大規模的改革不是他敢於承擔的，甚至連小規模的「新政」都已經讓他惶恐不安。「從來帝王之治天下，未嘗不以敬天法祖為首務。」清代歷代皇帝施政原則的第一條都是「敬天法祖」，他們用人行政，總是上天皇考不離口，動輒引據「成憲」。連最著名的改革皇帝雍正也從來不承認自己是改革家，而是自詡「惟以皇考之心為心，以皇考之政為政，宅衷圖事，罔敢稍越尺寸。」在「新政」後期，嘉慶已經開始禁止人們使用「新政」這個詞，就是生怕人們認為他的「新政」是刻意翻父親的案。「不孝」這個罪名，是這個品質「端淳」的皇帝萬萬承擔不起的。他宣布，父皇乾隆晚年雖然做了些糊塗事，但總結他的一生，錯誤和成績至少應該可以二八開。父皇晚年的錯誤，正是因為他背離了自己早年的正確方針，所以，自己的政策本質上是回歸父皇的正確方針，而不是和父皇唱反調。

當「新政」推行到末尾，嘉慶的一系列政策已經被證明對扭轉大清王朝的現狀無太大作用，於是，他開始不斷地自我懷疑，尤其「洪亮吉事件」讓他惶恐不已。

洪亮吉在乾隆時期就以大膽敢言聞名，在嘉慶求直言的鼓勵下，他上了一個言辭激烈的奏摺。在奏摺的開頭，洪亮吉就語出驚人：大清王朝現在出現的問題，根源在乾隆時期。今天大清國政治之敗壞，已經百倍於十年二十年以前，大清王朝已經越來越近地滑向了懸崖邊緣。洪亮吉描述當今的社會現實是，國家「風俗則日趨卑下，賞罰則仍不嚴明，言路則似通而未通，吏治則欲肅而未肅。」此時的大清王朝，「各省官員，貪者十居其九。」與朝廷宣傳的相反，大清王朝的絕大多數官員現在都是壞的或者比較壞的。腐敗之癌已經到了晚期，癌細胞擴散到了全身，天下大亂，指日可待。

洪亮吉說，皇帝的「新政」，手段過於「仁柔」，懲貪表面上轟轟烈烈，但查處的都是撞到槍口上的倒楣蛋。由於監督體系實際上已經失靈，國法對於貪官們已經沒有什麼約束作用：「國法之寬，及諸臣之不守國法，未有如今日之甚者！」。因此，洪亮吉提出亂世需用重典，在人心懈怠之極的情況下，必須痛下殺手，加大懲貪力度。洪亮吉主張，現有行政官員大部分都要淘汰，應大批起用新人進入官場，這樣大清才有希望。

這封奏摺讓皇帝十分震撼。內心深處，覺得洪亮吉許多話說得不無道理，可是，皇帝堅決不同意洪亮吉對大清政局的整體判斷，尤其反感的是洪亮吉的遣詞用句和表達方式。

在皇帝看來，大清社會現在確實是面臨了許多嚴重的問題，但這些問題畢竟是局部的、暫時的、可以克服的。即使從乾隆晚期算起，大清的統治成績仍然是及格的，老百姓的生活基本上是溫飽的，否則就解釋不了為什麼大清王朝能夠平定白蓮教，為什麼經歷了戰爭，人口仍然創了歷史紀錄。洪亮吉這個奏摺的最大錯誤，是宣稱大清朝廷的官員十有其九都是貪官，是認為大清政局的腐敗已經到了讓老百姓無法生存的地步，以致所有祖制舊法都要推翻，這是「公開訕毀乾隆以來大清取得的成就」，不但徹底地否定嘉慶，也徹底地否定父皇乾隆，甚至還變相地否定大清列祖列宗。嘉慶認為，這是一個極其錯誤同時也極其危險的思想。如果說大清天下已經一團漆黑，那豈不是說明大清如大明一樣應該被人推翻了？

因此，這封奏摺表面上慷慨激昂，正義凜然，實際上是一個極為危險的信號。它的出現，說明在大清社會出現了一股試圖徹底否定大清歷代統治成績，進而否定愛新覺羅家族統治合法性的異端思潮。洪亮吉在上這個摺子之前，已經把底稿廣為傳抄和散發，這在皇帝看來，無疑不是一個善意的舉動。在專制政治中，有些話皇帝可以說，大臣們不能說。有些事皇帝和高層可以知道，普通百姓不能知道。雖然皇帝比任何人都清楚大清王朝的腐敗已經到了什麼程度，但是他絕不願意把大清的病狀向世人公布。洪亮吉的這一奏摺，無疑是一份著意製作的宣言書。

做為一個成熟的政治家，一個時刻以大清王朝的「安全第一」為念的守護人，皇帝對這樣的苗頭當然不能放任不管。他從洪亮吉奏摺中的幾處小小措詞錯誤入手，抓他的小辮子，把他發配到了新疆。

洪亮吉案的發生，實際上標誌著「嘉慶新政」的終結。這一案件的發生讓他十分警醒，他認為，正是他「不自量力」、「妄更成法」、「自以為是」，才導致這個危險苗頭的出現。如果按照「新政」之路走下去，最終的結果勢必是洪亮吉這樣的「全盤否定派」得勢，大清王朝必然走上一條「邪路」。

痛定思痛，與洪亮吉建議的大動干戈相反，嘉慶最終選擇了中國傳統式氣功加太極的保守治療方式。他採用東巡的方式，來宣布「守成」思想，就是要告誡滿朝大臣，對於大清這樣一個奄奄一息的病人，千萬不能亂搬亂動，亂下藥方。對這樣的重病病人，唯一可取的治療方案就是「徐徐進補」、「固本培元」，用溫和的藥物一點點滋潤這具乾枯的病體。這種療法一來需要極大的耐心，二來需要對症的補品。他有自信，耐心是他的長處，而補品也有，那就是用來「培植正氣」的一系列「祖宗心法」和「聖人之道」。

守成種種

一

「守成」的大方向一定，那麼，各種具體措施就應運而出。它們就像一套套早已經準備好的工具，整整齊齊地擺在祖宗留下的工具箱裡。

皇帝每日早起洗漱之後，別的事放在一邊，就只恭敬端坐，閱讀先朝《實錄》一卷，除巡狩齋戒外，他天天如此，寒暑不間。

針對腐敗問題、財政問題、人口問題，他一一根據祖先們的遺訓，提出了一套中規中矩的治理方案。

在運動式懲貪失敗後，皇帝認識到僅僅靠殺頭已經解決不了問題，他把反腐的重心放到了教育上。皇帝扭轉官場風氣的主要辦法是選拔清官，通過樹立榜樣來引導人、教育人、啟發人的天良。

皇帝同意洪亮吉的說法，即現在官場作風非常之壞，但是皇帝認為，通過思想教育可以扭轉風氣。皇帝說，「小民皆有天良」，官員自然也不例外，之所以有「惡者」、「貪者」，根本原因在於「教化不行，不明正道」，故抓好教育，官員們就能保持住「天良」重新歸善。嘉慶整頓吏治的核心思路，在選好朝廷的中樞大臣，樹立一系列良好的榜樣，以上行下效，來帶動整個朝廷政治風氣的轉變。

嘉慶一朝的中樞大臣們，突出的特點是道德操守不錯，辦事謹慎小心。乾隆留下的老臣王傑因「忠清直勁，老成端謹」令嘉慶十分欣賞，稱讚他「直道一身立廊廟，清風兩袖返韓城」。劉墉也因向稱「清介持躬」而得到重用。另一名重臣董誥也是勤慎持正的人，史書稱其「父子歷事三朝，未嘗增置一畝之田、一椽之屋。」戴衢亨則「性清通，無聲色之好，辦事謹飭清慎。」

然而，他們還有另一個共同的特點，那就是缺乏傑出的政治才華，少有遠大的政治眼光和創新精神。對於嘉慶一朝嚴重的社會問題，他們沒有一個人能提出略有新意的解決辦法。寧用平庸之徒，不用「有才無德」或者「躁進好動」之人，是嘉慶的用人原則。雖然號稱法祖，實際上這一用人標準與他的先祖們並不相同。且不說清朝興起時大量任用「操守有虧」的漢族降臣、叛臣，就是康雍乾時期，皇帝用人，也首重能力，不拘小節，所以才造就了一百多年的輝煌。咸豐年間，大臣張集馨與咸豐皇帝縱談乾隆年間事，有一段有趣的對話：咸豐說，「老輩督撫要錢厲害。」意思是說，乾隆年間的大臣都很腐敗。張集馨卻認為，乾隆年間，督撫雖不免貪瀆，然其才能皆大開大闔手筆；今督撫才能似不如老輩，而操守似亦勝於老輩。這一說法，也適用於嘉慶時期。

二

教育式的反腐，其實是緣木求魚。因為大清王朝此時的腐敗是典型的制度性腐敗。僵化的財政制度、失靈的監督體系、貪瀆文化的傳統是嘉慶時政治腐敗的三大原因。其中最主要的是財政制度。如前所述，從雍正時期到嘉慶時期，由於美洲白銀大量流入，大清物價上漲了三倍。按道理，物價上漲之後，官員俸祿起碼也應該同步上漲。然而自雍正養廉制制定之後一直到嘉慶年間，乾隆和嘉慶皆以「守祖制」為由，沒有給官員們加過一次薪。

然而，嘉慶皇帝堅決反對財政改革。

他害怕增加稅收會造成社會不穩定。明代萬曆皇帝為了戰爭加派「三餉」，剜肉補瘡，動搖了大明帝國的根基，所以清朝歷代皇帝一再強調，明朝不是亡於崇禎，而是亡於萬曆。這一點，嘉慶印象非常深刻，他決心凜然恪守「不加賦」的祖訓。不但不加賦，甚至由於經常豁免災荒地區的稅收，嘉慶年間的稅收比祖制還有所減少。雖然人口增長了近一倍，但嘉慶十七年（一八一二年）的田賦、鹽課、雜賦收入，只有四千零四點四萬兩，同乾隆十八年（一七九三年）相比，前後六十年間只增加百分之六點三。財政收入嚴重入不敷出。

面對財政困難，嘉慶皇帝的方針是大力提倡節儉。他在嘉慶十年（一八〇五年）說道：「朕惟厚生之道，在乎節儉。國家重熙累洽，生齒日繁，日用所需，人人取給，而天之所生，地之所長，只有此數。若再性好奢華，不思撙節，勢必立見匱乏，何以保生聚而慶盈寧？……當自知謹身節用，崇尚簡樸。」也就是說，大地上所能出產的物品是有數的，人口比以前增加了，能分到每個人身上的物品就減少了。所以道理很簡單，在人口增長的形勢下，每個人都必須以節儉為尚，社會才不至於起衝突。他以身作則，希望文武百官能夠效仿，使百姓的生存之資不被過分的剝奪，留有一線生機。所以，他的節儉不只是私德，而且是治國大法。

可惜，這種做法，後來證明對解決財政困難的作用不大。

三

解決人口問題，一個重要的手段就是發展工商業，嘉慶皇帝卻毫不猶豫地掐斷出現在他眼前的任何一根工商業之苗。然而，其實康雍乾時代除了鼓勵墾荒等傳統型政策外，已經在東南沿海某些省分採取了一些富有近代性內涵的新政策。

雍正年間，中國人口壓力最大的地區之一是東南沿海福建和廣東兩省，為了解決百姓的生計問題，雍正解除了南洋貿易之禁。於是，華商前往巴達維亞（今印尼雅加達，當時為荷蘭統治）的貿易，在閩廣等沿海省分重新興旺起來，從而解決了與外貿有關部分人口的生計，同時亦帶動了東南沿海地區外向型手工製造業的發展，吸納了部分過剩人口。

乾隆在雍正的基礎上解除了廣東的礦禁，讓民間力量可以開採銅礦，也吸納了部分剩餘人口。廣東解除礦禁，標誌著清代國家產業政策具有某種嶄新意義的一次重大調整，其影響遠遠超出廣東一省。十八世紀初期，中國閩廣地區在人口壓力下最先出現解除海禁和礦禁，從某種意義上來講，可以看作尚處於農業社會的中國，迎向工業文明的一抹熹微曙光。

如果嘉慶能在雍正乾隆的基礎上繼續解放思想，這一抹曙光也許會演變成朝暉。然而，嘉慶帝是堅定的禁礦者，穩定是他心中的頭等大事，他在這個問題上是毫不動搖的。

嘉慶四年（一七九九年）四月十九日，宛平縣人潘世恩和汲縣人蘇廷祿，向地方官要求在直隸邢台等縣開採銀礦。這個事可不可辦？皇帝說，開礦不是件小事，需要聚集眾人，經年累月。而以謀利之事，聚集遊手之民，聚眾鬧事，勢在必然。即使是官方經營，也難以約束這麼多人，如果聽任一、二個老百姓集眾自行開採，更是非常危險。皇帝還說，朕廣開言路，不是要開言利之路，國家經費自有來源，怎麼可以窮搜山澤之利呢？

結果，潘世恩、蘇廷祿這兩個人，以開礦為由，思謀其利，實屬不安本分，俱令押送原籍地方，交地方官嚴行管束，不許出境鬧事。給事中明繩竟然把這樣不合規矩的事上報給朝廷，明顯是受了這兩個人請託，希望事成之後，分肥利己，實在卑鄙，也必須嚴加懲處。

凡事以穩定為最高目標，導致嘉慶做出了這個錯誤決策。這一決定，是對雍正、乾隆時期新政策探索的開倒車，它堵死了大批剩餘勞動力的出路，加劇了社會動盪。

緣木求魚

一

如果綜合評價，嘉慶帝可能是清代帝王，甚至中國歷代皇帝當中私德最好的。他是個禁欲主義者，不給個人享受留一點空間。甚至到木蘭圍場圍獵，都完全是「遵守祖制」的需要，而不是因為自己喜歡打獵。他嚴格按照先祖們定下的時間、路線，一點也不走樣，打上兩件獵物，就立刻趕回去看奏摺，絕不因景致優美而多耽擱一刻。「欲望」在他看來是最危險的東西，他的一生，從沒有被聲色、珍玩、不良嗜好所迷惑。

他也是清代除了康熙以外最有人情味的皇帝。他的心地確實很善良，也很善於用小細節表現自己的愛心和溫情，營造自己「親民」、「仁慈」的皇帝形象。

每次出巡路上，只要遇到百姓攔轎喊冤告狀，他一定停下來，細細詢問，批示有關部門迅速辦理。他說，老百姓敢於攔御轎，一定是有比較大的冤屈，我再勞累也要及時處理。東巡盛京時，他甚至還親自審問民案，為百姓做主。

他待人非常平易。有一年提督湖北學政楊懌回京覲見皇帝，正值酷暑，皇帝正揮扇不止。一見楊懌進來，皇帝立即將扇子放在一邊，非常詳細地向他問起地方上的種種情況。雖然汗出如雨，浸透紗袍，皇帝卻再也沒拿起扇子。因為按體制，大臣在皇帝面前不可以揮扇，所以皇帝寧願與大臣同甘共苦。楊氏晚年回憶錄中寫到此事時，仍然感動得痛哭流涕。

嘉慶皇帝的心非常之細。親政不久，他就下詔說，乾隆皇帝曾賜一些功高的大臣們紫禁城騎馬的特殊待遇。然而，滿漢大臣有所不同。滿洲蒙古大臣平常習慣騎馬，漢大臣卻很少會騎馬的。所以，他特意下旨，規定享受紫禁城騎馬待遇的漢大臣，特別是那些年邁力衰或體弱多病之人，可以乘車到紫禁城。

甚至在他最粗暴的一次表現中，仍然含有溫情的成分。雖然他對洪亮吉的奏摺十分惱怒，但是在洪亮吉被關進刑部大牢後，他不忘專門派太監到刑部，傳達一句「讀書人不可動刑」，讓刑部善待這個政治犯。這句話讓洪亮吉感動了一輩子。在他去世後，朝中大臣們無不對他充滿懷念。

二

嘉慶皇帝深得乾隆皇帝真傳，生活起居，如同鐘表一樣精確，在位二十二年，沒有一天不早起。往往天還沒亮，他就已讀完《實錄》，開始秉燭批閱奏章。他事事躬己總攬，早膳後召見大臣，往往多達十餘人，為了批覽幾十件奏摺，常常忙得忘記吃午飯。遇到外出巡視，則更要早起數刻，提前把一天公事辦完。在勤政這點上，嘉慶頗有祖父雍正皇帝「工作狂」之風。

自擔任皇子期間，便養成了每天大量動腦的習慣，工作已經成了嘉慶帝王生活中的第一要務，一天不辦公，不理政，他就渾身不舒服。嘉慶中期的某一天，他早起參加一個祭祀典禮，典禮完成後才上午十點鐘，他決定回乾清宮接見大臣，不料一問御前侍衛，侍衛說當天沒有官員請求接見。皇帝有些懷疑，一問軍機才知道本來是有幾名大臣要奏事，可是睿親王考慮到皇帝參加典禮已經很累，加上天氣十分炎熱，為了讓皇帝節勞，所以私自把他們的引見順延到第二天。

嘉慶皇帝知情後勃然大怒，他申斥睿親王說：「朕年方四十，雖日理萬機，從不以此為勞。引見這麼幾人，本來也不足為勞。」睿親王如此大膽，擅自改動官員引見日期，意欲何為？一番訓斥之後，將他交宗人府嚴加議處。睿親王好心沒好報，被降職罰俸。

和其他皇帝不一樣的是，別人是「靡不有初，鮮克有終」，嘉慶帝卻從來沒有出現過「倦勤」的情況。他的耐性、毅力，古今無二，天下無雙。一直到臨死，他還是保持這樣的敬業精神，沒有出現過任何懈怠。嘉慶十年（一八〇五年）十二月，他依照慣例到中南海的瀛台觀看冰技，碰巧那日沒有奏摺遞來，皇帝回宮後無公事辦，便氣得下旨給大臣們說：朕每日孜孜不倦，勤求治理，即使外出，也必早起數刻，辦完事才出去。你們這幫大臣，怎麼能上行而下不效？我去看冰技，也是祖宗傳下來的規矩，大冷天的有什麼好看。你們倒趁機在家睡懶覺，畏避早寒，年長者尚可寬恕，年少者就大可恨。於是傳旨，將滿漢文武大小衙門的官員，一概嚴行申飭。

節儉也是皇帝堅持一生的品質，他牢記父親晚年的教訓，對奢侈浪費一直深惡痛絕。嘉慶十六年（一八一一年），嘉慶五十一歲壽辰時，御史景德奏請依照前代皇帝作法，在皇帝萬壽時，於京城演劇十日，並請以後每年都以此為例。嘉慶覽奏，勃然大怒，說朕親政以來，惟以民生休戚為念，從無崇奢浮侈之事。況且朕就是真想大辦慶典，你做為言官也該勸阻才是，景德卻反以這種事上奏，實在太可氣了，於是將他以「溺職」罪革職，發往盛京（今瀋陽）充當苦差。這個馬屁可說重重地拍在了馬腳上。

朝鮮使臣對嘉慶帝的行政評價很好，例如：「平居與臨朝，沉默持重，喜怒不形。及開經筵，引接不倦，虛己聽受。」，「御極以後，銳意圖治，早朝晏罷，屏退奸黨，升庸名流，懲於和珅，權不下移」又如「正月親政以後，總攬權綱，振刷風俗，發號施令，多有可觀。」

三

然而，就是這樣一個仁慈聖明的皇帝，除了親政初期意氣風發過一陣外，越到後來，就越深陷於無奈、愁悶及苦惱之中。他自以為穩妥的「守成之法」，並沒有如他所期望的那樣使大清帝國慢慢恢復元氣，重現榮光，結果反而是越來越積重難返，不可收拾。在他統治的後期，令他尷尬不已，甚至羞愧落淚的事，不只一件。

嘉慶十八年（一八一三年）九月十六日黃昏，皇帝正由避暑山莊返回北京，抵達北京城外的白澗時，接到了一個驚人的消息：二百多名天理教教徒，兵分兩路，於昨天上午攻進了紫禁城。他們與一些信教的太監裡應外合，一直攻打到皇后寢宮儲秀宮附近。幸好皇子綿寧帶領守衛部隊全力抵抗，最終將起義軍殲滅。

皇帝在行宮中看罷皇子綿寧草成的彙報，淚流滿面，當晚一夜不眠。邪教教徒攻入皇宮之內，並且差一點攻到了皇后面前，這在中國歷史上的承平年代，是從來沒有出現過的，實在是「漢唐宋明未有之奇事」。皇帝很清楚，這樣天大的醜聞，一定會在歷史上永遠記載下去，這個汙點，是永遠洗不掉的，這令自尊心極強的皇帝深受刺激。

第二天，皇帝向全國臣民發下了朱筆親書的《遇變罪已詔》。皇帝說，我大清國一百七十年來，列祖列宗愛民如子，深仁厚澤，我雖然能力平庸，卻也沒有做過害民之事。然而，這漢唐宋明未有之奇恥大辱，卻發生在我的任內。細細思量，問題還是出在大臣們因循怠玩，不能體我的苦心，悠忽為政，怎麼教育都不能清醒！從今以後，我當然要自我反省，改正自己身上的不足之處，上答天命，下解民怨。諸大臣們，如果你們願意做大清國的忠良，就請你們赤心為國，竭力盡心，以匡正我的失誤，糾正不良的社會風氣。如果你自甘卑鄙，那麼就請你掛冠致仕，回家養老，千萬別再尸位素餐，增加我的罪過！

《遇變罪已詔》最後八個字是：隨筆淚灑，通諭知之！古今中外，如此動情、委屈的聖旨，獨一無二。此後數月間，他的詔書中一再出現抱怨、悲嘆、感慨之辭。他為此作了許多詩，有句云：「從來未有事，竟出大清朝」，深感自己對不起列祖列宗。他在《報天恩肅吏治修武備諭》中感慨地說：「為君難，至朕尤難！」

四

紫禁城之變是大清衰勢的一個特殊表徵。在它的背後，是大清深層問題的不斷惡化：人口壓力絲毫沒有減輕，流民越來越多，土匪四起，邪教橫行。除了天理教之外，什麼靜空天主、老佛門、一柱香、紅陽教、清茶教、大乘法門等教門，接踵而出，目不暇給……

實際上嘉慶皇帝已經做到他觀念範圍內的最大努力。他對每一個問題都是盡心盡力處理，既耐心又堅決。二十多年中，他就猶如唐吉訶德，一刻不停地和風車搏鬥，卻於事無補。腐敗問題絲毫沒有好轉，政令出不了紫禁城，政府工作昏庸懈怠，種種離奇之事一再出現。

嘉慶晚期的一年，他去祭掃東陵，兵部尚書卻在路上突然奏報，說帶在身邊的兵部大印不知道被誰偷走了。皇帝大為震怒，部印失盜，不但不成體統，而且也極為危險。試想皇帝外出其間，如果發生意外，若連皇帝都無法調兵遣將，政權將如何自保？皇帝下令調查，沒想到調查的結果更讓人吃驚：大印居然是三年前就丟了，一直被隨從的司員隱瞞至今。雖經百般審問，此事最後仍然沒有結果，不了了之。

嘉慶二十三年（一八一八年）武科考試後，皇帝按慣例為武進士舉行傳臚大典。這一天皇帝起了個大早，早早就位。隆重的典禮按時開始，可是第一名和第三名，也就是武狀元和武探花卻怎麼等也等不到，大典只好中止。事後調查，原來是太監忘了開宮門，令武狀元和武探花四處找門找不著……

雖然一再發生行刺皇帝、殺入皇宮的事件，可是宮門門禁這個小小的問題卻怎麼也解決不了。嘉慶二十四年（一八一九年）四月，又有一名普通老百姓乘守門者不當班，潛入紫禁城，一直走到內右門，深入大內，才被太監發現。

還有一次皇帝出門散步，發現大宮門外居然有人放羊，這些羊群就在皇帝眼皮底下悠然自得地漫步吃著「御草」。此外，宮門鹿角之上有人乘涼閒坐，不遠處樹林裡有小販們舉行野餐，席地喝酒吃肉。皇帝一追查，原來這些羊是太監們養來賺外快的，那些小販都是太監們的朋友，想來看看皇帝住的地方是什麼樣。

乾隆以前，對皇室宗親要求極嚴，約束極細，天潢貴冑們是整個大清社會中素質最高，修養最好的一個群體。嘉慶中期之後，八旗子弟已經徹底腐化，宗室隊伍中，出現越來越多的敗類。在清查天理教起義的過程中，嘉慶皇帝驚訝地得知，宗室之中，竟然也有加入邪教者！宗室奉恩將軍慶遙，宗室舉人慶豐，宗室海康都是天理教的周邊組織紅陽教的成員。天理教徒進攻紫禁城的計畫，早就通知了他們，他們欣然決定參加，以便在起義成功後當上大官，只不過當天出了意外，沒能共襄此盛舉。

後來演變成一場重大戰爭的主角鴉片，在嘉慶時期就已經是重要的社會問題，宗室之中吸食此物者極多。嘉慶二十四年（一八一九年）朝廷舉行大典，宣布這一年科舉考試成績。按理，充任導引官的貝子德麟應該早早來到太和殿前帶領新科進士們站排行禮，可是太陽已經三丈高，他還沒到場，導致大典無法按時進行。皇帝覺得奇怪，命人查找，結果發現此人正躺在家中吸食鴉片，飄飄欲仙的快感讓他忘了自己身上的要差。皇帝大怒，當即把他拉到宮門外，重責了四十大板，革去爵位。

可是就在這事發生幾天之後，又有人重蹈覆轍。御前侍衛安成出任庶起士考試的監考，由於沒過足菸癮，考試快完事了他才來，被皇帝革去了御前侍衛之職。除此之外，宗室之中開賭場的、嫖娼的、依仗宗室身分四處招搖撞騙的，到處都是。甚至那些被皇帝宣布圈禁起來的有罪宗室，居然也能找到門路，讓人把妓女送入監獄裡供他們享受。凡此種種，嚴重敗壞了愛新覺羅家族的聲譽。

皇帝憂心不已。為了扭轉這種局面，他煞費苦心，花了好幾天時間，寫成了一篇鴻文《宗室訓》，發給每個宗室。這篇御制文章說，宗室風氣敗壞已極，許多宗室「所為之事，竟同於市井無賴。」

和以前一樣，皇帝的這篇教育文章不過是重複了一系列道德教條。說什麼「若問予立身之要，曰孝悌忠信禮義廉恥；若問予應為之事，曰國語騎射讀書守分。」皇帝命令每個宗室都有要一本，讓他們好好學習，改造思想。為了保證學習效果，皇帝還命令宗人府組織了一次考試，考試內容就是默寫《宗室訓》。據宗人府報告，考試成績不錯。

可是這一教育運動開展了很長時間，宗室風氣竟然還是無一點好轉。皇帝很奇怪，一天特意召見散秩大臣、宗室奕顯、成秀、敬敘三人，問他們學習《宗室訓》的心得。不想這三人瞠目結舌，根本不知道有學習《宗室訓》一事，更沒讀過一個字！

皇帝大吃一驚，感覺「實出意想之外」。然而除了痛罵宗人府官員「喪盡天良」之外，他再也不知道該做什麼了。

五

到了晚年，他的「守成」、「法祖」已經昇華到每天都死按實錄辦事的程度。

嘉慶二十年（一八一五年），禮親王昭璉因小事將其屬下人等禁押在王府之內，嚴刑拷打，手段非常殘酷。皇帝聞知後十分生氣，判昭璉革去王爵，圈禁二年。嘉慶二十一年（一八一六年）六月，皇帝早起恭閱康熙《實錄》，看到內有平郡王納爾圖打死無罪者又折二人手足一事，當時康熙的處理方案是革去王爵，免其監禁。禮親王案遠較之平郡王案輕，於是皇帝當日下旨，改變前判，「敬承家法」，將昭璉釋放。

嘉慶二十四年（一八一九年）十月十九日，宮內文穎館失火，火勢不大。內宮太監鑑於天理教血染紫禁城的教訓，怕引壞人混入宮中，沒有開宮門命護兵入內救火，而是由太監們親自撲滅。按理說這事處理得不能算錯，可是嘉慶皇帝在八天之後在乾隆二十六年（一七六一年）九月《實錄》中讀到，乾隆帝規定凡宮內園庭遇失火等意外之事，即行開門放外邊人等進內撲滅。於是皇帝根據這一記載，以違背乾隆指示為由，下旨處罰有關官員。

正是在這種不論時間地點一律按《實錄》辦事的原則下，大清朝一天天走向了萬劫不復的深淵，皇帝也在迷茫中一天天老去。

嘉慶二十四年（一八一九年），孔子後人、第七十三代衍聖公進京面聖，回來後把皇帝的談話一絲不苟地記載下來，使我們得以直擊這位皇帝晚年的精神面貌。皇帝一見面就說：「我想到曲阜去，不能，你知道不？聖廟新修的，我等到七、八年後去，又殘舊了……」

過幾天辭行，皇帝又舊事重提，絮絮叨叨地說：「我登基已是二十四年，總不能去（祭孔）。我從前雖然隨著高宗（乾隆皇帝）去過兩回，到底不算。我到你那裡去容易，就是路上難，水路亦難走，旱路亦難走……你看河上水這麼大，山東民情亦不好，到底怎麼好？弄得真沒法，了不得！」

一口一句「真沒法」、「怎麼好」、「了不得」，似乎已經成了皇帝的口頭語，焦頭爛額之態畢露。帝王生涯現在對他來說，簡直是一種刑罰。在撒手而去的時候，嘉慶的最後一絲意識也許是輕鬆而非留戀。

六

從親政初期的偉大，到謝幕時的尷尬，嘉慶的滑落曲線如此令人嘆息。在全面盤點嘉慶皇帝的統治時，歷史書給出的詞彙是「嘉慶中衰」，他二十多年的統治，前面連著「康乾盛世」，緊接其後的，則是「鴉片戰爭」。正是在嘉慶皇帝的統治下，大清王朝完成了走向萬劫不復的衰敗的關鍵幾步：腐敗之癌由乾隆晚期侵蝕到國家肌體的幾個重要器官，演變成了嘉慶晚期的淪肌浹髓，全面擴散。國困民貧交織在一起，大清帝國的菁華已經被掏空，只剩下風中之燭。所以在嘉慶之後，昔日不可一世的大清帝國才那麼容易地淪為任人宰割的物件，這位辛苦了一輩子的皇帝，後來竟是做為一個徹底的失敗者進入了歷史。

失敗的原因，是一直標榜「法祖」的嘉慶，在最核心的地方背離了祖先的傳統。滿清歷代雄才大略的帝王們一以貫之的特點一是「現實精神」，二是超凡勇氣。皇太極說過：「凡事莫貴於務實。」雍正皇帝也說：「本朝龍興關外，統一天下，所依靠的，唯有『實行』與『武略』耳。我族並不崇尚虛文粉飾，採取的舉措，尚來符合古來聖帝明王之經驗，並無稍有不及之處。由此可知，實行勝於虛文也。」

從努爾哈赤到多爾袞，正是因為他們頭腦不受束縛，一切判斷從現實出發，因勢利導，靈活實用，才成功地從東北走到了北京。從康熙到乾隆，也正是在現實精神的指導下，才出現了連續百餘年多次不拘定勢的政治創新，生機勃勃、充滿進取精神的政治態勢，以及不斷生長、修正、完善的制度演變，而最終有了康乾的盛世。他們高舉的「法祖」之旗，法的正是祖先們的現實主義精神和宏大氣魄。

而恰恰是從高喊守成的嘉慶開始，清代皇帝們丟掉了祖先們的精神內核。對失敗的恐懼，讓嘉慶注定是個失敗的皇帝。因為一個沒有缺點的人，注定是平庸的人，一個不敢承擔任何風險的統治者，注定不能成大事。在這「千年不遇之變局」前，要想挽救大清朝，最關鍵的不是勤奮，不是仁愛，也不是節儉，而是眼光、觀念和勇氣。

可惜，嘉慶皇帝缺乏的，就是這樣一雙能發現問題的眼睛和解決問題的勇氣。大清王朝的不幸，就在於需要偉大人物的時候，坐在這個位置上的，卻是一個平庸的好人。

第七章

洪秀全

心不在焉的革命者

十九世紀中葉，中國歷史巨流之所以出現那個驚天大彎，僅僅是因為被一位鄉下年輕人的怪夢輕輕撞了一下腰。它似乎是上天的一個寓言，預示著它將把全中國帶入一個同樣驚悚而狂亂的迷夢當中。

從魯蛇到神

一

雖然二十四歲就得到神啟，然而洪秀全卻是六年之後才走上了革命之路。

那個夢雖然那麼真實而離奇，但畢竟是個夢。醒過來後，洪秀全又拾起了書本，打算繼續在體制內奮鬥。換句話說，還是想要中秀才、中舉人，獲得為大清王朝服務的資格，畢竟他才二十四歲，仕進之路還沒有完全堵死。我們不能肯定秀才是否可以讓洪秀全終生滿意，但幾乎可以確定的是，如果擁有了一個舉人的頭銜，他一定別無所求了。這樣一個小小的代價，報酬也許是避免十多年後上億兩的軍費開銷和近億的人口損失。

很可惜學政無法預知歷史，所以讓又苦學了六年的洪秀全，又一次落第。事實上，以他的文筆，如果真的成了秀才，倒是對大清國文化教育水準的諷刺了。

這次的落第使洪秀全的人生之路徹底明確了，他已經考了十五年，如今年已三十歲，功名這條路顯然是走不通了。學習別的手藝已經來不及，他肩不能擔，手不能提，除了那個離奇的夢之外，他的一切都相當平庸：無論是文筆、能力還是性格。從他後來的人生表現來看，我們很難相信他能在其他領域獲得什麼引人注目的成功。

在抑鬱無聊之中，他收拾舊書，發現了幾本《勸世良言》，這是六年前那次趕考時一個傳教士送給他的，既然不要錢，他就留了下來。此時閒來無事，就坐下來翻翻。如前所述，他突然想起了那個夢：這裡面描寫的上帝，和他夢中的那位老人怎麼那麼相似？一個電光石火般的念頭在洪秀全腦中閃過，走投無路的他彷彿突然看到了一條康莊大道，他興奮地告訴家人，他是「上帝之子」，是「天下萬物之主」。

「拜上帝會」從此誕生。被命運逼到了牆角的洪秀全抓到了最後一根稻草。不，不是稻草，而是打開一個全新世界的金鑰匙，他的那個「異夢」，從此找到了生根發芽的土壤。

二

從表面上看，歷史之所以好玩，是因為它的創作者是一位把「偶然」運用到極致的戲劇大師。不過，歷史的深奧或者悲哀實際上在於，每一個偶然背後都隱藏著巨大而沉重的必然。太平天國因為它「中西結合」的特殊方式，在中國歷史上顯得相當怪異。但事實上，在這張怪異面孔的下面，它的每一個細節，都不過是漫長而複雜的中國歷史的重複。「夢的預言」這種異事，並不是只發生在洪秀全身上。我們隨手翻檢史書，在他之前和之後，都可以找到相似的例子。

乾隆三十九年（一七七四年），山東清水教起義的領導人王倫在起義之前，曾經「夢見是龍」，因此預測自己「將來大貴」（《欽定剿捕臨清逆匪紀略》）。這個夢堅定了他起事的決心，後來又被廣泛宣傳，成了教徒們信心的來源。嘉慶年間天理教起義的重要首領李文成，之所以始終堅信自己能成大事，也是因為一個奇怪的夢：「夜夢魔神語之曰：君乃十八子明道震宮九教主也，得東方生氣，居河洛之中，協符大運。文成驚異，益自負。」（《靖逆記》）

甚至在洪秀全的偉業煙消雲散的百年後，這種事還曾經多次重複發生。比如一九八〇年左右，四川巴中縣青山鄉曹家溝一位二十出頭的青年農民曹家元做了一個怪夢，夢見他爺爺墳前坐著一位白鬚老人，老人頭上有一條一丈多長的金龍騰飛。老人說：「我是你爺爺，把這個罈子給你吧！」他打開一看，裡面都是黃澄澄的金子。不久之後，他又做了一個怪夢，夢到他進了縣劇團，演出「黃袍加身」的戲，宮娥彩女排成兩排，站在他的身後。這兩個夢使他相信自己有皇帝之運，因此自命不凡。後來一九八二年春節掃房時，他又在木倉中偶然拾得《五公經》一本，讀了這本書讓他更加相信自己就是書中的應運之人，從此不再工作，專心研究《五公經》，投入民間宗教事業，學會了「出神」、「走陰」，並且在發展了一批信徒之後，於一九八二年五月十六日在曹家溝自家院中舉行了登基大典。信徒八十一人跪拜在地，在小小山村裡的場面顯得相當壯觀。當然此事不久後即被公安機關得知，並且迅速剿滅。（《帝夢驚華》）

三

洪秀全經歷背後隱藏的另一個規律是，那些民間宗教的創立者，起初往往都是在俗世奮鬥中屢屢受挫的「魯蛇」。

一九九〇年代初在蘇北鹽阜創立「黃壇教」的朱良美，在創教之前是一個四十多歲的「老光棍」。他因為長相肥醜又不務正業，被人稱為「豬郎公」。被命運逼到牆角後他狗急跳牆，宣布自己是觀音菩薩的兒子，創立了黃壇教，以此奇招一舉扭轉了人生的頹勢。他以「狐仙附體幫人治病」的方式，發展了附近六十戶二百五十餘人入教。原本娶不上老婆的他在成為教首後，給自己設了三宮六院，並在信徒中挑選了各宮「娘娘」，前後封了「正宮娘娘」、「東宮娘娘」、「西宮娘娘」及「貴妃」共計十七人，過著帝王級的豪華性生活。(《帝夢驚華》)

一九九〇年在河南嵩縣老曼場創立「萬順天國」的李成福，與朱良美有著異曲同工的命運。他因為家境貧困又不務正業，一直沒娶上老婆，直到三十四歲，才和一個帶著孩子的寡婦訂了婚。訂婚不久，那個水性楊花的寡婦又移情他的弟弟，成了他的弟媳，悲憤之下，李成福離家出走，離鄉背井，發誓要改變自己的命運，衣錦還鄉。在挖了兩年山藥之後，他憑著自學的看風水算卦本事，在異鄉獲得了山民們的尊重。他手持幾本《奇門遁》、《推背圖》，向山民們宣布，這個朝代快完了，他要執掌江山。巧舌如簧的他居然成功地號召一批中堅分子，創建了「安民黨」，籌建「萬李起義軍」，並在一九九〇年正月的一個晚上宣布「萬順天國」正式成立。可惜他遠沒有洪秀全走運，「天國」成立不久就進了監獄。

當然，中國歷史上最典型的例子，還是嘉慶年間天理教起義的總導演林清。這次起義因為義軍傳奇般地攻入紫禁城而垂名青史。起義總首領林清的命運轉折，生動地向我們演示了民間宗教是如何「變廢為寶」、「點石成金」的。林清於乾隆三十五年（一七七〇年）生於北京近郊，父親是衙門裡的一名書吏。他的前半生幾乎完全是由大大小小的失敗串連起來的，而且這些失敗之間甚至沒有什麼緩衝地帶：

林清「少無賴，（其父）先本捶撻之，不克悛，屏處藥肆。」（《靖逆記》）。他讀了幾年書後，發現不是讀書的材料，於是在十七歲那年，父親把他送到一家藥鋪裡當學徒。三年學習期滿，林清學了點中藥知識，「並略懂醫病」，遂進入社會。

出社會後他的第一份工作是在三里河的一個藥店裡當夥計。這本來這是一個不錯的職業，不幸的是他剛入社會就染上了嫖娼的惡習，得了梅毒，長了一身的毒瘡，「被藥鋪逐出」。

他隨之而來的第二份工作收入低又不體面：在順城門外大街打更，這一般是老頭們幹的活兒。不過也有好處，打更都是深更半夜出來，不怕人瞧見他的毒瘡。不久之後，父親去世，他的毒瘡也好得差不多了，就回鄉頂替父職，任黃村巡檢司書吏。書吏雖然工資低微，有的甚至沒有工資，但是因為充當著官僚體系與民間社會的連接劑，擁有操縱潛規則的空間。那些心黑手狠而又「門兒清」的書吏中，不乏發財致富者。可惜林清發財之心過於急切，當上書吏不久，就因為私扣民夫工資而被革退。這是他第二次失業。

被「開除公職」之後，林清並不服輸，決心自己創業。他用沒被官員查出的那部分贓款與他姐夫在黃村合夥開了個茶館，投身商業。一開始，他跑東跑西很賣力，茶館經營的還不錯。無奈他做事只有三分鐘熱度，事業剛起頭，就沉溺於賭博，沒多久便把自己的本錢輸得精光，被姐夫攆了出去。這是他第三次失業。

儘管連續遭遇了三次打擊，林清對人生並沒有失去信心。他的長處就是從不服輸，「大不了從頭再來」。於是，他懷著「風蕭蕭兮易水寒，壯士一去兮不復還」的悲壯情緒，偷越邊牆，潛入滿清皇帝們圈為禁地的熱河。在那裡他憑著一張三寸不爛之舌和曾經經管河務工程的「工作資歷」，獲得了一位管理皇家工程的「汪巴大人」的信任，參與管理「布達拉石作工程」。工程業務自古至今都是貪汙腐敗的最佳管道，這次工作是他職業生涯中最成功的一次。他很快地賺了一大筆錢「衣錦還鄉」，大搖大擺地在人們驚訝的眼光中回到了黃村。然而好景不長，財主日子沒過上幾天，他就因賭博和嫖娼很快地又把身上的錢敗光，再一次成了窮人。不過見識過花花世界的他已經知道了外面世界的精彩，於是他再度外出，南下蘇杭。在蘇州他謀到了一份在「四府糧道衙門」當長隨的工作。《靖逆記》記載：「清有口給，能營賄賂所得，即散去若糞土。及事覺，官繩以法，清潛逃。」也就是說，他又一次因為過於大膽的貪贓枉法而失業。這是第四次。

這次失業的後果十分嚴重，因為這是在遙遠的他鄉，他舉目無親，連家都回不了。想來想去，只好靠記得的幾個藥方當上了游方醫生。游方醫生其實比乞丐強不了多少，居無定所，饑一頓飽一頓，更談不上能賺錢。沒辦法，他生平第一次當苦力，在糧船上給人拉縴。這份工作的好處是他可以沿運河一路北上，回到北京。不過當糧船到達北京時，他已經形同乞丐。

回到北京之後，他賣過鵪鶉，當過鳥雀鋪店員，但都因為好吃懶做，沒幹長久，還因為將鳥雀店本錢花光，「險些被人送官」，只好灰溜溜地回到黃村，落腳在外甥董國太家。總結前半生，林清換了十多種工作，除了在熱河的一次外，基本上都是以失敗告終。這一方面固然說明「大清盛世」中社會底層的生存狀況並不如王朝自己宣傳的那麼安穩，另一方面也說明林清本人性格中存在著致命的缺點：好逸惡勞，性情浮躁，做事沒常性，大手大腳，花錢散漫。

直到加入民間宗教後，這個「屢戰屢敗」、「百無一能」的「廢人」的命運，才發生了一百八十度的大轉變。嘉慶十二年（一八〇七年），三十七歲的林清在走投無路的情況下加入了榮華會（即「八卦教」中的坎卦教）。我們沒有足夠的證據證明林清加入榮華會是出於真正的信仰，《靖逆記》說「清之初入教也，意圖斂錢，無大志。」這個說法是根據林清自己的供詞：「我起初倡會，原是意圖斂錢。」然而林清馬上就發現，他終於找到了適合自己的終身事業。他發現他簡直就是為宗教而生的，他具有成為一個偉大民間宗教家的一切條件：

第一，他口才極好。《靖逆記》說：「清有口給」，知道怎麼講教理講得深入淺出而又神乎其神，非常適合傳教和辯論。走南闖北的經歷，又使他的三寸不爛之舌更加油滑熟練。

第二，他見多識廣，腦筋靈活，又生性慷慨，善於結交。如前所述，《靖逆記》記載他得來的錢，「即散去若糞土。」

第三，他略懂醫術，而免費治病是民間宗教傳教的最好方式。他經常走街串戶，以行醫為名進行傳教活動，比一般人更容易獲得成功。

所以入教不久，他在教內的地位就節節上升，迅速取代了原來的教首郭潮俊。郭潮俊雖然資格較老，然「性怯懦，遇事畏葸」，使得教派一直打不開局面，相較之下，林清做事有魄力，敢闖敢幹，坎卦教在他成為教首後，因為他「大刀闊斧和勇於進取的作風，改變了以往教門的保守勢態，使得坎卦教不再屯於大興縣農村、鄉鎮的一隅之地，從而走向了北京內城、京邊諸縣以及直隸地區；教徒也從單一的農民，發展到社會各個階層。」

野心勃勃的林清，很快就依仗著實力，統一了這一區域範圍內的白陽教、紅陽教諸教派，成了冀魯豫三省交界處最大的宗教首領。他把自己宣傳成「彌勒佛轉世」，全稱是「掌理天盤八卦開法後天祖師」，令教徒們認為他是「文聖人」、「就同孔聖人一般」。他向每個教徒收取「根基錢」，迅速成為巨富，過上了「食有魚出有車」的生活。

林清第一次嘗到了真正成功的滋味。他在民間宗教中，不但獲得了溫飽和金錢，更重要的是獲得了地位、尊重和信任，體會到了以前世俗事業中從來沒有過的成就感。這種感覺實在太甘美了！人們驚訝地發現，原來的二流子林清幾乎變了一個人。《董國太供詞》稱「自從掌教，據說他不嫖賭了」。他的眼裡燃燒著光輝，他的身上籠罩著嚴肅。他不再賭博，也不再嫖娼，舉手投足，完全是成功人士的模樣，渾身上下，一派威嚴的「聖人」風度。

一

洪秀全開始創立拜上帝會時，並沒有想到要公開造反。王慶成在《太平天國的歷史和思想》中令人信服地證明，洪秀全首次去廣西傳教時，並沒有任何革命思想，他「所宣傳的並沒有超越《勸世良言》的範圍。誰都承認，《勸世良言》不是一本革命的書；相反的，它實際上是一本教人不革命的書」（《太平天國的歷史和思想》）。回到花縣之後，洪秀全寫了一些闡述其教義的文章，比如《原道救世歌》、《原道醒世訓》等。與我們猜測的不同，這些文章宣傳的不是造反，相反的，它們批判造反。王慶成說，（《原道救世歌》）「糅合了基督教和儒家的思想、用語，苦口婆心地勸世人拜上帝，學正人，捐妄念。如詩歌的題名所示，這是當時洪秀全為了拯救邪惡社會的『救世』方案，這個方案並沒有任何反對現存統治秩序的革命傾向。」（《太平天國的歷史和思想》）這首詩歌中甚至謾罵李自成、黃巢、項羽這些起義領袖為草寇，詛咒起義和戰爭：

嗜殺人民為草寇，到底豈能免禍災？

白起項羽終自刎，黃巢李闖安在哉！

……

很顯然，第二次進入廣西之前，洪秀全還是只想收徒斂錢，建立祕密天國，以地下溫飽富貴為滿足。但是第二次入廣西後，形勢與前次已經大有不同。

道光三十年（一八五〇年）的大清王朝，從各個方面都已經顯露出徹底崩潰的徵兆。特別是在天高皇帝遠的廣西，政府的控制力已經下降到極點。廣西本來就是會道門遍地之處，國勢衰微，越來越多的人試圖一逞。「道光二十七、八年（一八四七到一八四八年）間，楚匪之雷再浩、李元發兩次闌入粵境，土匪陳亞潰等相繼滋事，小之開角打單，大之攻城劫獄，浸成燎原之勢。」（《論粵西賊情兵事始末》）道光三十年（一八五〇年）夏秋，陳亞貴等起義軍一度攻占荔浦、修仁、遷江縣城。廣西形勢大亂，各地鄉紳紛紛組織團練，鎮壓本地的會道門。「拜上帝會」也在團練們敵視的範圍之內，數次發生衝突。所謂樹欲靜而風不止，「拜上帝會」想安安靜靜地建設自己的地下天國已經不可能。

不過洪秀全及其高層幹部還是權衡了很長時間。此時拜上帝會信徒已經發展到了一萬多人，趁亂起兵以圖大事，似乎已經有了資本。更何況，除了「救民於倒懸」的「革命大志」外，毋庸諱言，洪秀全潛伏多年的「皇帝夢」和高級部下的「將相夢」，此時就像一頭躍躍欲試的小獸，早已經按捺不住了。

二

「做皇帝」恐怕曾經是舊時代每個男子的白日夢內容，是傳統中國人塵世夢想的巔峰。這不足為奇，世界上任何一個國家的男人恐怕都夢想過當皇帝、當國王。問題是，將這個夢想付諸實行的中國人，肯定多過世界上其他國家之總和。事實上，漫長的中國歷史中，每一個朝代，不管是國力強大還是空虛，統治清明還是混亂，都有許多人被「皇帝夢」驅動試圖一逞。清末民初有一個叫張相文的人，草草搜索過歷史上的成王和敗寇，寫成兩卷《帝賊譜》，包含了七百餘人，但我們可以確切地說，這只不過是九牛之一毛，過去的一千多年中，中華大地上每年都會有將皇帝夢付諸實踐者，這個論斷建立在這樣的事實基礎之上：儘管早已推翻了帝制，每年做「皇帝夢」的人仍然數不勝數。我們僅舉其中幾例：

一九五〇年二月，山東人李懋五在北京召集九宮道道徒開會，宣布：「我是太陽，日光菩薩，明年日出，太陽出頭就是我出頭」，他遂於當年五月五日，自己的生日那天就任「明道大皇帝」。這只是五〇年代鎮壓會道門時破獲的一起「皇帝案」。這些案子數以千計，內容雷同，一直持續到「文革」。

而改革開放後的「皇帝案」往往內容更為離奇：

一九八一年，盲人丁興來在大別山區創建了道德金門教，不久後稱帝，封「正宮娘娘」、「西宮娘娘」、「宰相」等二十一人，賜「仙印」四十一枚。由於交通閉塞，丁興來在山區當了十年「皇帝」後才被發現，並被鄉政府處理。

一九八四年，四川一名讀過幾本古書的農民曾應龍，因為對計畫生育政策強烈不滿，率眾建立了「大有國」。他穿上了用白布染就、農婦描成的龍袍，率領千餘名抵制計畫生育政策的「臣民」殺入縣城，攻陷縣醫院，俘虜全部醫生、護士，將所有計畫生育用品搜出並銷毀，結果被解放軍迅速平定。政府念其無知，從寬判處無期，這位老兄還不服，在獄中不斷申訴。不過與此同時，他頗為積極地改過自新，在獄中讀了「四川函授大學」，準備出去後為人民服務云云。(《帝夢驚華》)

一九八六年，山東濰坊農民、前婦女隊長、小學程度的晁玉華自創「青華聖教」，建立了「大聖天朝」，自稱「女皇」，招童男，建「後宮」。後被縣人民政府鎮壓。

直到一九九一年，還有一貫道徒龔賢哲憑《金母血書》招徠信眾，在雲南鄉下建「中華國」，改年號「頂古永和」……

一九四九年後僅僅幾十年間，這類「稱帝」案件累積起來就不只千百，由此我們可以推測在漫長的中國歷史中，將皇帝夢付諸實踐者的數量當然更為驚人。

閱讀其他國家的歷史，我們極少發現類似的「皇帝案」。王學泰先生在一篇文章中說：「一位同事從日本遊學回來，談到日本民俗時說道，他曾問過日本學者，日本人有沒有想當天皇的？那位日本朋友很驚訝，說那怎麼可能呢？天皇是神啊。」歐洲歷史上也出現過許多次農民或者說農奴起義，但是這些農奴起義的領導者極少稱王稱帝，「他們的理想是回到古老的農村公社去，以恢復被農奴制度貶低和摧殘了的自身價值。」而不是像中國農民這樣，建立新的王朝。我們也許有充足的理由說，「皇帝夢」是中國這塊古老土地的「特產」之一。

三

當「做皇帝」以及「擁立皇帝」成為傳統中國人的奮鬥途徑之一，一個中國歷史上重複過無數次的情節是，一些人發現身邊的某人「有異相」，遂死心塌地地跟隨他謀大事，以圖「極大的富貴」。

像馮雲山這個有一定文化素養的人，之所以那麼迅速地成為洪秀全最堅定的信徒，有一個重要的原因就是洪秀全的面相。馮雲山會相面，他「少與洪秀全同學，嘗謂秀全多異相，豁達大度，有王者風。因列舉古今成敗事說秀全，教以起事。以故二人深相勾結。」

王倫之所以起義，除了「夢見是龍」外，精於相面的梵偉對他的持續鼓動也功不可沒。史載梵偉「妄談天文讖緯」、善於巫術，他經常對王倫說：「予閱人多矣，莫有如君者。即若輩位至督撫，衣錦食肉，能生殺人，亦徒擁虛名，按其才與貌，終出君下。予為君擘畫，十年當為君姓上加白，毋自棄也。」

此外，前面提過的河南嵩縣老曼場「萬順天國」皇帝李成福，他用來宣傳自己神異的僅有兩個證據，一個是他姓李，所以他是唐朝皇帝的後代；另外一個是他手相特殊，「一隻手紋是命子旗，另一隻手紋是烏紗帽，這是天子相。」僅靠這兩個證據和幾本《奇門遁》、《推背圖》，再加上巧舌如簧，他就成功地網羅了高峰村前任生產隊長譚振軍、會計譚某、村醫張某以及另外一個村的前民兵營長萬玉忠等中堅份子。酷愛詩歌的共產黨員萬玉忠還在李成福的筆記本上「題詩」四句，以示忠心：「我與富貴處今春，相互情誼滄海深。四海為家幹事業，萬里征途永鵬程。」

與皇帝夢相配套的是「將相夢」。皇帝只能出一個，大臣的職位似乎更「現實」一些。亂世之時，投身軍旅，擁戴新君，由布衣而為將相，也是相當誘人的。

在「皇帝案」中，一個引人注目的特點就是這些人都頗有「群眾基礎」。一九五〇年，自稱「紫微星」的山東人石東林「出世定國」，參與的各路會道門徒多達三萬多人。一九五五年的「浩天尚國」事件，封了一百多名高級官員。一九八三年的「農合佛國」，分封了一百九十九名「宰相」、「國師」、「娘娘」，許多農民為了將來享受福貴，爭相投靠，爭做「宰相」、「國公」、「保國將」、「九省元帥」等大官，更有不少婦女，主動投身，爭相做「妃子」、「娘娘」。一九七八年，四川人蔡昌誠以「驗體選妃」為名，令二十多名婦女主動投懷送抱（《滌蕩塵埃：新中國反邪教鬥爭》）。而大聖天朝晁玉華弟子五百人中，既有黨員、廠長、員警，更有縣團級幹部、正營級軍官。

四

閱讀了多如山積的原始資料之後，不得不說，正統歷史教科書過多地強調了歷代起義者的天理，有意識地忽略了他們的人欲。似乎每一個起義者都是懷抱著「民胞物與」、「解放全人類」的雄偉理想揭竿而起的。然而，事實上幾乎每一次農民起義背後的主要推動力，都是對財富和地位的嚮往。這種嚮往光明正大，順理成章，本也毋庸諱言。人欲就是天理，當一個不合理的社會秩序不能滿足大多數人的溫飽之時，他們自然有權利來改變這種秩序。

雖然披上了基督教的外衣，上帝教和基督教的精神實質幾乎沒有任何關係。基督教的落腳點是彼岸，而上帝教和所有中國民間宗教一樣，神祕的外衣下隱藏著的是熾熱無比的現世欲望。

經過反覆衡量思考，洪秀全終於決定起事。道光二十九年（一八四九年），他寫下了這樣一首詩：

近世煙氛大不同，知天有意啟英雄。

……

明主敲詩曾詠菊，漢皇置酒尚歌風。

古來事業由人做，黑霧收殘一鑑中。

明主指朱元璋，漢皇指劉邦。這兩位由布衣而為天子者，是天下所有男人的超級偶像。

道光三十年（一八五〇年），正當廣西各教門紛紛聚眾起事之際，洪秀全發布「團方」令，要求所有信徒攜帶所有家口，燒掉自家房子，到金田鎮集合。所謂「團方」，是「團圓」、「團聚」之意，洪秀全發布團方令時只說要他們來參加宗教儀式，並且恫嚇：

道光三十年（一八五〇年），我將遣大災降世，凡信仰堅定不移者將得救，其不信者將有瘟疫，過了八月之後，有田無人耕，有屋無人住。

為了躲避這場「大災」，這些群眾被各路教首帶領到金田，他們根本想不到這次團方要賭上身家性命。直到和官兵打仗的前一天，他們還不知道自己將要參與中國近代史上最偉大的一次起義。一萬多人的隊伍中，只有洪秀全、馮雲山、楊秀清等六人知道「天王欲立江山之事」，其他人，都是糊里糊塗就成了偉大的「造反」者。

要把這樣一群毫無準備的「順民」變成英勇的「革命戰士」，洪秀全的動員方式之一是許諾這些追隨者，起義成功後，他們都將是世襲的官僚：

凡一概同打江山功勛等臣，大則封丞相、檢點、指揮、將軍、侍衛、至小亦軍師職，累代世襲，龍袍角帶在天朝，……威風無比……享福無疆。

太平天國教育幹部的《天情道理書》說得更明白：

試問爾等，當凡情在家之時，或農，或工，或商賈，營謀衣食，朝夕不遑，手足胝胼，辛苦備嘗，孰如我們今日頂天扶主，立志勤王，各受天恩、主恩及東王列王鴻恩。升及榮光，出則服御顯揚，侍從羅列，乃馬者有人，打扇者有人，前呼後擁，威風排場，可謂蓋世。

在入「拜上帝會」之初，許多信徒把家產賤價出售，破釜沉舟全家入教。鄰居們表示不理解，這些廣西老兄弟解釋說：「我太守也，我將軍也，豈汝輩耕田翁耶！」其妻子也說：「我夫人也，我恭人也，豈汝輩村婦女耶！」（《紫荊事略》）顯然，美好的藍圖引導了他們毅然決然走上革命之路。這也是「傳統式中國革命」的基本規律之一，用金錢、土地、爵位對農民進行誘惑，遠比宣傳空疏的「天下大同」更有效果。

五

「皇帝案」的製造者還有一個相同的特點：他們的想像力特別豐富，特別能夠享受沉醉在無邊無際的白日夢中的感覺。但與此同時，他們也顯得特別幼稚，特別急功近利，迫不及待。在起事之初，他們就沉醉於大訂「禮儀」、大封爵位，而把更重要的「革命準備」置於腦後，使得驚天大事往往淪為一場場笑話。

對於這些「皇帝夢」的主人翁，另一個重要準備就是給中堅份子們大封官爵，讓他們提前享受一下「發跡變泰」的快感。一九八二年，四川省巴中縣六十多歲的老農民張清安在巴中川劇團大樓稱帝，張清安任「正皇帝」，另一位叫廖桂堂的人出任「副皇帝」，宣布建立「中原皇清國」。

張清安不光封了一個建築公司工人為「副皇帝」，還封了「武侯王」、「西蜀王」、「巡府」

（當是從巡撫聯想來）、「國翁」、「通天師」等一大批官。此外他設立的官員體系中還有「賢臣」、「清相」、「先行」等聞所未聞的名目。封高興了，他甚至順手把遠在台灣的蔣介石封為「威國王」，並發布了《皇清聖詣（旨的別字）職字第五號》，全文如下：

奉

天承命准此蔣中正為中原皇清國威國王一職

右給蔣中正執存

贊曰

威國享民八方服心

國泰民安天下太平

中原皇清國歲次元年秋望日（印）准給

封完爵後，張清安又興高采烈地雕了十八顆大印，發給各級重要官員。皇帝的玉璽璽文為「皇清玉帝」，二寸見方，由心靈手巧的張清安親自設計親手雕成。其餘十七方，按級別尺寸有嚴格區別：朝廷一級的一寸五見方，府州一級的一寸見方，縣鄉級零點八寸見方，材質皆為梨木。

六

洪秀全的心理狀態，與上述者異曲同工。做為一個社會最底層走來的落魄童生，洪秀全在革命過程中最關心的就是劃分等級，明確身分，顯示自己至高無上的權力。做這些事，他可以說是迫不及待，心醉神迷，完全不管軍情緊急不緊急，形勢允許不允許。

起義軍攻占的第一個「大地方」是一個叫東鄉的小鎮。占了小鎮後，儘管四周已經被清軍圍得水泄不通，整個東鄉鎮仍然忙忙碌碌，熱熱鬧鬧。原來，洪秀全正忙著舉行登基大典，正式登基，做了天王，自稱為朕，要群下對他稱「主」。距離起兵不到三個月，不過剛剛占領了一個小鎮，敵人尚在日漸合圍的艱險時刻，就樹起大招牌，開國登基，實在稱不上明智之舉。

當太平軍攻占了第一個「城市」縣城永安，洪秀全仍然一如前例，關上城門，準備固守，一心一意做起天王。一進永安城，他就命令人們把州衙改為「天王府」，大加修繕。牆上用杏黃紙裱糊，地上鋪滿紅氈，廳前排列著花盤，「天王府」的各門分別懸掛「第一朝門」、「第二朝門」、「第三朝門」、「第四朝門」的牌子，門上都塗上皇帝專用的明黃色，畫上龍虎圖案。住進「天王府」後，洪秀全先給自己選了三十六個女人，封為三十六個娘娘，然後就開始大封王爵。包括楊秀清為東王，「管制東方各國」，蕭朝貴為西王，「管制西方各國」……

七

由這樣一群人組成的軍隊，如果缺乏出色的領導，結果當然會一敗塗地。中國歷史上的農民起義雖然千千萬萬，成功的卻不及萬分之一。最主要的原因不在於「反動勢力的強大」，而在於革命者出人意料的低能。太平天國起義也十分缺乏章法。實際上，在各路人馬紛紛向金田集合之時，六位領袖也是胸無定見：到底是先攻打自己的老對手團練報仇，還是攻取富庶的鎮子搞點錢糧？他們遲遲沒有定下具體戰鬥方案。雖然太平天國將領後來在「戰爭中學會了戰爭」，在天國後期，李秀成等創造了「圍魏救趙」等高明戰例，但是總的來看，太平天國的整體戰略水準無疑是很低的。

就在洪秀全們舉棋不定之時，官兵來了。官兵原本不是衝「拜上帝會」來的，他們是來圍剿「天地會」、「三合會」等更嚴重的「教匪」的，是等到殺散了其他教門，他們才發現這兒還藏著一個前所未知的教門。於是，摟草打兔子，準備順便把「拜上帝會」滅了。

這場起義一開始就是被迫應戰。連洪仁玕後來都說：「本不欲反，無奈官兵侵害，不得已而相抗也。」已經騎虎難下的「拜上帝會」領袖只好組織教徒們突圍。

沒想到一接仗，氣勢洶洶的官兵竟然不堪一擊。這些下鄉的官兵一發現嚇唬不住對方，自己馬上先沒了底氣，於是官軍的進攻很快就被破釜沉舟的教徒們打退了。

這一仗給了洪秀全極大的信心，此役過後的二十多天，他藉著自己生日的機會，正式宣布起義。然而，這個義怎麼個起法，攻打什麼地方，附近有什麼戰略要地，他心裡一無所知。他只知道自己要「坐天下」、「食天下錢糧」、「管天下人民」，對於如何實現這個目的，卻毫無頭緒。
在首次戰役之後的十多天裡，太平軍一直待在金田，等著官兵圍困，不知朝哪個方向進發。直到附近大湟江口的敵人向他們發起進攻，他們才奮起反擊，乘勝占領了大湟江口。大軍在交通便利的大湟江口一駐紮就是兩個月，卻沒有制定出下一步戰略目標，似乎要死守此地。與此同時，敵人又趁著這兩個月的時間把大湟江口團團圍住，逼得太平軍再次拼死突圍。太平軍損失慘重終於殺出重圍後，來到距離武宣縣城二十里的東鄉。儘管武宣縣官民棄城逃跑，「一縣皆空」，太平軍卻沒有攻取縣城，而是在東鄉就地駐紮下來。原來，太平軍打算一面稱王封爵，一面挖溝築壘，固守這個小小的鎮子，在這裡永遠停留下去。
可以說，起兵的頭三個月，太平軍一直是漫無目的的被動挨打，然後每找到一個喘息之地就固守不動。也難怪，整個太平軍中，除了洪秀全和馮雲山兩個老童生，其餘都是文盲，他們根本不知道什麼叫戰略和戰術，完全是跟著感覺走，走到哪兒算哪兒。
洪秀全駐紮東鄉忙於稱王，又給了清軍喘息的機會，也讓地方官員大大鬆了一口氣。他們從容調動軍隊，將太平軍圍得水泄不通。反觀洪秀全當了天王，樹大招風，敵人越聚越多。太平軍得不到糧食，開始陷入饑餓，在東鄉苦守了兩個多月後，只好又一次突圍。雖然他們又一次突圍成功，卻還是不知道應該向什麼地方去，乾脆揮師跑回金田！

在起義的頭半年裡，太平軍四處遊走，始終漫無目的。在盲目流竄的路上，蕭朝貴代「天兄」傳言，要大家「盡忠報國，到得小天堂，自有大大封賞。」從他們占據一地，就只顧著挖溝固守來看，他們確實只想割據一小塊地方，建立自己的「小天堂」、世外桃源。

結果一目了然，敵人不可能讓他們在金田建立「小天堂」，只能一路逼著他們突圍。太平軍一路挾裹著貧困的農民北上，於八月初一攻破永安州城。

城裡的生活實在太好了，以至於他們在這裡駐留了六個半月之久。忙著冊封的洪秀全，又給了清軍充分的時間。清政府迅速調動兵力，從各省調來四萬六千餘人，終於把永安城四面圍住。

就軍事上來說，太平軍完全沒有在永安城停留這麼久的理由：「為什麼在這裡長期停留？休整補充，不可能需要半年多的時間。由於敵人的牽制而不得脫身？這也不是事實。太平軍克永安後，清軍雖尾追而至，但直到這一年年底的三個多月裡，清軍的進攻軟弱無力，並沒有形成包圍。」（《太平天國的歷史和思想》）唯一的理由當然是「在永安建都立業」。因為「永安雖小，但對長期在荒村小鎮盤桓的不少起義農民來說，已經是一個巨大的世界。……這種情況正是起義農民在初興階段視野狹隘的反映。」（《太平天國的歷史和思想》）

雖然小朝廷的滋味不錯，可形勢卻讓洪秀全不得不暫時清醒。因為在清軍的圍困下，物資供應已斷絕，「糧草殆盡，紅粉亦無」，太平軍把永安城內所有的糧食財物一律沒收，還是沒能支持多長時間，只好又拚命突圍。

在清軍的圍困下沒有辦法，還是得走老路，突圍！損失了一半人馬，洪秀全丟棄了剛剛住了不長時間的天王府，艱險萬分地從永安突圍出來。從此以後，太平軍終於找到了進軍的方向，那就是：大城市！從永安的經驗，他們知道大城市裡有吃有喝還有種種豐富的物資，一旦打下來，就可以享受幾個月。於是，他們揮師省城桂林。一路上，洪秀全用這樣的前景激勵群眾：「脫盡凡情頂高天，金磚金屋光煥煥。高天享福極威風，最小最卑盡綢緞。男著龍袍女插花，各做忠臣勞馬汗。」

此時的桂林城內兵馬不到兩千，然而，太平軍從來沒有進行過這樣的攻堅戰，圍了桂林一個多月，還是沒有攻下來，而此時，清軍卻從四面八方趕來，又對太平軍形成了合圍之勢。沒辦法，只好再次突圍。突圍之後，去哪兒呢？還是沒人知道。這時，湖南天地會起義軍被打敗，餘部投奔太平軍而來，建議他們進攻湖南。楊秀清點頭應允，於是大軍北上，進入湖南，撲向長沙。

攻打長沙的戰役可說進行得毫無章法。「太平軍經過在湘南的休整擴編，戰兵已達五萬人，但蕭朝貴只有一千幾百人進攻長沙，大軍仍留在湘南。」長沙雖無守備，但憑一千多人就想攻下一個省城，無疑不切實際。直到蕭朝貴在戰鬥中死亡，楊秀清和洪秀全才率大部隊北上。然而此時，清軍又已調集好了三萬守兵，做好了一切防守準備。

長沙戰役打了八十一天，堅苦卓絕，太平軍死亡無數。戰火紛飛中，洪秀全把軍事全權交給了楊秀清，畢竟打仗實在太費腦力、太累了。不過他也沒有閒著，他在做什麼呢？他在長沙南門，在轟轟炮火中，在戰士們的喊殺聲中，興致勃勃地監造起玉璽。他在這兒找到了一個技術很好的作坊，自己親自畫圖樣，親自監督，津津有味地看著工匠們給他造了一個奇大無比、設計鄙俗的大玉璽。他還專門成立詔書衙，派人專門記錄他平日的一言一行……

長沙最終沒攻下來。不過，在稍後攻打岳州時，太平軍得到了一個意外的收穫：「意外地得到了幾千艘民船。」這一意外使他們得以建立水營，「行軍作戰條件有了改變，因而變更了原定的進軍路線」，順江而下，很快攻下了武昌。

到了武昌，他們第一次定下「戰略」，那就是直奔南京，建立「小天堂」。「『略城堡，捨要害，專意金陵』的方針，在這時才真正確定下來。」（《太平天國的歷史和思想》）有了水師，也積累了戰鬥經驗，占領南京，反倒成了順理成章。

回顧太平軍的興起史，他們一路之上，是占一城、丟一城，直到打遍半個中國，占領了南京，他們手中也只有南京、鎮江、揚州三座孤城。如果太平軍在此時乘勝北上，直搗北京，拿下北京城也很有可能，因為那時清朝皇帝已經慌了手腳，準備遷都熱河了。

可惜這群烏合之眾根本沒有這個眼光，來到了「六朝金粉之地」，他們又迫不及待地關上城門，享受起「小天堂」的日子，而把北京置之度外。「金陵剛剛建都，他們就說：『方今真主滅妖，十去八九。』……他們缺乏『犁庭掃穴』、奪取全國政權的觀念，簡直把直隸省排除在視野之外，說什麼這是『沙瘴之區』、『罪奴之地』，甚至說『至於妖穴，取之不足以安人民，棄之不足以伸武勇』，對北伐不以為意，不加重視。」（《太平天國的歷史和思想》）

直到享受了十一年之後，南京終於被嚴實包圍，太平軍終於無法突圍。轟轟烈烈的太平天國運動就此殞滅，結束了「占據—固守—突圍—占據下一個據點」的循環。

第八章

光緒

被「帝王教育」敗壞的人

翻閱帝師翁同龢的日記，我們發現，那個清秀、文弱的光緒皇帝，有著完全相反的另一面：暴躁、偏執、驕縱。那場著名的改革之所以失敗，與光緒性格中的這種缺陷，很難說毫無關係。

一

「湉」的意思是「水流平靜」。以「小心」、「恭謹」聞名的醇親王奕譞給長子起名「載湉」，這表明他對這孩子唯一的希望是一生安穩平順而已。拍遍不勝寒的政治高峰欄杆，他飽覽壯美風光，更深知風濤險惡。對他來說，什麼「雄心」、「功業」都是些令人厭倦的詞彙，政治首先意味著的是風險和毀滅。

然而世事就是這麼不可捉摸並且荒誕，偏偏就是這個孩子，被他的嫂子兼大姨子慈禧選中，要接替剛剛死去的同治，繼承大清王朝的帝統。

發生在養心殿東暖閣的那一幕讓所有大臣們記憶猶新：太后的話剛出口，中選者的父親奕譞如同被雷擊了一樣，立即癱軟在地，「碰頭痛哭，昏迷伏地，掖之不能起……」（《翁同龢日記》）。

在後來的歲月中發生的那些故事，證明了這位親王對兒子的命運是多麼有先見之明。然而，與強大的命運比起來，任何先見之明都蒼白而徒勞。

二

中國歷史對女性而言是不公平的。這片土地上不知曾生長過多少傑出的女子，她們水晶般聰明，鮮花一樣美麗，可惜只能在文字之外悄悄凋零，上天賜予她們才華，卻沒給她們施展的餘地。

葉赫那拉是為數不多有機會出現在中國歷史聚光燈下的女人之一。據說，旗人家的女人往往比丈夫能幹。許多八旗子弟在外面擺夠了架子，回到家裡，卻要乖乖受女人的轄制，這樣的女人，侄兒要她叫「伯伯」，兒子不叫「媽媽」卻叫她「爸爸」，葉赫那拉就是這樣。在丈夫去世之初，她可能並不一定想成為「政治家」，她介入政治的動機不過是保住愛新覺羅家的產業，以免孤兒寡母受人欺負。但是，權力這個東西就像鴉片，一旦沾上手就撒不開，對蘭兒這樣的女人來說，人生最大的樂趣莫過於在複雜的人際關係中施展手腕，較量機鋒，擺弄他人，把握局勢，使自己永遠站在勝利者的位置上。從這一點來說，規模龐大的政治遊戲，比起小小後宮的爭風吃醋，更適合施展她的玲瓏多竅之心。

年屆四十、正當盛年的太后，駕馭大清帝國這艘航船正是得心應手、逸興遄飛之時，選擇一個年長的王子為君，自己放手交權，當然非她所願。

之所以選擇四歲的載湉，除了他的年齡之外，一個隱密而關鍵的原因，恰恰是他那個富於遠見、聞命痛哭流涕的父親。這個以「謙謹老成」聞名的小叔子兼妹夫是一個異常合手的工具，他十分乖巧，素無野心，他會圓滿漂亮地完成交給他的每一項任務，又會像她肚子裡的蛔蟲一樣，知道怎樣和權力保持最恰當的距離，以迎合這個權欲極重、猜忌心極強的嫂子。只可惜他大了一輩，要不然真是帝位繼承者的最佳人選。但願遺傳的力量能起作用，使未來的皇帝能夠繼承他父親的性格和見識，懂得怎樣和她這個非同尋常的女人相處。

另一個原因是這個孩子的性格。在命這個孩子入宮之前，她曾經不動聲色地向妹妹了解過。妹妹說，這個孩子最大的特點是「文靜」，從不淘氣，這正合太后之意。眾所周知，剛剛死去的同治皇帝，是清代皇帝中最頑劣的一個，從小頑皮異常，任性乖張，長大後熱衷於微服出遊，泡茶館妓院，最終染上惡疾，一病而亡。從妹妹的描述看來，小載湉起碼不會蹈此覆轍。

然而，和這孩子相處了一段時間之後，慈禧就發現她的如意算盤打錯了，這孩子絕非大清皇帝的適合人選。

首先，這個孩子身體太差了。進宮之後，三天兩頭鬧病，不是感冒頭疼就是嘔吐腹瀉，幾乎沒有一個月消停過（參見信修明：《老太監的回憶》。另外，《翁同龢日記》中亦常見光緒生病的記載）。她經常擔心這孩子活不長，就是長成了，這麼單薄的身子骨，怎麼能擔得起那麼繁重的政務？

其次，這孩子太「文靜」了，文靜得像個女孩子一樣。也許是因為妹妹愛惜過度，這個孩子膽子小得出奇，一聽到雷聲就嚇得大哭大叫，冷汗不止，非得大人抱在懷裡，百般撫慰，才能安靜下來。除了雷聲，鞭炮聲、鑼鼓聲他也怕得要命，連見到一隻蟲子，也要哭上半天。

慈禧越來越發現，這孩子不是她喜歡的類型，她和他性格上的反差太大了。葉赫那拉天生剛強，性格像一團火，永遠精力十足，永遠興致勃勃，就像《宮女談往錄》中老宮女的回憶一樣：「老太后就是講究精氣神兒，一天到晚那麼多的大事，全得由老太后心裡過，每天還是……總是精神飽滿，不帶一點疲倦的勁兒。」而這個孩子卻天生稟賦不足，精神不健旺，只愛悶在屋裡拆拆自鳴鐘，擺弄擺弄西洋玩具。

太后像男人一樣幹練，什麼事都要處理得清清爽爽，一絲不苟。「老太后一生精明強幹，……吃東西也必定要端端正正、精精緻緻地像吃的樣。穿雙鞋，也必定要襪線對準了鞋口，絲毫也不能馬虎。精明認真是老太后的秉性。」然而，這孩子卻做事拖泥帶水，又沒定性，經常玩著玩著就煩了，扔下一大堆鐘錶零件，又去擺弄另一樣東西。太后最看不上的就是這點。

最後，太后精明聰慧，善於察言觀色，這個孩子卻木頭木腦，缺乏靈活機變……用古話說，她和這孩子簡直生來相「剋」，相處時間越長，她就越感覺彆扭。她十分反感這孩子結結巴巴、怯懦退縮的神情。不論從哪方面看，這個孩子都不像一個雄才大略的料。

沒辦法，這就是大清的命吧！

失望歸失望，太后對這個親外甥還是盡心盡力的。同治皇帝是在奶媽的懷中長大的，那個時候，她正忙著濃妝豔抹、爭風吃醋，無暇顧及襁褓中的嬰兒。現在，已經失去爭寵任務的她，把對同治的一份歉疚都還給了光緒。後來她回憶說：「皇帝入承大統，本我親侄，從娘家算，又是我親妹妹之子，我豈有不愛憐之理！皇帝抱入宮時才四歲，氣體不充實，臍間常流溼不乾，我每日親與塗拭。晝間，皇帝常臥我寢榻上，看著天氣寒暖，我親自為他加減衣衿，節其飲食。皇帝自在醇王府時即膽怯，怕聽到大聲，特別是雷聲，故每有打雷下雨，我都把他摟在懷裡，寸步不離。皇帝三五歲後，我每日親書方紙，教皇帝識字，口授讀《四書》、《詩經》，我愛憐惟恐不至……」（瞿鴻禨《聖德記略》）

太后是一個現實主義者，選擇既不能更改，她所能做的，只有給這個孩子以最好的教育。剛剛五歲，她就迫不及待地給小皇帝開了蒙，請了狀元出身的翁同龢為師，並制定了極其嚴格的學規。她經常召見師傅，詳細詢問學業進展情況。光緒十一年（一八八五年），當她發現小皇帝的作文頗有可觀之處時，當即降旨，從此之後把「（皇帝）每日所作詩、論及對子，均繕寫清本，隨功簿一併呈覽」。在繁重的政務之餘，太后仍把檢查批閱皇帝學業，做為自己每日必修的功課。

有充分的史料可以證明慈禧太后對光緒的培養是盡心盡力的。每一個專制者對繼承人的期望，都是既聽話又能幹，活著的時候，可以絕對控制；百年之後，又可以挑起大樑。對於控制這個天性柔弱的孩子，慈禧很有信心，因此她著力更多的是發展他的才幹。從很早開始，她就有計畫、分步驟地培養光緒的政治興趣和能力。小皇帝剛滿十歲，她就經常在工作時讓小皇帝陪伴在身邊，給他講解奏摺，有時候還讓他試著在摺上批答。當大臣們發現發回的奏摺上，出現了一種類似兒童描紅的幼稚字體，雖然故作大人腔，一望即知是兒童所擬，便知是「今上」的手筆。滿十三歲那年，太后又讓小皇帝實習政務，在垂簾聽政的時候，大臣們遞上奏摺，慈禧總是先讓皇帝看一遍，然後提出自己的處理意見，告訴皇帝為什麼要這樣辦。也是從這個時候起，太后命皇帝的功課中，加上講解奏摺一項。

事實上，直到十多年後打算更換皇帝之前，她一直是以「恩主」的心態來對待皇帝的：是她親手把他扶到了寶座上。這個座位，被帝國內所有的男人視作最大的幸運和幸福的象徵，千百年來，有多少人為之付出了個人甚至是族人生命的代價。而他，在懵懂中一夜之間就得到了，並且是她，在他成長的過程中灌注了那麼多的心血，甚至比親生兒子還要盡心。要知道，她可從來沒有親手料理過小同治的吃喝拉撒。太后常常想，長大懂事後，這個孩子沒有理由不對她感激涕零。

三

然而，當光緒長大成人後回憶起來，也許並不認為被選入宮，是他人生中的幸運。

那是一八七五年的一月十三日，載湉從熟悉的家裡被拋到了這個巨大、荒涼、寒冷、墳墓一樣的宮殿之城。在空曠的廣場上，他面對的是一群陌生的人：一大群模樣怪異的太監，和他們簇擁著的一個衣服華麗、高高在上、表情冷漠的女人。

這個孩子如同一塊柔嫩的蚌肉，被粗暴地從親情之蚌中剜了出來：剛剛還抱著他逗他玩的父親，現在遠遠地跪在丹墀之下，成了他的臣子。與他朝夕不離的祖母和母親淚眼婆娑地被厚厚的宮門阻擋在外，幾乎永世不能再見。為了讓他徹底與過去的生活告別，太后甚至不允許他的奶媽跟進宮來。

天底下可能沒有一個地方比紫禁城更不合適一個孩子的成長了。這群輝煌的宮殿其實不是一座建築，而是權威意志和專制觀念的體現。從根本上說，這座窮極了人間物力的建築並不是為了舒適地居住，而是為了昭示皇帝與上天的關係，傳達帝王不可動搖的威嚴。它的整體布局象徵著天上的星座：宮中有三大殿，是因為天上有三垣；後三宮連同東西六宮共為十五座，正合紫微垣十五星之數。龐大的宮殿群紅牆黃瓦，不僅因為美觀，更因為只有紅黃二色才能配得上皇帝的尊嚴：紅屬火，火主光大；黃屬土，土居中央……這群權力的象徵物裡，製造著世界上最密集的陰謀，籠罩著世界上最嚴密的規矩，呈現著人間最頂級的浮華和奢靡，卻唯獨缺乏一樣東西：簡單平凡的親情。

我們無法想像進宮的當天晚上，躺在巨大空曠的殿宇之中的孩子，面對生活環境的巨大變化，心裡是多麼的驚惶和迷惑。我們只知道，從第二天起，他的生活就完全改變了。那個原本無拘無束的孩子現在變成了帝國機器上不可或缺的一個零件，他每天得按固定的程式運轉：四點鐘起床，正襟危坐在乾清宮那張堅硬的寶座上，充當「垂簾聽政」的道具，然後被群臣捧來捧去：到觀德殿給先皇帝梓宮叩頭，到奉先殿給列祖列宗牌位跪拜，去慈寧宮給太后太妃請安，往壽皇殿及太高殿祈雪、祈雨，春天到豐澤園去行耕藉禮……在禁宮林林總總幾百年一成不變的禮儀中，他都是必不可少的器皿。

精明能幹的太后在教育上其實是一個失敗者，對親生兒子同治，她任母愛氾濫，過分嬌縱；而對繼子光緒，她卻矯枉過正。在為小皇帝挑選太監時，葉赫那拉特意指出：「所有左右近侍，止宜老成質樸數人，凡年少輕佻者，概不准其服役。」這個以權力為生命的女人首先要做到的，是對養子的絕對控制。從進宮的那天起，那些面容呆板的老太監，天天「像灌輸軍事知識一樣」教育小皇帝，「應該永遠承認太后是他的母親，除掉這個母親之外，便沒有別的母親了。」（《瀛台泣血記》）除此之外，太后也不放過任何一個機會，來樹立自己的絕對權威，培養小皇帝的絕對服從。按照太后的要求，小皇帝「每日必至太后請安，不命之起，不敢起，少不如意，罰令長跪。」（古靈後人《清外史》）。在平時，「孝欽后乘輿出，德宗亦必隨扈，炎風烈日，迅雷甚雨，不敢乞休也。」（徐珂《清稗類鈔》）。太后每頓賜給他的飯菜量都很大，即使他已經吃飽，也不得不一口口吃得乾乾淨淨，因為那不是普通的食物，那是太后的天恩和意志。

太后清楚地記得同治是怎麼被慣壞的。為了讓光緒成為合格的統治者，她發誓絕不犯過去的錯誤：絕不容忍這孩子身上有任何一點「毛病」，對他生活的每一個細節，都精雕細刻。如果小皇帝在早晨四點鐘時賴床，如果他在陪太后進早餐時碰響了餐具，如果他「上朝」時過多地扭動身子，下跪時忘了複雜的規矩，那麼無一例外，都將受到太后親口或者通過太監傳達的批評。甚至如果小皇帝偶爾走路蹦蹦跳跳，讓太后看到了，也會招來一頓訓斥。太后告訴他，他是個皇帝，得有皇帝樣，像普通孩子那樣信馬由韁，是沒出息的表現。

教育學家說，刻板、教條、嚴厲的教養方式會對孩子的性格造成不可挽回的傷害，這些孩子往往拘謹懦弱，膽小怕事，同時又固執倔強，不善變通。並且，這些人通常都是完美主義者，因為他們會時時處處下意識地以父母的要求來評價自己，對自己過分苛求，事事追求完美，對自己和對他人都缺乏寬容。不幸的是，在閱讀光緒的相關資料時，我們發現他性格中的這些特點非常明顯。

生活上的種種規矩，是小樹上的層層繩索，雖然難受，尚不致命，真正傷害光緒的，是太后那冷冷的神情。那神情如同嚴霜冷雨，打得幼枝嫩葉瑟瑟發抖。

孩子的直覺是驚人準確的。雖然這個女人曾經親手帶過自己，雖然她表面上對他非常關心，可是皇帝清楚地知道，這個女人並不喜歡自己。是的，她看他的目光空洞無物，如同穿透一片空氣。她和他說話時也從不用心，總是敷衍的、淡淡的。她的心思不是集中在那些奏摺上，就是集中在化妝上，或者放在與後宮某個太妃的勾心鬥角上。只有在自己偶爾做錯了什麼事，比如玩什麼東西拖拖拉拉，或者回答太后的問話過於遲鈍時，太后才會注意到他，並且臉上勃然變色，嘴裡蹦出幾句諸如「你看你渾身上下，哪有點雄武之氣」之類的訓斥。

小光緒已經竭盡全力地去做好每一件她要求的事，可是他不但極少聽到她有一句誇獎，甚至還動輒得咎。囚禁在柵欄中的小動物天生容易緊張，生長在大樹陰影下的小草注定長勢孱弱，在太后身邊，皇帝日益成長為一個缺乏自信的孩子。他不知道從什麼時候開始有了口吃的毛病，一見到太后就說話期期艾艾，越是害怕就越說不順口。他實在弄不明白，為什麼自己會從親人身邊被送到這個奇怪的所在，做這些奇怪的事。他覺得自己在這個姨媽眼裡不過就是一個工具，一個不順手的工具。蜷縮在深宮中的大多數夜晚，他都感到非常絕望無助。在內心深處，他可能會以為自己是天底下最不討人喜歡的孩子，在這個舉目無親之地，他是多麼希望可以討得自己這位唯一親人的歡心！

四

光緒第一次找到令太后高興的辦法，是在他開蒙讀書之後。

傳統的啟蒙方式，很容易在第一時間就扼殺孩子的學習興趣。同治帝就是這樣，太后和師傅們費了九牛二虎之力，最終也沒能把同治的牛頭按到書桌上來。

和同治比起來，光緒實在是太聽話了。雖然剛開始也曾「嬉戲啼呼」過幾次，可是不久，這個性格柔順的孩子就安然接受了不可違抗的命運，每天乖乖地來到書房研讀文字。他功課進展得很順利，大字也寫得越來越端正，雖然和歷代皇子比起來，他的成績不過是中等水準，但是和他的前任同治比起來，簡直是天壤之別。

看到小皇帝親近詩書，太后的一顆心放下了大半，最起碼這個孩子不會像同治那樣紈綺了。高興之餘，太后叫太監去傳話，說皇上臨的字不錯，叫他以後再多多用心，並且把自己平日使用的四管湖筆賞給他。

太后不知道，她這隨隨便便的幾句鼓勵在小皇帝心中引起了多麼強烈的反應。進宮之後，小皇帝第一次發現自己能夠把一件事做得很好，就像黑夜中發現一點亮光，迷路者發現了一條小徑，這一發現，對於處於惶恐不安之中的他來說，是非常重大的一次心理轉折。

更重要的是，小皇帝發現他能夠做得很好的這件事，恰恰是太后最看重的一件事。文化水準不高的太后對書本有種異乎尋常的迷信，她相信經典的力量是其他任何力量所不能代替的，她相信經典可以清澈男人的大腦，強健男人的骨骼，再孱弱的男人只要真正掌握了聖人的教誨，也有可能成為安邦定國之才。因此，小皇帝發現雖然他仍然舉止笨拙、反應遲鈍，雖然他仍然膽怯、口吃，但是只要書讀得好，其他都可以被視而不見。

小皇帝學習越來越用功了，他竭力向太后展示自己的好學。據向太后報告的太監說，小皇帝不論到哪，手裡都拿著一本書，經常在走路時還念念有詞。每天睡覺前，他都會背一段《詩經》才睡。聽到這些消息，太后由衷地感到高興（《翁同龢日記》）。和文字奮鬥符合小皇帝的個性，隨著逐漸能理解書中的內容，他對書本的興趣越來越濃。他甚至常常在宮中演戲時攜帶一卷書，找個沒人的地方閱讀。事實上，學習是他確立自我、證明自我和娛樂自我的唯一方式。

對於小皇帝來說，讀書於他還有更重大的意義，那就是使他明白了自己的使命與責任。通過書籍，他頭一次明白了自己被送入宮並非是一件悲慘的事，而是天下人都羨慕的幸運。原來，他並非普通孩子，而是「上天之子」，將來要代替上天，承擔起撫馭萬民的責任。師傅說，他的肩上肩負著上天的信任，肩負著大清列祖列宗的重託，肩負著天下百姓的全部希望。

翁師傅的教育看起來非常成功，在他的循循善誘下，小皇帝小小年紀就立誓將來要做一名「聖帝賢王」。師傅說，上天在芸芸眾生中獨獨選中了他，就證明他有聖人之質。師傅說，要成為一個偉大的皇帝，說艱難當然艱難，說容易其實也容易，唯一需要的就是自制、勤奮和毅力。因為歷代以來，聖臣賢臣們已經把治理國家的方法總結完備，從資治通鑑到歷朝聖訓，治國安邦的大經大法條條俱在，他只要一絲不差地按照聖人的教導去做，就能把天下治理得井井有條，就會像周文王、唐太宗那樣名留千古。

小皇帝的表現令所有帝國政治高層的人驚喜。師傅翁同龢經常得意洋洋地對人說，小皇帝的一舉一動都在效法古代聖帝賢王。比如剛剛識字不久，小皇帝就指著書內的「財」字對師傅說：「我不愛此，我喜『儉』字。」翁同龢喜不自勝，當即跪下叩頭：「皇上聖德！皇上有此見識，真是天下之福！」

光緒三年（一八七七年）的冬天，很久沒有下雪，小皇帝想起師傅教他的話，臨睡前在心裡默默祈禱，希望上天降下大雪，以利來年莊稼。沒想到過了幾天果然下雪了。年僅七歲的小皇帝高興地跑到門外，立在雪中默默向上蒼表示感謝，太監們怕他凍著，擔不起皇帝感冒的責任，一個勁地勸他回屋，讓小皇帝大為掃興。小皇帝氣憤地說：「你們真不懂我的心思！就像長沮、桀溺不理解孔子一樣！」這個故事流傳出去，被士人們傳頌了許久。（《翁同龢日記》）人人都說，皇帝將來必是一個古今少有的聖帝明王，連太后也屢屢對大臣們誇獎皇帝「實在好學」、「典學有成」。

這些誇讚對小皇帝來說，實在是太寶貴了。由於太后早年的冰冷和輕視，已經在他幼小稚嫩的心靈上刻下了永遠不能癒合的傷痕，這條深宮中的幼龍自卑而又敏感，比誰都需要來自外界的肯定和讚揚，來滿足他乾渴得龜裂的自尊心。不要以為這個看上去怯懦退縮的孩子沒有自尊心，恰恰相反，正因為幼年的挫折，他的自尊心比誰都強烈。做為一個長期得不到肯定的孩子，他心中最強烈的願望就是要向別人，特別是向這個女人證明「我行」。他知道從進宮的那一刻起，他的生命就已不僅屬於自己，更屬於天下萬民。系統的帝王教育，樹立了他「拯民水火」、「澄清天下」的雄心壯志，陶育了他「人饑己饑」、「人溺己溺」的博大情懷。他願意為他的子民燃燒自己的一切，他更期望自己用將來的表現，讓這個女人刮目相看。

五

光緒十五年（一八八九年）二月初三日清晨，北京的天空像一面鏡子一樣晴朗，沒有一絲灰塵。光緒皇帝的親政大典在紫禁城中隆重舉行，十九歲的皇帝緩步登上太和殿寶座，御前太監在丹陛上鳴鞭三下，上千名官員在丹陛和廣場上如潮水一樣起伏跪拜。

端坐在寶座上的皇帝精神煥發，神采奕奕，一舉一動都顯得少有的乾淨有力。翁同龢在日記中記載道：「仰瞻天顏，甚精彩也！」

對於大清帝國的無數臣民來說，這是一個充滿想像和期待的時刻。自從二十八年前咸豐皇帝死後，大清帝國一直沒有男主人，人們一直堅信，「牝雞司晨」只是萬不得已的變通，男人永遠比女人更適合當家主政，更何況這個男人十分符合一個偉大帝王的標準。那些跪在前排的大臣們發現，年輕的皇帝長相清秀俊美，舉止端莊凝重，頗具帝王之姿。雖然一直待在深宮，但是關於皇帝好學不倦、聖德純粹的傳聞，早已在朝野之間不脛而走。人們有理由期待他會如同他那些偉大的祖先，有能力帶領大清擺脫困境，重現康乾時天下太平、萬國來朝的榮光。

太后鬆了一口氣，坦白說，葉赫那拉當這個家當得確實有點累了。她今年已經五十五歲，白髮已經悄然爬上鬢端，這二十八年裡，她覺得她操夠了心，受夠了累，好不容易孩子終於長大，她也終於可以歇歇了。何況經過她多年辛苦經營，大清帝國已經挺過了最艱難的時刻，她認為自己交到光緒手上的，是一個相當不錯的統治基礎。

皇帝也深深鬆了口氣。十五年來，他一舉一動都屈服於太后的意志，他的飲食起居，他的成長教育，甚至他的婚姻和愛情，都在她的絕對控制之中。就在去年，她還把她那個醜陋而愚蠢的侄女強行塞到他面前，宣布成為他的皇后，他對這種木偶式的生活早已忍無可忍。現在，他總算被宣布長大成人，可以擁有一定程度的自由了。更重要的是，在十五年的漫長準備之後，他終於握住了帝國巨艦的舵柄，這就像一個駕照筆試得了高分，卻一直沒有機會開車上路的駕駛人，他早已經躍躍欲試了。

青年人總是不滿現狀。因為胸懷「堯舜之治」的雄偉理想，皇帝對大清帝國的國勢比誰都痛心疾首：列強環伺於外，大臣狃安於內，國家衰弱貧困，百姓民不聊生。雖然有人把太后執政以來的政績吹捧成「同光中興」，光緒卻不以為然。雖然精明能幹，太后畢竟只是一個沒讀過什麼書的婦人，滿腹詩書給了他輕視太后的理由。讀過三遍《資治通鑑》、自信深諳歷朝治道的光緒，相信自己有能力喚醒死氣沉沉、萬馬齊暗的大清帝國。

六

然而，在親政的頭幾年，年輕的皇帝並沒有給帝國帶來驚喜。在短暫的歡慶氣氛過後，大清帝國又陷入了緩慢的舊節奏。雖然已經胸有韜略，但坐到了駁手的位置上後，皇帝發現很大程度上是車在操縱他，而不是他在操縱車。親政以後，天下一直風平浪靜，帝國政治如同一架上好了發條的鐘錶，一切都按照太后執政時的成例一成不變地運行。在成例的籠罩下，他並沒有多少自由發揮的空間。親政前五年，皇帝不過像是太后的一個機要秘書一樣，庸庸碌碌地忙於瑣碎事務，他為此感到煩躁又抑鬱。

慈禧政局的特點是小富即安，缺乏遠見。在光緒看來，大清多在因循守舊的泥沼中陷溺一天，就多喪失了一分自強的機會。皇帝多麼期望能有一個契機，比如一次地震式的突發事件，讓他得以大展身手。

似乎是天遂人願。光緒二十年（一八九四年）七月，一封來自異國的電報，如同崩在皮膚上的一粒火星，把已經鬆懈多年的帝國政治神經燒得猛一下收縮起來。這一年年初，大清屬國朝鮮發生了內亂，請求中國出兵幫助平亂，日本人也借機出兵朝鮮，挑釁中國的宗主權。

聽到這個消息，溫文爾雅的皇帝拍了桌子：一個小小的日本，怎敢如此猖狂！自從道光末期以來，大清國就不斷受人欺負，開始是英國，後來是法國，再後來什麼美國、德國、義大利……現在，西洋的國家輪了一遍，居然又輪到了東洋的小日本！對於西洋諸國，皇帝不太了解，然而身邊的日本卻是一向清楚的，《二十四史》裡每部都有《日本傳》，「考日本之為國，不過三島，浮沉東海，猶一粟也，土地、軍事俱不及中國十分之一。」熟讀經史的皇帝知道，這個小國幾千年來一直亦步亦趨地學習中國，向中國俯首稱臣。雖然這些年聽說它開始效法西洋，搞什麼維新，也弄了一支海軍，但能有多大作為？

氣憤的同時，皇帝又感到強烈的興奮，振興大清的機會終於來了！這簡直是天賜良機，沒有什麼比戰爭更能振作一個民族的精神，而如果要進行戰爭，也沒有哪一國比日本更適合當大清的對手。如果打敗了日本，那就是道光末期以來，中國對外戰爭中的第一場勝利，也許這場戰爭會成為大清國勢的一個關鍵轉捩點，因為它將大大增強大清子民的自信心，振作萎靡已久的民族精神，「中國果能因此振刷精神，以圖自強，亦未始非靖邊強國之一轉機也。」

另外，如果他能抓住這個機會，在戰爭中充分展現自己的才幹，自然會在朝野間樹立起巨大的威信，有力地向太后證明自己的領導能力，促使太后進一步放權。那麼，他就有機會刷新政治，帶領大清走上自己設計的自強之路，逐步恢復列祖列宗舊日的榮光。

對於皇帝的態度，包括師傅翁同龢在內的一大批朝臣，特別是絕大多數年輕的中下級官員，都堅決支持，一致歡呼。在他們當中，曾國藩的孫子翰林院編修曾廣鈞的言論最有代表性，他建議，大清此戰不但要擊敗日本，還要抓住機會乾脆把日本從地圖上抹去，把它變成中國的一個省，只有這樣，才能永絕後患！（《中國近代史資料叢刊續編．中日戰爭》）

皇帝把情況彙報給了太后，太后沒有立刻表態。對於皇帝親政五年以來的表現，太后基本上是滿意的。皇帝恪守成例，處理政事很有條理，越來越讓人放心。退休以來，安逸的生活讓太后的政治熱情有所消磨，特別是光緒二十年（一八九四年）以來，她的全副心思都用來準備自己的六十大壽了。執政這麼多年，她居然從來沒有給自己好好過一次生日，如今她終於可以放手國事，一門心思給自己找找樂子了。她沒時間弄清這一事件的來龍去脈，她對皇帝說，你自己看著處理吧！

七

並不是所有的人都像皇帝那麼樂觀，比如北洋海陸軍最高統帥李鴻章和他的部下們。

其實早在二十年前，李鴻章就已經明確意識到，明治維新後的日本必將成為中國最危險的敵人。一八七四年，也就是在光緒成為皇帝的前一年年底，他曾在一份奏摺中提到：「泰西雖強，尚在七萬里以外，日本則近在戶闥，伺我虛實，誠為中國永遠大患。」他所組建的北洋海軍，十分明確地把日本當作假想敵：「今日所以謀創水師不遺餘力者，大半為制馭日本起見。」（《李文忠公全集．奏稿》）

對國際事務頗有了解的李鴻章，十分清楚這個小國二十年來的發展變化，這些年來它們的海軍特別擴張神速，反觀大清的海軍自從建成後，就沒有怎麼更新。從軍事實力上說，日本絕不占下風，特別是在成功的政治改革之後，日本國的國家效率、戰爭動員能力等綜合國力已經遠遠超過中國。基於這種判斷，李鴻章提出了「避戰求和」的建議，他建議皇帝主動從朝鮮撤軍，如果避過此戰，中國就可以獲得一個戰略機遇期。李鴻章強調，在實力充足之後，再與日本交鋒不遲。

後來的事實證明，李鴻章這一建議是整個中日戰爭中最高明的一個主張。如果這一建議得以採納，那麼日本挑戰中國的時間表就會被大大延後。然而，對於這個建議，皇帝認為簡直荒唐可笑，堂堂大清，一遇小小外夷的挑戰，就主動示弱，成何體統！皇帝毫不留情地批駁了李鴻章。皇帝說，主動撤軍，有失「大清」的體面，必不可行。他指示李鴻章抓緊一切時間，整軍備戰。

八

戰爭是一個放大鏡，它可以清晰地全面展示一個人的素質。

在親政後的第一個重大決定中，皇帝暴露了他外交國防知識的嚴重不足。雖然已經親政五年，然而他對國際事務，特別是對近在咫尺的這個鄰居，仍然是驚人的無知。對於一個近代國家的領袖，這無疑是致命的缺陷。

問題就出在他那被認為是非常成功的帝王式教育上。

一九一九年，當溥儀的英文教師莊士敦走進這座宮殿的時候，他第一個感覺是時光倒流：「一九一九年三月三日，我第一次進入紫禁城。莊嚴肅穆的神武門，將我引進了一個空間與時間上與外界迥然不同的世界。通過這道城門，使我……從二十世紀的中國倒退回了其歷史可追溯到羅馬帝國之前的古老中國。」在高大的門洞之外，是生機勃勃、喧鬧的城市，在門洞之內，卻是沉寂、荒涼的像時間被鎖住的另一個世界：「位於紫禁城深處的這些宮殿，與中國的共和世界在空間上相距不啻萬里之遙，斷非數百步之隔，在時間上相距無異千年之久，決非共處同一時代。」（莊士敦《紫禁城的黃昏》）

厚厚的宮牆阻擋了時光的進入。雖然外面的世界日新月異，一日千里，紫禁城裡卻還充斥著康熙乾隆年間的空氣。如果說光緒時代，中華帝國與西方世界存在著幾百年的時差，那麼紫禁城內外，同樣存在幾十年的時差。雖然出生在鴉片戰爭三十一年之後，雖然在他出生前四年中國已經有政府考察團遊歷歐洲，雖然在他七歲的時候中國已經派出了第一批留學生，光緒皇帝接受的教育卻完全是傳統的，教科書也與歷代皇帝毫無二致，不過是《帝鑑圖說》、《十三經》、《聖祖聖訓》之類的「帝王之學」。

按照時代的需要衡量，皇帝的教育其實是非常失敗的。他的頭腦中除了四書五經、「聖賢心法」，空無一物。他對世界大勢缺乏了解，甚至連那些西方國家叫什麼名字都不甚知曉。因為在傳統的政治教科書中，那些都是無關緊要之事，唯一重要的只有「聖人之道」，老師說，只要掌握了聖人之道，就可以解決一切問題。

宮廷教育對他的影響還不只於此，他還是高分低能的典型。《瀛台泣血記》的作者德齡在敘述她經歷的宮中生活時寫道：「一個人只要在皇宮裡住上三、五年就會變得愚蠢。」她指出，那是一個與世隔絕的地方，與外界絕少交流，見聞極為有限，生活極為刻板，極端迷信神權、迷信皇權，無形中造成一種凝固的空氣，即使是一個天資高的人也會被束縛得失去聰明。在《我的前半生》中，溥儀描繪這種感受說：「如果不是老師願意在課本之外談點閒話，自己有了閱讀能力之後看了些閒書，我不會知道北京城在中國的位置，也不會知道大米原來是從地裡長出來的。當談到歷史，他們誰也不肯揭穿長白山仙女的神話，談到經濟，也沒有一個人提過一斤大米要幾文錢，所以我在很長時間裡，總相信我的祖先是由仙女佛庫倫吃了一顆紅果生育出來的，我一直以為每個老百姓吃飯時都會有一桌子菜肴。」

這座宮殿之城令人森然的封閉、保守和死寂，對光緒的成長構成了不可挽回的傷害。雖然學習成績良好，然而除了書本知識，人情世故，乃至支配帝國政治的潛規則，他的大腦完全空白。親政之後，經常接觸他的大臣們發現，這個年輕皇帝缺乏基本的社會常識和應變能力，在複雜的晚清世事面前，他表現出令人吃驚的單純、天真。

這個文靜瘦弱的皇帝，胸中的民族情感異常熾烈。啟蒙不久，師傅翁同龢就經常和他談起鴉片戰爭，談起圓明園如何被毀，談起咸豐皇帝的北狩。每當此時，翁師傅都會激動得面色潮紅，鼻孔翕張，熱淚盈眶。翁師傅說，天朝上國受到如此奇恥大辱，這是歷朝歷代都沒有過的事！翁師傅還說，之所以屢戰屢敗，不在外國船堅炮利，而在中國人心不古，大義淪亡，沒有人肯血戰到底。其實那些西洋小國，全加起來，也不如半個中國大，中國人每個人吐口口水，也足以把他們活活淹死。每聽到這裡，小光緒就忍不住和師傅一起憤怒嘆息。從很小起，他心中就埋下了一個強烈的願望，那就是等他親政之後，一定要為列祖列宗報仇雪恥。因此，在日本引誘中國走向戰場的時候，皇帝所做的第一件事並非認真了解對手，而是聽任年輕衝動的血液控制自己的大腦，倉促做下了衝上去的決定。

九

進入軍事統帥狀態的皇帝，抑鬱一掃而光。他命令太監把記載聖祖皇帝平定準噶爾經過的《聖武記》搬到乾清宮，徹夜不眠地研究列祖列宗用兵的方略，仿照他們的口氣，雷厲風行地下達著一道又一道充斥著「決一死戰」、「迎頭痛擊」等強烈詞彙的作戰方略。親政以來，他終於能夠親自指揮帝國航船的航向，真正擔負起國家的重任，怎麼能不殫精竭慮、全力以赴？

然而，精讀過孫子兵法和《聖武記》並不證明皇帝就懂軍事，特別是近代軍事。戰爭過程與他的想像大相逕庭。清軍與日軍第一次交鋒於朝鮮成歡驛，即遭慘敗，不得不退守平壤。對此小挫，皇帝不以為意，勝敗乃兵家常事。此戰之後，他正式聲明對日宣戰，命對日本「迎頭痛擊，悉數殲除，毋得稍有退縮」（《清光緒朝中日交涉史料》）。然而，出乎他意料的是，在正式宣戰之後，清軍仍然一反他的指示，節節退縮。及至九月平壤之戰，朝廷寄予厚望的李鴻章嫡系精兵又一次全面潰敗。此後不到半個月，清軍全部被趕過鴨綠江，日本不費吹灰之力就占領了全朝鮮。

皇帝大為震怒，他認為這無疑是李鴻章指揮不力的結果，這個老滑頭顯然缺乏戰爭的決心和勇氣，所以他的部下才這樣缺乏血性和忠勇。皇帝以李鴻章未能迅赴戎機，日久無功，拔去三眼花翎，交部嚴加議處，希望他「激發天良」，痛改前非，用心指揮。（《清德宗實錄》）

然而諭旨還沒有發到李鴻章處，日本軍隊即在一八九四年十月，突破由三萬中國重兵把守的鴨綠江，排闥直入，兵鋒直指瀋陽。把守鴨綠江的是以敢戰聞名的悍將宋慶，他的部下是中國軍隊中裝備最好、最精銳的，中國軍人在鴨綠江防衛戰中的表現也堪稱勇敢頑強，然而這一切在日軍的強大火力面前仍然不堪一擊。直到這時，皇帝才發現，問題不是清軍不「敢於勝利」，而是中國的軍事實力和日本根本不在同一水平線上。

慌了神的皇帝如同站在大堤決口旁的指揮者，第一反應就是全力以赴地試圖堵住缺口。聖旨雪片一樣從京師飛來，每一道都口氣急迫地要求將軍們竭盡全力把日本人就地截住，不得讓他們再前進一步。皇帝不知道，他這樣指揮，正是犯了軍法的大忌。

日軍侵入中國境內的那一刻，李鴻章就已經明白這場局部戰爭，已經演變成一場決定國家生死存亡的命運之戰。他給皇帝上了道長長的奏摺，提出了「打持久戰」的戰略主張。他說，形勢很明顯，敵強我弱，日軍利於速戰速決，我軍利於「持久拖延」，日本的國力無法支援它打一場漫長的戰爭。如果中國能以空間換時間，不爭一城一地之得失，把日本拖住，就能把日本人拖垮。相反，如果我們急於爭鋒，那麼就會在陣地戰中迅速消耗自己的力量。應該說，李鴻章提出的「持久戰」主張，是當時唯一的取勝之道，他是中國歷史上首創「持久戰」概念者，堪稱對中國軍事史的一大貢獻。（劉功成《李鴻章與甲午戰爭》）

然而皇帝卻根本聽不進李鴻章的建議，甚至連那封奏摺都沒有讀完，他沒有這個耐心。日軍在中國境內越深入，皇帝就越驚惶，他最擔心的是日本人接近北京，讓他和太后再上演一次倉皇北逃的慘劇。戰前下的所有決心這時都已不翼而飛，他所有的心思，都放在如何阻止日本。他不能靜下心來分析整個局勢，也沒有興趣在大腦中預演幾步之後的棋局，只是如同一個低劣的棋手，憑著反射的本能，盲目地把棋子一個個往前送。他一日不停地把各地最優秀的軍隊調上前線，卻對所有的前方將帥都不滿意。他對他們的態度只有兩種，一種是不斷的指責，指責他們不負責任、「玩誤」、「膽怯」、「無謀略」，另一種是恫嚇，動不動就以「有畏葸玩延情弊，即按軍律懲辦」、「軍法從事」、「決不寬貸」的聖旨相威脅。在他的不斷催促下，中國最精銳的部隊不斷地被送上鋒線，不斷地被日軍吞噬。這正中日本人的下懷。

陸軍的失敗，很大程度上與皇帝的指揮思想有關，海軍也同樣如此。皇帝的邏輯是只要戰敗就是有罪。甲午戰爭的第一戰豐島海戰之後，皇帝對海軍提督丁汝昌即極為不滿，認為他「畏葸無能，巧滑避敵」，要撤他的職，經李鴻章力保，才僥倖留任，不過皇帝對丁的惡感一直沒有消除。

皇帝不懂海軍作戰規律，但是卻屢屢瞎指揮。戰爭正式打響後，光緒皇帝聽說日軍軍艦深入威海、旅順海口活動，深怕日本海軍進攻天津，並由天津威脅北京，遂下令命丁汝昌：「威海、大連灣、煙台、旅順等處，為北洋要隘，大沽門户，海軍各艦應在此數處來往梭巡，嚴行扼守，不得遠離，勿令一船闌入，倘有疏虞，定將丁汝昌從重治罪。」（《清光緒朝中日交涉史料》）這道聖旨，導致北洋艦隊從此放棄遠巡，主動放棄了制海權，極大地束縛了北洋水師，使海軍處於單純防禦、被動挨打的境地。

日軍圍攻威海的戰略方針是，引誘北洋艦隊駛出威海衛港，在外海殲滅，光緒皇帝似乎在配合日軍作戰，屢次電旨催逼剩下的幾艘戰艦，出海作戰。還好丁汝昌堅決不同意，才沒中日本人的圈套。

北洋海軍的最後覆沒，與光緒皇帝的賞罰失當有直接關係。幾乎從戰爭開始，皇帝就不斷下嚴旨，威脅要將那些不敢拚命的海軍軍官們「從重治罪」。在皇帝的威脅下，著名勇將鄧世昌、劉步蟾、楊用霖先後自殺，最高統帥丁汝昌則承受了更大的精神壓力，「惟望死於戰陣」。每次作戰，他都身先士卒，站立在毫無保護的地方，「恆挺身外立，以求解脫。」（《甲午中日海戰見聞記》）希望用戰死來解脫壓力。在自殺殉國後，丁汝昌仍然被光緒「朝旨褫職，籍沒家產」，落得兒孫流離失所，直到光緒死後，才被恢復名譽。（陳詩《丁汝昌傳》）

中日戰爭中，光緒皇帝表現出了晚清統治者少有的血性，或者說，是堅定的愛國主義精神。然而，對於一場戰爭來說，僅僅有熱血是不夠的。在戰爭中，年輕皇帝的性情急躁、缺乏耐心暴露無遺，他的急脾氣實在不適合指揮戰爭。

十

翻閱帝師翁同龢的日記，我們很容易在字裡行間發現一些令人吃驚的事實。在大部分讀者頭腦中，那個清秀、文弱的皇帝，有著完全相反的另一面：暴躁、偏執、驕縱。在少年時期，翁同龢就已經發現皇帝脾氣之暴烈非同一般。僅僅從光緒九年（一八八三年）二月到六月不到半年間，《翁同龢日記》中記載了十二歲的小皇帝六次大發脾氣：二月十五日，小皇帝不知道什麼原因，在後殿大發脾氣，竟然「拍表上玻璃」，被碎玻璃扎得鮮血淋漓，「手盡血也」。又過了一個月，三月十八日，「與中官鬧氣」，「撲而破其面」，把太監的臉打破了。五月初二日上課時摔破一碗。六月十二日，因發脾氣踢破玻璃窗。六月二十日，「頗有意氣」，「余等再入諍之始平」。動不動就摔東西，甚至有自殘舉動，對於一個十二歲的孩子來講，絕非尋常。翁同龢感覺到這個孩子的脾氣十分不祥，在日記中寫下了「聖性如此，令人恐懼」。

雖然處在太后的高壓統治之下，但是我們不要忘了，他畢竟是一個皇上。「皇上」這個地位給人性造成了損害，他自己也不能避免。

在王府之中，他是集萬千寵愛於一身的親王長子，他的任何一聲啼哭都會引來數十名奶媽、僕婦的手忙腳亂。進了紫禁城，他所受到的「過度照顧」有增無減。

從進宮的第一天起，小皇帝就立刻感覺到了身分的變化。他發現，除了太后和幾位太妃之外，所有的人，不管是男人還是女人，太監還是高官，見了他的第一個動作就是匍匐在他的腳下。從年輕侍衛到鬚髮斑白的大臣，他們臉上的表情無一例外是誠惶誠恐、激動萬分，有的人甚至渾身顫抖，說不出話來。在太后面前，他是一個平庸的孩子，然而，對除了太后之外的所有人來說，他卻是真龍天子。今天的人們也許無法理解，那個時代的人對帝王近乎神靈般的崇拜與畏懼。

太監們對他說，他不是凡人，是天上的真龍降到了人間。有的太監悄悄對他說，他睡著後，常常會變成一條盤在榻上的小龍。

及至啟蒙，老師又告訴他，他是「天子」，他的每一個念頭，都會上達天聽。在《我的前半生》中，溥儀寫道：「每當回想起自己的童年，我腦子裡便浮起一層黃色：琉璃瓦頂是黃的，轎子是黃的，椅墊子是黃的，衣服帽子的裡面、腰上繫的帶子、吃飯喝茶的瓷製碗碟、包蓋稀飯鍋子的棉套、裹書的包袱皮、窗簾、馬韁……無一不是黃的。這種獨家占有的『明黃色』，從小把唯我獨尊的自我意識埋進了我的心底，給了我與眾不同的『天性』。」和溥儀一樣，紫禁城中的小光緒時時刻刻生活在「與眾不同」的暗示之中。與後世傳說的連宮中太監都可以虐待小皇帝相反，「對於宮中許多忠誠的僕人來說」，「抬頭看皇上一眼都是令人望而生畏的事」（《紫禁城的黃昏》）。雖然在太后面前他必須畢恭畢敬，但只要出了太后的宮門，他所遇到的就是絕對順從，他的所有要求都會被全力滿足，他的任何舉動都不會受到指責。高處不勝寒，在這個過高的地位上，他沒有正常的人際關係，他也沒有機會培養正常的耐挫能力。這種環境對這個孩子的性格不可能不發生致命的影響。

事實上，在畸形的成長環境中，光緒的人格始終沒有完全發育起來，許多心理特徵仍然停留在兒童階段。在成年之後，皇帝仍然表現出幼兒一樣的缺乏耐心、固執己見，每有所需就立即要求滿足，缺乏等待延遲滿足的能力。在太后面前，他大氣都不敢出，可在自己的宮中，小皇帝卻異常地任性、驕縱。在他處受到的壓抑，他可以在自己的小天地裡加倍發洩，使得小皇帝的脾氣中攙入了一絲乖戾。小皇帝的急脾氣是出了名的，他要做什麼事，任何人也不敢攔，他要什麼東西，太監們立時三刻就要弄到，否則屁股不保。老宮女在《宮女談往錄》中描述道：「他性情急躁，喜怒無常，他手下的太監都不敢親近他。他常常夜間不睡，半夜三更起來批閱奏摺，遇到不順心的事，就自己拍桌子，罵混帳。」

光緒後期曾經服務於宮中的陶湘，在寫給大臣盛宣懷的信中提到了這樣的一件事：一九〇四年，光緒要太監給自己的臥室安上電話，太監說這種新鮮事物剛剛傳到中國，北京城內尚沒有貨物供應，得聯繫進口才行，皇帝頓時大怒，限太監一日內找到，否則掌嘴，後來是因為怕太后知道才做罷。陶湘在信中說：「藉此（事）可知老太太之嚴待非無因也，藉此可知當今之難以有為，實可憂也。且聞當今性情急躁，雷霆雨露均無一定，總之，太君無論如何高壽，亦有年所，一旦不測，後事不堪設想。」（《辛亥革命前後：盛宣懷檔案資料選編之一》）

十一

戰爭剛剛開始的時候，太后還不以為意。她每天遊湖照相，養西洋狗，讀《紅樓夢》，甚至自製化妝品，把退休生活安排得十分充實（《徐徹《慈禧大傳》》）。然而她做夢也沒有料到，當她把眼光又一次投到政治上來的時候，戰火已經燎掉了遼東半島，接下來就要點燃整個大清地圖：到一八九五年初，遼東全部失守，北洋水師全軍覆沒，日軍海陸兩路，隨時有能力直指北京。

太后再也坐不住了，她悄悄伸出手，暗地裡調整了戰船的航向。在光緒帝手忙腳亂地指揮戰爭之際，慈禧開始祕密召見大臣，謀畫講和。她已經看出，和前兩次鴉片戰爭一樣，這場戰爭清朝毫無取勝的希望。

是戰還是和，朝廷上下相持不下。那些經歷過兩次鴉片戰爭的老臣們認為，這次戰爭不過是前幾次戰爭的重演，既然最後的結果都是屈服，那麼當然越早議和越有利。然而那些年輕的主戰派官員卻堅決不同意，他們認為以中國之大，如果血戰到底，定能取得最後的勝利。他們甚至提出遷都西安，以舉國之力和日本周旋。在兩難的選擇中，皇帝陷入了痛苦的深淵，經受著地獄般的折磨。有生以來，皇帝從來沒有經受過這樣大的壓力，他難以適應這樣一場意想不到規模的戰爭。繼續這樣一場戰爭需要的是超人的意志力，而結束這場戰爭更是需要超乎尋常的現實感和判斷力，可這些能力皇帝都沒有。

皇帝選擇了逃避。他把所有的兵書戰策都扔到一邊，並且任由前線的戰報堆積如山。他不再廢寢忘食，不再聚精會神，不再連續地召見、會議、指示了。皇帝只躲在後宮，長時間地翻閱詩詞、戲本，或者躺在床上昏睡。他什麼都不想做，什麼都不願想，他恨不得一覺不再醒來。

當皇帝再一次被戰報催迫著出現在大臣們面前的時候，人們發現，皇帝已經由一個堅定的主戰派變成了急切的主和派，甚至比太后還要急切。對日議和中，最關鍵的問題是同不同意割地。老謀深算的李鴻章聲稱，他堅決對反割地，「割地不可行，議不成則歸耳。」如果日本人必要割地，「鴻雖死不能畫諾。」連積極策畫議和的太后也反對割地。當聽皇帝說朝臣有割地之議時，太后大怒，忿然說：「任汝為之，毋以啟予也。」

儘管如此，皇帝很快就力排眾議，下定了同意割地的決心。他面召李鴻章，痛快地授予割地之權。皇帝說，如果不割地，那麼「都城之危即在指顧，以今日情勢而論，宗社為重，邊徼為輕。」

然而，日本提出的條件之巨，還是大大地出乎舉朝的心理預期。割地不但要割遼南，還要割台灣全島，並且軍費竟然高達三億元。李鴻章一閱之下，立刻愕然，急電北京：「日本索要軍費過高，並且遼南為滿洲腹地，無論如何不能割讓。這兩條中國萬不能從，和約不成，唯有苦戰到底。」幾乎全體朝臣都同意李鴻章的意見。太后甚至說：「兩地皆不可棄，即使撤使再戰，亦不恤也。」

只有「光緒之意，頗在速成。」皇帝現在只有一個心思，那就是快快結束戰爭，只要能結束戰爭，什麼條件他都打算答應。他被戰爭弄得太苦惱了。不久之後，皇帝在和議上簽了字，結束了這場大清國有史以來最屈辱的戰爭。（劉功成《李鴻章與甲午戰爭》）

十二

透過這場戰爭我們可以發現，以光緒皇帝的性格穩定性，並不適合承擔治理國家的重任。那些經常接觸皇帝的大臣們發現，親政以來，皇帝的表現一直是兩極式的。也就是說，他可以在一段時間內非常振作，諸事用心，精力十足，但又在另一段時間顯得無精打采，意志消沉。現存故宮中國歷史檔案館的光緒朝奏摺中，有一個引人注目的情況：那就是皇帝在奏摺之上的硃批，在一段時間內字體會顯得異常地宏大、端正、有力，神采飛揚，比如親政的頭幾個月、甲午戰爭的開始階段以及後來的戊戌變法期間。但在另一段時間又顯得特別細小、傾斜、無力，經常帶著虛白，看上去軟弱鬆懈，比如甲午戰爭後期。後一種字體只有前一種字體的四分之一大，如果不事先說明，任何人也不會相信這兩種字體居然是出自同一人之手，在清代皇帝之中，這種情況是絕無僅有的。這說明皇帝的情緒經常處於從天堂到地獄的大起大落之中。

國勢衰微的大清帝國比任何時候都更需要一個堅強的領導者，就像一艘暴風雨中的大船，迫切需要一個好船長。然而正所謂「時來天地皆同力，運去英雄不自由」，在清帝國的上升期，上帝簡直是揮霍地把頂級菁英一個接一個投入到愛新覺羅家族的譜系，從努爾哈赤到乾隆，六位皇帝都保持了非常出色的意志水準。然而，從乾隆中期以後，天下承平已久，漢化程度加深，錦衣玉食終日，愛新覺羅氏骨骼中的鈣質不可避免地開始流失。皇帝們的身體素質不斷降低，武功騎射水準一個比一個差，精神和意志一個比一個軟弱，甚至連生育能力的曲線也呈急驟下降。到了晚清，皇族們已經退化到了手無縛雞之力的寄生物水準。

溥儀胞弟溥傑回憶自己的王府生活說：「四歲斷乳，一直到十七歲，每天早晨一醒來，老媽子給穿衣服，自己一動也不動，連洗腳剪指甲也不幹，倘若自己拿起剪刀，老媽便大呼大叫，怕我剪了肉。平時老媽帶著，不許跑，不許爬高，不許出大門，不給吃魚怕卡嗓子，不給……」（轉引自溥儀《我的前半生》）事實上清朝到了光緒皇帝，身體裡的愛新覺羅氏血液已經幾乎淡到似有若無了。深宮中長大的他對社會的複雜、人情的冷暖、生存的艱難一無所知。在錦衣玉食和萬人呵護中長大的光緒，從小沒有經歷過任何艱苦，也沒有經歷過大事的磨練，這使得他的意志素質不但遠遜於他的列祖列宗，甚至不及中人。

過高的標準使得小光緒成為全天下最容易體會到挫敗感的孩子，「聖王教育」在他的頭腦中形成了一系列的「應該」：他應該具有常人不具備的毅力，能應付別人應付不了的課程；他應該比普通人聰明，讀書過目不忘；他應該機靈敏捷，舉動處處符合規矩，因為這些是偉大帝王們應該具備的素質。可惜，他那孱弱的身體裡並沒有這些東西。雖然聽話、好學，然而過於繁重的學業已經使得他常常想打退堂鼓，過於苛刻精細的日常生活教條也使得他不堪重負。他很難長時間恪守老師給他定下的嚴格標準。

矛盾的是，「聖王教育」又使他相信毅力決定一切，完美才有價值，稍一鬆懈就是退步，任何妥協都是失敗。因此，一個舉動沒達到自己的要求，在他看來，也是「不應該」的。

巨大的壓力和自己過於軟弱的稟賦，使得小皇帝的日常表現越來越往兩極化發展。有的時候，他能把自己的精神狀態調整到最佳狀態，把意志水準調整到極高程度，一絲不苟地「學做聖人」，表現得非常振作進取。然而由於身體素質以及先天缺乏剛毅氣質，他難以長時間地克制自己，振作狀態很難持久。一旦受挫，他會對自己極度失望，心氣因此一掃而光，陷入長期萎靡不振的狀態。

師傅翁同龢也注意到了這個奇怪的現象，他在日記裡提到，小皇帝有的時候精神振作，學習起來勢如破竹，「讀甚奮」，作文也「極敏捷」，讓師傅欣慰不已。然而，過了一段時間，皇帝又會莫名其妙地陷入「不能用心」、「少精神」、「精神渙散」、「勉強敷衍」、「百方鼓動不得」、「倦怠遷延」的狀態。這種起伏令翁同龢感到十分焦慮、憂愁，經常為此嘆息，卻也無可奈何。

用今天的話說，皇帝患有間歇性的憂鬱症，聖王教育使他成了一個完美主義者，一件事情，只有做到完美，對他來講才有意義。在消沉時期，他極度厭惡自己，對自己不報任何希望，在振作時期，他又相信只要自己毅然「改惡從善」，並且堅持到底，那麼一切都會瞬間改觀，自己也會變得異常完美，世界依然燦爛美好。他缺乏那種退而求其次的現實主義態度，他的信條是要麼最好，要麼乾脆最壞；要麼傾盡全力，把事情做得盡善盡美，要麼自暴自棄，逃避現實。在「甲午戰爭」和後來的「戊戌變法」等重大歷史時刻，我們能清楚看到光緒的這種不成熟心理模式，給國家的前途和命運所帶來的致命影響。

十三

不論如何，戰爭總算打上句號了，那些和戰爭相聯繫的焦慮、驚惶、徹夜不眠終於結束了。皇帝像是一名剛從火災現場狼狽逃出來的難民，把一片狼籍的廢墟拋在腦後，長長地吐了一口氣。可是才輕鬆不久，他的心裡卻又著起了悔愧的大火，一寸寸燒得善良單純的他，心臟不停痙攣。只有在硝煙散盡後靜心盤點，皇帝才看清楚這場戰爭的後果是多麼嚴重。

本來，經過所謂的「同光中興」，大清帝國已經挺過了最艱難的時刻。通過洋務運動，中國已經初步建立起了近代海軍和一大批近代化工業，大清這輛殘破的老車，已駛過最危險的路段，開上了相對平穩開闊的坦途，雖然速度不快，但總可以說是處於上升狀態。因此，對當時的中國來說，確無必要與日本孤注一擲地作戰。如果沒有《馬關條約》，中日兩國日後的歷史走勢，也許會大相逕庭。

沒想到，這個好不容易贏得的「大好形勢」，卻在自己的手中折戟沉沙。清朝有史以來最大面積的割地和最大數額的賠款，使大清猶如一個剛剛病癒的人又一次被打倒在地。甲午戰爭給了日本一個全面超越中國的起點，三點四億兩白銀加上台灣，提供了日本騰飛的強大動力，而中國則自此跌下萬劫不復的深淵。亞洲和世界的格局從此重新洗牌，那些逡巡在中國四周的歐美列強，又紛紛亮出了利爪，紛紛向中國提出了「租借」土地的要求。中國由一個同光中興的「希望之星」變成了被瓜分的物件，一時之間，已經到了亡國滅種的邊緣。

本來想證明自己能力的一場演出，最後的結果卻是使全國臣民見識了自己的「無能」。本來要為國家自強雪恥，沒想到卻給民族帶來更大的災難。召開大臣會議時，太后連正眼都不瞅他，那張越發長得嚇人的臉毫不掩飾地向朝廷重臣們流露出對他的輕視，讓他無地自容。在戰爭過後，太后越來越多次地走上前台，直接處理政務，說明對自己已不再放心。

確實，通過這場戰爭，太后對皇帝的印象發生了一百八十度的大轉彎。太后沒想到，原本認為已經培養陶鑄得成了器的皇帝，一旦登台亮相，居然唱得這樣荒腔走板。通過這場戰爭，她才發現，皇帝原來是如此的幼稚、孟浪、輕率和脆弱。看來，自己這麼多年心血是白費了，這個孩子實「不足以承大業」。太后後悔極了，她後悔自己太大意了，一眼沒照顧到，竟然釀此大禍，自己何以面對列祖列宗？

然而悔之晚矣。在中國式政治規律下，一個皇帝如果沒有失德，不管他曾經多麼失策，都沒有被更換的理由。更何況從形式上講，他君臨天下已經二十多年，自己雖然精力尚存，但畢竟沒有幾年活頭，這個家注定還是得由他當下去。所以自己所能做的，唯有在有生之年，再多操操心，把把脈，能盡一分心是一分心吧！

皇帝此時的情緒，已經步入兩極狀態中的低谷，像以往一樣，情緒低落的皇帝又病了。躺在病榻上，皇帝一遍遍地反思著，在戰爭之中，他一舉一動都是效法列祖列宗，為什麼到頭來卻左支右絀，一敗塗地？

皇帝想起了李鴻章前幾天給他上的一道奏摺。李鴻章說，在日談判期間，伊藤博文曾對他講：「貴國之弱，在於固守舊法。如欲自強，必須將明於西學年富力強者委以重任，拘於成法者一概撤去，方有轉機。」這場戰爭讓他見識了「西法」的強大。他沒想到，日本國在戰爭中竟然能迸發出這樣巨大的能量。看來，「西法」的威力早就遠遠超過「祖宗舊制」。

年輕人思維活躍，很容易跳出陳舊的枷鎖，這場戰爭完全打開了光緒的眼界。在病榻之上，他命人進呈了駐日公使黃遵憲所著的《日本國志》以及英國人李提摩太編譯的《泰西新史攬要》、《列國變通興盛記》。皇帝「如獲至寶」，這些書在他面前，打開了一個與「祖宗舊制、聖人之言」完全不同的新世界。他終於發現，戰爭的失敗並非是因為他「無能」，並非是由於他不夠「敬天法祖勤政愛民」，而恰恰是因為他太迷信聖人和祖先了，殊不知，他們留下來的舊式武器早已完全不合實用。皇帝認識到，如今時代，「外洋各國是今非昔比的」，中國「一切落後，什麼事都趕不上外國」，「西人皆日為有用之學，我民獨日為無用之學。」一氣之下，皇帝還命人把他案頭的那些性理之書全搬出去，以「皆無用之物，命左右焚之。」（梁啟超《戊戌政變記》）

對光緒來說，如今只有「維新變法」，讓大清脫胎換骨，才能扶大廈於將傾。可是，法如何變？舊如何革？從哪裡入手？他也沒有答案。

十四

一八九五年六月三日，皇帝在養心殿書案的眾多文件中，發現了廣東籍新科進士康有為的一封奏摺。進士直接上書皇帝，這種情況十分罕見，皇帝立刻打了開來：

近者萬國交通，爭雄競長，不能強則弱，不能大則小，不存則亡，無中立之理。自大而小者，土耳其是也；自強而弱者，波斯是也；自存而亡者，印度、緬甸、安南是也……

一拿起來，皇帝就再沒放下。他當天沒有吃午飯，晚上又把這封奏摺攜帶到寢宮，在燈下細細再讀。

康有為用他那出色的文筆，清晰扼要地介紹了西方的政治制度是怎麼回事，介紹了俄國的彼得大帝，介紹了日本的明治天皇，介紹了土耳其的國父凱末爾。他從世界大勢的角度，提出了變法的總綱領，又分十個方面，系統講解了中國應如何在政治、經濟、軍事、教育等諸領域「全面更新之」，論述條理分明，措施詳細周到，字字句句令皇帝感到無比新奇又茅塞頓開。

總結皇帝的感覺，四個字：「天助我也」。在他急切盼望「變法人才」的時候，這個廣東進士從天而降。皇帝感覺康有為的每一句話都是那麼的深刻、淵博、清楚。皇帝一遍遍地揣摩著奏摺中那些他不知道的新名詞，就像一個夜航的水手，看到了前方一遙遙的燈塔。現在，他要毅然掉轉船頭，駛上正軌，大清很快就會趕上列強，並駕齊驅，甚至超越它們。他不但能重現大清舊日的榮光，還能遠遠超過列祖列宗的治績，如果那樣，這場戰爭的失敗，將不過是他人生中一個小小的陰影或者說必不可少的前奏，今後的偉大事業，必將使得這個小小的失誤不值一提。想到這裡，皇帝的情緒突然柳暗花明，陰鬱和消沉一掃而空。皇帝感覺震撼、興奮、狂喜，他推枕攬衣，目光炯炯。

第二天一早，皇帝立即發布命令，命軍機處將此奏摺抄為三份，一份存皇帝上朝時的乾清宮，一份存皇帝日常處理政務的中南海勤政殿，一份由軍機處抄發各省大員。康有為的奏摺原件，則立刻送往頤和園，交給太后「懿覽」。

十五

太后十分認真地閱讀了康有為的奏摺。雖然不太懂那些新名詞，但老太太顯然也為康有為的愛國之心打動。史書記載，讀了康有為的上書之後，太后「亦為之動，命總理衙門總署的諸王大臣接見康有為，向他詳細詢問補救之方、變法條理。」（《戊戌朝變記》）

關於戊戌變法，大多數讀者頭腦中都有許多「先入為主」的歷史「定論」，其中之一，就是以慈禧太后為首的大多數政治人物都反對變法，他們堅稱「祖宗之法不可變」，發誓要捍衛大清祖制的每一根毫毛。

但事實並非如此。

的確，古老的中國在外界刺激面前，覺醒的速度實在太慢了。然而，經過甲午戰爭之後，被砍掉肢體、吸去鮮血的老獅子終於痛醒了過來，絕大多數的政治菁英終於認識到，中國和西方的差距是全方位的，而不僅僅是器物層面，如果照過去的老路走下去，中國除了滅亡之外，別無可能。可以說，戰爭修正了每個人的觀念，「變法」已經成了朝野上下的共識，連帝師翁同龢的思想都發生了一百八十度的大轉彎。康有為等人組織起來宣傳變法的強學會，不但吸引了袁世凱、聶士成這樣的新軍將領，一大批朝廷重臣如翁同龢、孫家鼐、李鴻章、王文韶、張之洞、劉坤一也都成了它的會員和贊助人。更引人注目的是，連一些原來以「仇洋」著稱的真正「頑固派」大臣，如徐桐、于蔭霖等人，也都開始同意中國必須進行起碼的改革。當時的情

形正如軍機大臣孫家鼐所說：「今日臣士願意變法者，十有六七，拘執不通者，不過十之二三。」（蕭功秦《危機中的變革》）

至於慈禧太后，更並非一個「頑固派」。早在登上政治舞台之初，她就大力支持洋務運動，比如在「設立同文館」等事件上她就表現出堅定的改革傾向。甲午戰爭之後，太后也和皇上一樣，陷入了日夜的焦灼中。翁同龢日記中曾記載，甲午戰爭結束不久，慈禧命上書房「宜專講西學」，專門給皇帝講解西方國家的知識。

因此，當皇帝來到頤和園向太后彙報他的變法構想時，太后立刻說：「變法乃素志，同治初年即納曾國藩議，派子弟出洋留學，造船制械，凡以圖富強也。」（費行簡《慈禧傳信錄》）

但是，太后對「變法」完全沒有皇帝那樣的十足信心，最關鍵的問題是，太后認為皇帝難當此大任。甲午戰爭已經證明他不是一個有能力的領導者，他的急躁、脆弱實在不適合承擔這個前無古人的巨大複雜系統工程。要知道，這可是對中國幾千年傳統的全面改造，即使康熙或者乾隆那樣的聖主再世，也不一定敢進行這樣的嘗試。

但太后又沒法反對。第一、她是一個愛惜羽毛的人。自從退居二線以後，她一直十分注意干預政治的分寸。第二、大清此時國力已經弱到極點，眼看著就要被列強瓜分，如果不實行變法，最後一搏，「死馬當做活馬醫」，確實別無出路。第三、「變法」是怎麼回事，她心中也是一片茫然，「並無定見」。六十多歲的老太太，已經記不住那麼多新名詞了，她對於西方政治運作的方式、世界政治發展的趨勢，都一無所知，她明白自己的知識素養不足以出面親自領導這樣的變法。

想來想去，太后決定支持變法，但是同時，太后明確地重申她必須掌握二品以上大臣的任命權力。另外，太后還要求皇帝發布上諭，調任她最信任的榮祿為直隸總督，並節制北洋水陸各軍，以便牢牢地把軍權掌握在自己手中。雖然對「法如何變」她不太了解，但是對於如何確保自己的權力，她比誰都清楚。與國家安危比起來，老太后更看重自己的政治安全。她深知變法必然帶來震盪，她要預先做好防護措施，一旦「變法」過程中出現任何偏差和問題，她都得迅速掌控全局，確保自己的大權不會旁落。

十六

不幸的是，命運多舛的中國沒有遇到改革的合適人選。相反的，無論是光緒帝，還是康有為，都嚴重缺乏實務操作能力。

這兩個人都是典型的「憤怒青年」，血氣方剛卻又缺乏閱歷，他們把改革看得極為簡單。康有為設計的改革方案，第一個步驟就是大誓群臣，「皇帝親自在乾清門舉行大誓群臣儀式」，讓所有的大臣在決心變法的文書上簽字，這樣「天下臣工都革心洗面，然後推行新政，自然就能令下若流水，無有阻礙者矣。」（《傑士上書匯錄》）他們認為，通過這樣一個戲劇性的、催眠術式的儀式，就可以摧毀中國數千年來積累的強大思想惰性，這無異於癡人說夢。

他們貪多求快，急於求成，想在一夜之間，改變中國的面貌。經過了甲午戰爭之後漫長的消沉期後，光緒皇帝的精神狀態處於一個井噴式的高漲期。性格急躁的他強烈希望「乘積弊之後，挾至銳之氣，舉一切法而更張之。」一夜之間改變中國的面貌，把中國從一個最弱的國家變成最強的國家。他相信他能夠做到這一點，就像過去他無數次地相信只要自己振作起來，「痛自洗涮」、「堅持到底」，就可以使自己從一個軟弱的皇帝，一舉變成最堅強且無所不能的皇帝。

康有為比皇帝還要急切。他掛在嘴邊的一句話是「非大變、全變、驟變不能立國」，他們認為，既然中國不敵西方，那麼就證明中國的一切都是錯誤的，必須全盤更新，徹底改變。改革必須「用一刀兩斷之法，否則新舊並存，騎牆不下，其終法必不變，國亦不能自強也。」而要一刀兩斷，就必須大張旗鼓、急風驟雨，連出重手。（蕭功秦《危機中的變革》）

從光緒二十四年（一八九八年）四月二十三日發布《定國事詔》開始到八月六日，一〇三天中，皇帝共發出改革諭旨二八六件，平均每天近三件。其中七八月份之交的十七天內，居然下達了一三二件諭旨，真如傾盆大雨，轟轟烈烈，滾滾而下。詔書的內容包括了政治體制、官僚制度、裁撤冗員、新設機構、發展工商業、建設鐵路、開辦銀行、改革財政、改革教育、更新國防等等，幾乎涵蓋了社會的每一個層面。

為了避免守舊大臣的反對，這些上諭大部分都是按照康有為的建議，直接下達到有關部門執行，而沒有經過任何討論，因此大部分缺乏可實行性。

對於光緒皇帝來說，這是他傾盡全力的一次政治賭博。剛剛遭遇了巨大挫折的他，希望用一次「畢其功於一役」的拚搏來證明自己「行」。戊戌變法中的光緒表現出了前所未有的剛烈、堅強和勇敢，他幾乎把前二十幾年生命中所積蓄的所有精力都釋放了出來。他整夜整夜地不睡，白天也只吃很少的東西，他雙眼布滿血絲，精神卻高度亢奮。他和康有為都天真地相信，他們只要用聖旨把按照日本和西洋諸國藥方抓來的靈丹妙藥，灌入大清帝國的體內，就能使大清帝國去腐生肌，起死回生。就像康有為屢次樂觀描述的那樣，只需要三年，這場變法就可以使大清「自強」、「自立」起來。康有為說，「日本改革三十年而強，而以我中國國土之大，人民之眾，變法三年而宏規成，五年而條理備，八年而成效舉，十年而霸圖定矣。」十年之間，他就可以令大清蒸蒸日上，「富強而駕萬國」。三十年之內，中國就會化蛹為蝶成為世上第一強國。（《康有為政論集》）

然而，在其他人看來，這種「改革」簡直就像小孩子辦家家酒。一個西方觀察者說，皇帝主持的改革「不顧中國的吸收能力，三個月內所想改革的政事，足夠中國九年消化。」

更要命的是，他們許多具體改革措施魯莽滅裂，只圖一時痛快，不計後果，不留後路，嚴重衝擊了社會菁英的根本利益。他們在所有讀書人毫無準備的情況下，突然宣布從下科開始，廢除八股。這一舉動，一下子讓大清帝國所有準備應試的讀書人手足無措，觸了「數百翰林、數千進士、數萬舉人、數十萬秀才、數百萬童生之怒。」（《梁啟超文集》）

改革開始之後不久，皇帝又下達命令，裁撤掉詹事府等七個閒散衙門，砸了近萬人的飯碗，卻沒有給失業官員安排新的出路。此命一下，如同在晴空爆響了一顆炸雷，在官場引起了極大的震動。

因此，在「維新變法」剛剛開始之時，就有人看出它必然失敗。維新派著名人物張元濟在當年六月初九日給好友的信中說，變法「舉動毫無步驟，絕非善象。弟恐回力終不久，但不知大小若何耳。」

隨著改革措施越頒布越多，越來越多的人看出，這幾個年輕人不可能成事。越來越多的中間力量開始變成了改革的反對派，原來改革的支持者也開始袖手旁觀。一股反對改革的大潮，正在醞釀當中，甚至連變法的核心人物都預感到變法必將失敗。七月份，康有為的弟弟康廣仁在寫給一個朋友的信中說：

我大哥康有為的計畫過於廣大，支持他的同志又太少。由於改革的舉措太過激烈，排擠他、猜忌他的人已經到處都是，加上皇上又無實權，變法怎麼會成功？我深感憂慮。

康廣仁說，他曾力勸其兄，減緩改革步伐，以適應社會節奏，卻被康有為慷慨激昂地反駁了回去。康有為說，死生有命，一切都有天意。康廣仁無可奈何地對朋友說，我大哥思想太高邁，性格太固執，恪守書本知識，不能衝破僵化的思維，事已至此，實無他法。（《戊戌六君子遺集》）

十七

光緒皇帝和康有為所受的教育，決定了他們主持下的變法不可能不以這種「魯莽滅裂」的方式進行。雖然他們頭腦中已經裝了「西學」這種新酒，但是瓶子卻還是舊瓶。他們推行的是新法，但推行的方式完全是「舊式」的。

在西方列強闖入中國之前，他們頭腦中的「道」當然就是「孔孟之道」。甲午戰爭之後，「西法」就成了他們頭腦中新的「道」。在傳統教育的影響下，他們都習慣於用宏大的綱領或思想，代替改革中複雜而具體的問題，即以一種神話代替另一種神話。既然有了新的「道」，那麼他們所要做的，就是用這個「道」去處理一切事物，使得「萬事無不理，天下無不定」。

傳統的教育方式，塑成了他們一元、單向、線性的思維方式。在他們心目中，世界是由先天的「道」所決定，這個「道」放諸四海而皆準，俟諸百世而不惑。他們都相信為人行政，最根本的就是高屋建瓴地掌握這個道，然後從頭到尾地澆灌下去。傳統的教育沒有在光緒皇帝和康有為的頭腦中建立「世俗理性」，反而灌注了類宗教式的熱情，他們堅信一旦真理之光普照大地，則萬惑可消，萬難可解。他們從來不知道什麼叫策略，什麼叫迂迴，什麼叫複雜，在他們眼裡，世界就是如同聖人揭示的那樣小蔥拌豆腐式的一清二白。他們不理解事物的複雜性，他們天真地相信，可以把所有陳舊的、落後的、過時的、腐朽的東西留在時間門檻的那一邊，然後便可以在一張全新的白紙上，從頭開始描畫最新最美的圖畫。在行動時，他們不習慣於步步為營，採取突破一點、逐步深入的漸進方式，而是習慣於提出龐大的綱領或計畫，企圖利用他們設想的模式和定律全盤改造社會。於是，這就確立了他們注定失敗的「大變」、「快變」、「全變」改革方式。

十八

光緒皇帝極端化的行為特徵，其實正和中國歷史的規律息息相關。幾千年來，中國社會一直在一「治」、一「亂」的兩極中打轉。王朝初興，開國皇帝極端振作，廢寢忘食，天下大治。不過數十年，統治者又會極端懈怠，陷入因循廢弛，不久天下大亂，從頭再來。

在一元化的「道」文化觀控制下，中華民族的文化性格缺乏彈性，總是在兩極間震盪。我們永遠在追求一種一勞永逸的解決問題方式，希望能夠畢其功於一役。戊戌變法的失敗，宣告了康有為全盤西化的「道」的失敗，以慈禧太后為首的保守勢力因此又拾起了「中國傳統」和「中國氣派」，試圖在諸神的保佑下驅除洋鬼子，關門大吉永遠清清靜靜地過日子。沒想到被壓抑的革命力量瞬間反彈，造就了全盤西化的、「亞洲歷史上第一個」的民國，造就了華而不實、急於求成的議會制民主。不久後，由於過於急躁的西化努力遭遇挫折，中國馬上又迎來了專制主義、愚昧主義的登峰造極之作文化大革命。近代以來，我們這個民族總是暴露出急於求成，禁不住挫折的弱點。我們總是希望一夜之間就能趕超他人，一夜之間就能證明自己的落後只是暫時的、一不小心的，只要我們一努力，就仍然會是天下第一的天朝上國。

就像光緒一樣，中國民族做為一個群體，其行為方式的大起大落，忽左忽右，其速度之快令人愕然。一種嘗試失敗，我們就會立刻跳到它的反面，從一定程度上來說，我們這個民族雖然存在了幾千年，但是整體性格似乎仍然不夠成熟，缺乏穩健、開闊、理性的內核，缺乏一份耐心、平和、踏實。

時至今日，中國仍然沿著這種方式一直走著。選擇了革命之後，卻越來越快地以加速度左轉，建成了世界上最平均的大國。在選擇了建設之後，在數十年間又成了世界上貧富差距最大的大國。頭一天，還高喊市場邪惡論，第二天，又一下子跳到了市場萬能論。要麼是無限期的拖延、忍耐，要麼是無理性的突然暴發、破壞。雖然說只有越過界限才能意識到界限的存在，然而問題是不僅越過了界限，而且要碰得頭破血流，付出巨大代價之後，才能艱難轉身。就像一個刻薄的學者所說，中國的運動符合牛頓三大定理：需要很大的力量才能推動中國，符合第一定理；運動起來後就不會停止，符合第二定理；碰到頭破血流才會轉變方向，符合第三定理。

歷史充滿宿命。回顧近代以來中國的發展，大起大落的發展模式，與光緒皇帝個人的性格不無關係。如果當初領導變法的人，能夠像年輕時代的奕訢一樣，現實、靈活、理智，也許能夠取得變法的局部成功，也許那次改革就會推開中國現代化的大門，也許中國就會從那個起點開始，更順暢、平穩地進行現代化轉型，而更快地通過這條「多災多難」的狹長峽谷。可惜，集中了傳統文化刻板、極端、一元化思維基因的光緒皇帝一出手，就把改良之路堵死了。「憤怒青年」魯莽滅裂地主導失敗的戊戌變法，讓更多的人產生了這樣的印象：在強大的舊勢力控制下，任何局部變革都是不可能的，要解決中國的問題，只有徹底決裂，只有一次性的解決，才有希望，由此開啟了革命的序幕。

從那之後，中國的歷史開始上演一部又一部由「憤怒青年」主導的充滿了絕望、亢奮、不斷試圖徹底否定自己，希望浴火重生的悲劇。直到多年之後，我們驀然回首，才發現幾十年來的竭盡全力、聲嘶力竭、自我折磨，不過是鬼打牆般地原地打轉而已。我們仍然站在真正現代化的門檻前，原地踏步。

十九

閱讀戊戌變法中光緒和康有為那些慷慨激昂的文字，我們不能不為他們熾烈的愛國之心、焦灼的憂國之情所打動。在國家生死存亡之際，他們置個人的生死榮辱於不顧，寧願用個人的犧牲來換取國家的進步。光緒皇帝在要求改革時曾說，如果太后不同意進行變法，他寧可不當這個皇帝。康有為在回答他弟弟的質疑時，也說：「孔子之聖，知其不可為而為之。」

和權欲過強的慈禧太后比起來，光緒皇帝的愛國之心無疑更熾烈、更單純，改革派的一舉一動更少個人算計。然而，政治往往會懲罰那些單純的理想主義者，而鼓勵那些自私、醜陋的現實主義者。

「百日維新」雖然進行得轟轟烈烈，實際上卻是雷聲大，雨點小。正如時人所評「所謂新者，亦不過一紙詔書而已。」各地大臣多認為這些改革措施過急過快，對其中「十居七八」進行駁議。有的大臣反駁的語調，一副老成持重教訓不懂事的年輕人的口吻，比如說什麼「為政之道，不在多言」，什麼「輕改舊章，亦易以滋紛擾」。

改革的阻力遠遠超過了皇帝的預期。時間已經過去了兩個月，詔書也發布了數百條，可是居然沒有取得任何實效。皇帝的自尊心大受打擊，他深感憤懣，他對這些大臣們太失望了。果然像康有為所說，大臣們盡皆守舊。非用霹靂手段，不足以撼此層冰。

盛怒之下的皇帝失掉了分寸，他開始像孩子一樣不顧後果地蠻幹起來。他因為一件小事，一下子把禮部的六名正副部長全部罷免。九天後，他又決定開懋勤殿，企圖在現有的政治體制之外，再設一「政治局」，由此把原有的官員全部架空。

盛怒之下的皇帝居然沒有想到太后的反應。

太后一直在全神貫注地看著皇帝的表演。改革進行不久，她就已經知道這樣的改革一定會失敗。不過，她不急於出面反對，通過甲午戰爭與戊戌變法這兩件大事，她已經徹底對皇帝失去了信心，她只是在等一個適當的時機，出手剝奪皇帝的權力。所以儘管不斷有大臣來向她告狀，說「皇上任性亂為」，太后始終默不作聲。只有太后的心腹榮祿明白太后的心思，他說：「姑俟其亂鬧數月，使天下共憤，罪惡貫盈，不亦可乎？」（老吏《奴才小史》）

皇帝罷免禮部六堂官，真正地激怒了太后，因為這公然違反了皇帝對她的承諾，剝奪了她二品以上大員的任免權。不管如何變法，太后有一道最後的防線，即不能動搖自己的權力，在太后看來，皇帝此舉無疑是一場局部政變，而皇帝要開懋勤殿，就相當於一次直接的政變了，這是對現存政治體制的挑戰，更是對她本人的挑戰。做為一個政治動物，太后可以放棄親情、放棄國家的前途和命運，但絕不能放棄權力。她深知，在權力的頂峰上，一旦失手，必然就是粉身碎骨。

二十

傳統的歷史觀點認為，慈禧太后打算借天津閱兵之機，廢掉光緒帝。

這種說法，實在誇大了光緒的權力和能力。事實上，在慈禧太后看來，單純的光緒皇帝不過是她手心的一個玩物，她只消動一動小指頭，就可以把他拿下。事實也是如此，八月初六日，太后從頤和園還宮，只是把光緒叫過來，當著眾大臣的面訓斥一頓，就完成了「政變」的過程。因為皇帝在那時已經是「天怒人怨」，在政治力量對比上，完全處於孤立地位。太后對大臣們說，「我早知他不足以承大業，不過時事多艱，不宜輕舉妄動，只得留心稽察管束」，如今皇帝終於用行動證明自己確實「不行」，因此她不得不再次負擔起政治的重任。

太后的這一舉動，得到了大部分重臣的支持。

這次失敗，徹底打垮了意志本不夠堅強的皇帝。事實上，在百日維新的後期，他也已意識到改革出了問題，但不知道問題出在哪。面對鐵板一塊、惰性強大的官僚體系，他再一次感到自己的軟弱無力，也再一次預感自己主導的這次政治大戲將會以慘敗收場。就像上次的甲午戰爭一樣，失敗似乎已經成了他的宿命。回顧自己的一生，皇帝發現除了學業之外，他再也沒有在任何事情上取得過成功。包括他從來沒有真正贏得太后的欣賞，也沒有給國家帶來真正的進步。甚至於，他沒有能力給大清帝國生出一個皇子。

當太后宣布將他軟禁起來時，皇帝沒有任何反抗的表示。在內心深處，他早已崩潰，他也認定了自己「不行」。在此之前，他的情緒狀態一直是循環式的，在大起大落的兩極間跳動。而從他被軟禁起到他去世的整整十年間，也就是說從二十八歲到三十八歲的黃金年華，他全部都是在頹唐麻木中度過的。

在這十年間，他未始沒有任何機會重返政壇，比如在義和團戰爭之中。他也未始沒有修補與太后關係的可能，畢竟他與太后日夜朝夕相處。可惜這個單純的人沒有這個心機與能力，慈禧太后也樂於把他像一副用過了的舊行頭擺放在皇位上，就像一個退了殼的蟬樂於把失去生命的舊殼背在背上，並不嫌累贅。因為有這樣一個皇帝在身邊，太后更可以證明自己親自柄政是無可奈何、別無選擇的。

在光緒後四分之一的生命裡，雖然還在呼吸，但早已沒有了靈魂。吳永描述光緒皇帝在變法後的精神狀態說，「見臣下尤不能發語」，每次朝見，「先相對數分鐘，均不發一言，太后徐徐開口曰：『皇帝，你可問話』，乃始問：『外間安靜否？年歲豐熟否？』凡歷數百次，只此兩語，即一日數見亦如之，兩語以外，更不加一字。其聲極輕細，幾如蠅蚊，非久習殆不可聞。」（《庚子西狩從談》）

有人說，光緒皇帝這種表現是「韜光養晦」。「韜光養晦」是一種看似被動的主動，一種建設性的退卻。然而光緒皇帝的表現，只能讓人看到自我放棄、自我逃避和自我折磨。

《宮女談往錄》中老宮女的回憶尤其令人心痛：「光緒整天呆呆地坐著，對任何人都是淡淡的，對飲食更是不挑不揀，漠不關心……最愉快的時候，是和太監們下象棋，很平易近人。下完棋後，他仍然像一塊木頭，兩眼癡呆呆地一動也不動，急躁發脾氣的性格根本不見了，好像下定狠心，不管外界如何，他都只是裝癡作啞。一個血氣方剛的人，收斂到這個程度，肯定是非常痛苦的。」

光緒三十四年（一九〇八年）十月二十一日，光緒皇帝終於在壓抑中痛苦地死去，結束了自己沒有過一天歡樂的人生。似乎是因為這個消息鬆了口氣，發現自己終於完成了扭曲、壓制、敗壞一個人的任務，慈禧太后在不到二十四小時之後，也撒手而去，結束了這互為因果的母子三十四年的恩恩怨怨。

國家圖書館出版品預行編目(CIP)資料

坐天下很累／張宏杰作 . -- 初版 . -- 臺北市：
遠流，2017.04
　面；　公分
ISBN 978-957-32-7965-5（平裝）

1. 中國史 2. 帝王

610.4　　106002848